U0649176

高职高专财经类核心课教材

BASIC ECONOMICS

经济学基础

主编 安春梅 ｜ 副主编 陈兵建 石福刚 刘宏周

格致出版社 上海人民出版社

内 容 简 介

　　本书是高职高专院校财经管理类各专业的核心课教材。编者根据高职高专教育的特点,介绍了经济学的基本原理、分析工具和方法、理论应用和政策分析,力求突出其实用性、应用性、系统性和新颖性。全书在内容上分上下两篇共十四章,上篇微观经济学,主要包括:需求、供给及均衡价格、消费者行为、成本和收益、厂商均衡与目标、要素分配、市场失灵和微观经济政策;下篇宏观经济学,主要包括:国民收入核算、国民收入决定、失业与通货膨胀、经济周期与经济增长以及宏观经济政策。

　　本书各节均从案例入手,导出相关的理论知识,以引起学生的学习兴趣与思考。每章附有案例讨论和实训内容,以培养学生应用相关理论知识分析解决实际问题的能力。为便于教师课堂教学和学生课后学习,本书还配有多媒体课件和丰富的课后思考题及相关的习题答案。任课老师可直接向出版社免费索取多媒体课件与习题答案。电子邮件地址为:hibooks@hibooks.cn。

　　本书简明扼要,脉络清晰,通俗易懂,操作性和实用性强,可作为高等职业院校、高等专科院校、成人院校及本科院校二级职业技术学院和民办高校财经管理类各专业的通用基础课教材,也可供从事经济管理工作的人员以及对经济学感兴趣的读者参考阅读。

前　言

本书是根据高职高专教育培养技能型应用人才的要求而编写的。编撰此书的目的是为财经类及管理类学生提供一本适合他们的教材,同时也兼顾了学生后续学习发展的需要。本书自 2004 年第一版出版以来不断得到使用单位及读者的好评。应使用单位和读者的要求,对该书进行修订,以符合西方经济学在近几年的新进展。

本次修订,我们在保持原书基本框架的前提下,在内容与形式上作了新的尝试,在同类教材中形成了自己的特色,同时方便了学生的学习。其特点是:

1. 定位明确。本书是根据高职高专教育的特点,以理论必需、够用为原则,以培养学生应用能力为目的,在学生掌握最基本的经济学理论的基础上,着力培养学生应用经济学的基本知识和基本原理去分析解决实际问题的能力,以满足社会经济发展和经济运行对应用型人才的需求。

2. 通俗实用。本教材从实际出发探讨经济理论,重点放在市场机制运行的基本原理和规律上,语言深入浅出,自始至终利用案例说明所述理论,前后内容紧密衔接,文字通俗易懂,便于读者理解。这次修订对每章节后的思考题也做了大量的修改,力求使读者更深入地了解学习内容。

3. 结构合理。为了培养学生的实际应用能力,全书各章均从案例分析入手,导出相关理论知识,并注重案例与相关理论知识的有机结合。每章结尾均附有复习思考题,便于学生进行自我测评,提高学生应用相关知识解决实际问题的能力。

4. 内容新颖。在教材内容上,我们力图反映当代西方经济学的最新进展,吸收和反映本学科新的研究成果,力求做到内容新颖,重点突出,概念准确,简明扼要。

本书由安春梅提出编写大纲并最终统稿。陈兵建、石福刚编写第一章至第八章,刘宏周编写第九章至第十四章。

本书融入了我们多年的教学经验和成果,并参阅了大量的文献资料和经典著作以及我国经济学界学者们的专著、教材,特附参考文献于后,谨对作者们表示感谢!

由于编者的水平有限,加之经济学理论的不断发展,本书的不足和缺点在所难免。我们热切希望得到读者和同行的批评指正。

目　录

上篇　微观经济学

下篇　宏观经济学

上　篇
微观经济学

第一章 导 论

本章将引领大家进入经济科学的殿堂,了解 20 世纪 30 年代以来有重要影响的西方经济学理论观点、学说本身以及政策主张。本章着重阐述西方经济学的研究对象、基本构成及研究方法等问题。

第一节 经济学的定义

◆ **案例导入 1-1**

水资源并不丰富

水——人类生命之所系,目前世界上大约有 20 亿人处于缺水状态,水资源的稀缺已成为制约世界经济发展的先决条件。

中国人均淡水资源拥有量只是世界平均水平的 1/4,人均水资源排名第 128位。随着人口的增加和社会经济的发展,年取水量已经到了世界全部取水量的12%,使中国水资源的供需矛盾更加突出。在 21 世纪中国能否实现经济社会和环境的良性循环与可持续发展,同水资源的可持续利用和水环境的有效治理有非常密切的关系。

现在中国投入大量资金治理水资源。从经济学意义上说,治理水资源就是解决水的稀缺性。资源的稀缺性是经济学研究的出发点。

那么,什么是经济学?

一、经济学与资源稀缺

(一)经济学的定义

初接触经济学的人们往往想要一个经济学的简短定义。对于这一需求,存在着许多供给。下面是一些常见的定义:

经济学研究的是人与人之间与生产和交换有关的种种活动,即物质利益关系(或生产关系)。(卡尔·马克思)

经济学分析经济总体的运动——价格、产量和失业的趋势。一旦理解了这些现象,经济学还帮助政府判定能够影响总体经济的政策。(亚当·斯密)

经济学是关于选择的科学,它研究人们如何进行选择,以及使用稀缺的或有限的生产资源(土地、劳动、设备、技术知识)来生产各种商品(如小麦、牛肉、外衣、音乐会、道路、导弹)并把这些物品分配给不同的社会成员以供消费。(罗宾逊)

经济学是研究人类如何组织他们的消费和生产的活动。

经济学研究货币、利息率、资本和财富。

上面是比较有代表性的几种观点。这是因为,对于一门内容含量如此丰富,发展如此迅速的学科来说,要想用几行字准确地描述它,划清它与别的学科的界限,总是很困难的。

目前,西方学者大多认同下列的一般定义:

经济学是研究人和社会如何进行选择,来使用可以有其他用途的稀缺的资源,以便生产各种商品,并在现在或将来把商品分配给社会的各个成员或集团以供消费之用。(保罗·A.萨缪尔森)

概括地说,经济学研究的是:稀缺资源最佳的配置方式;有限的生产成果在社会成员和集团中合理的分配方式;以最小的投入取得最大的经济效益的经济运行机制,即经济制度效率。

(二)资源稀缺

资源稀缺:一种资源在其不能自由取用时,即当其价格大于零时,就是稀缺的。

资源是用来生产人类的需要的物品和服务的投入,即生产要素。

经济资源是指具有价格的资源,即为使用它必须支付代价的资源。

资源通常可以分为四类:劳动、资本、土地和企业家才能。

劳动是指人的各种努力,包括体力和精神上的努力,劳动本身离不开一种更为基本的资源——时间。没有时间我们就做不成任何事情,我们将自己的时间分配到各种可选择的用途上:出卖自己的时间进行劳动,可以花费时间去睡觉、读书或看电视、玩游戏机或聊天。

资本包括用于生产物品和服务的人类创造的各种东西。通常区分为物质资本与人力资本。物质资本由工厂、机器、工具、建筑物、机场、公路以及用于生产物品和服务的其他人造项目组成,如司机的出租车,外科大夫的手术刀,农民的拖拉机等。人力资本由人们提高劳动生产率所必需的知识和技能组成,如司机关于城市道路的知识和外科大夫关于人类生物学的知识。

土地不仅包括传统意义上的地面的一块一块的土地,而且包括其他资源,如地表地下的水、森林、草场、地下的矿藏等等。

企业家才能(人的一种特殊的技能)是创造出一种新产品或者找到一种现有产品的更好的生产方法的才能。

二、经济学与资源配置

（一）资源配置与选择

经济资源都是有限的，自然资源也不是取之不尽、用之不竭的，而人类生产的产品和提供的服务同样也是有限的。"稀缺性"规律是一切经济问题产生的根源。因此，人们在经济活动中应该考虑如何使资源得到充分有效的合理利用，人们的欲望得到最大满足，人们需要做出各种各样的选择。一般来说，社会所面临的"选择"问题，大体上可归纳为三个：生产什么、如何生产和为谁生产，这是经济活动的本质特征。

生产什么包括生产多少的问题，实质上是一个如何配置资源的问题。因此，人们在使用资源之前，首先必须明确生产什么。生产什么取决于人们的社会需求，即我们通常所说的市场需求。在计划经济体制下生产什么和生产多少是依靠政府计划决定，在市场经济体制下是由全体消费者手中的钞票"选举"决定的，即市场价格和市场需求决定的。

如何生产的问题实质上是一个资源多少和利用效率的问题，即怎样才能实现资源的最优配置。对于生产者而言，就是怎样才能做到以最少的投入获取最大的经济效益，使资源得到充分、有效的利用。如何生产是一个基于欲望和需要无限与资源稀缺的矛盾而必须解决的生产方法、生产技术的选择问题，选择和取舍的标准乃是效率。

为谁生产的问题，实质上是在资源稀缺条件下用来满足谁对物品和劳务需求的问题，因而是将有限的社会产品在个人、家庭、集团，即在全体社会成员之间进行分配，也就是收入分配的问题。这是一个涉及社会公平与否的问题，应坚持社会均等的公平原则。

（二）经济决策者

在一个经济中有四类决策者即参与人：家庭、厂商、政府以及其他国家，这些决策者之间的相互作用决定着一个经济的资源配置。家庭起着最重要的作用。作为消费者，家庭需要生产出物品和服务。作为资源所有者，家庭向厂商、政府以及其他国家提供劳动、资本、土地和企业家才能。厂商、政府和其他国家需要家庭供给的资源，并利用它们生产和供给家庭需要的物品和服务。

（三）市场

市场是买者和卖者借以进行交换的手段（或场所）；市场把交易双方（供给和需求）联系起来，决定价格和数量。市场常常是有形的场所，如超市、百货商场或跳蚤市场（经营古物、旧货的露天市场）等。但是，市场也包括买者和卖者彼此之间进行沟通的途径和方法。诸如分类广告、无线电和电视广告、电话、布告牌、互联网和面议。这些市场途径和方法提供待售产品和数量、质量和价格等信息。物品和服务在产品市场上买卖;资源在资源市场上买卖。最重要的资源市场是劳动或就业市场。

第二节　现代西方经济学的构成

◆ 案例导入 1-2

经济学的两个分领域

经济学在传统上被分为微观经济学和宏观经济学两个分领域。微观经济学研究家庭和企业如何作出决策,以及它们在某个市场上的相互交易。宏观经济学研究整体经济现象。一个微观经济学家可以研究租金控制对纽约市住房的影响,外国竞争对美国汽车行业的影响,或者接受义务教育对工人收入的影响。一个宏观经济学家可以研究政府借债的影响,经济中失业率随时间推移的变动,或者提高国民生活水平增长的不同政策。

一、微观经济学与宏观经济学

(一) 微观经济学

微观经济学(Microeconomics)是从个体经济单位的经济行为以及由此产生的相应理论作为考察对象,说明如何通过价格决定,运用价格机制,将有限的资源在多种用途之间进行最优配置,以取得最大的经济效益的科学。其核心内容是价格决定及价格机制问题,所以它又称为西方现代价格理论。

微观经济学涉及的经济变量都是个量,也是从这个意义上讲,它才被称为微观经济学或个量分析。

单个经济单位是指组成经济的最基本的单位,包括:居民户或单个个人,单个厂商或资源所有者和单个产品市场。居民户又称家庭,是经济中的消费者;厂商又称企业,是经济中的生产者。

经济行为是指单个企业如何取得最大利润,资源所有者如何有效地分配和使用有限的资源,家庭如何支配收入,怎样以有限的收入获取最大效用的满足。

单个经济变量是指个别企业的成本、利润、产量、使用要素的数量,各种商品的需求量、供给量、价格等,微观经济分析就是考察这类个量的决定、变动及其相互间的关系。

归纳起来,微观经济学实际上就是需要解决两个问题:一是消费者对各种产品的需求与生产者对各种产品的供给怎样决定着每种产品产销量和价格;二是消费者作为生产要素的供给者与生产者作为生产要素的需求者怎样决定生产要素需求的使用量及价格(如工资、利息、地租、利润)。

微观经济学的内容相当丰富,其中主要包括均衡价格理论,消费者行为理论、生产成本理论、厂商理论以及收入分配理论,其中价格理论是微观经济学的核心理论。此外,在现代微观经济学的基础上还产生了成本—收益分析、时间经济学、家庭经济学、微观消费经济学等内容与分支,微观经济学还是现代管理科学的基础。

微观经济学理论的建立是以两个基本的假设条件作为前提的。

理性人的假设。经济分析中一个重要的假定是,个人在进行选择过程中,理性地做出他们认为可以获得最大利益的选择,经济学家使用"理性的"这个词,只不过要说明,在可利用的信息一定的情况下,人们试图做出他们能够做出的最佳选择,人们不可能确定哪种替代选择结果会是最好的,所以他们只是挑选他们预期将会给他们带来最大满足和幸福的替代选择。总之,"理性的利己心"是指个人试图使获取某一特定利益的预期成本最小,或是使某一特定的成本能够得到的预期利益最大。

理性的利己心不应该被认为是一味地物质至上、自私自利、贪得无厌。利己心这一概念并不排除对他人的关心,它只是说,对他们的关心,在一定程度上,受到影响其他经济选择的完全相同的经济力量的支配。帮助他们的私人成本越低,我们给予他人的帮助则越多。

完全信息的假设。这一假设条件的主要含义是指市场上每一个从事经济活动的个体(即买者和卖者)都对有关情况具有完全的知识,他们知晓市场价格和商品需求及供给,并对商品本身的特性了如指掌,消费者和厂商只有具备完全而迅速的市场信息才能及时对价格信号做出反应,以实现其行为的最优化。

只有在上述假设条件下,微观经济学关于价格调节实现资源配置最优化,以及由此引出自由放任的经济政策才是正确的。

(二)宏观经济学

宏观经济学(Macroeconomics)是指国民经济的总量分析,以考察整个国民经济活动为研究对象。它着眼于对总体经济问题和经济总量的分析和说明。

总体经济问题包括:经济增长、经济周期波动、失业和通货膨胀等。

经济总量包括:国民收入、国民生产总值、总就业和失业量、全社会消费、储蓄和投资额、物价水平、利息率、人口数量,以及这些变量的增长率和变动等。

宏观经济学的内容相当广泛,主要可概括为:国民收入核算理论、国民收入决定理论、经济周期理论、经济增长理论、宏观财政政策和宏观货币政策等理论,其中国民收入决定理论是宏观经济学的核心理论。

自20世纪初起,经济学家认为市场机制不能解决公共产品、外部效应、收入分配不公平等问题(这也称为市场失灵)。特别是20世纪30年代的大危机,彻底粉碎了自由市场经济充分就业的神话，于是人们不得不求助于国家干预经济生活。宏观经济学正是以此为契机而形成和发展起来的。

二、宏观经济学与微观经济学的联系

宏观经济学与微观经济学并不是两个不同的理论体系，它们的研究对象、解决的问题、中心理论和分析方法虽然不同，但二者之间又有着密切联系。

首先，微观经济学是宏观经济学的基础。不了解单个经济单位的经济行为和信息，就无法对全社会的总体经济行为进行恰当的解释。

其次，二者可以对某一经济现象进行考察，但宏观经济学是总体、总量考察，微观经济学是从某一个经济单位，从个体、个量角度考察。比方说，前者研究的是森林的特性，后者研究的是森林中一棵树木的特性，不过这只是在视野上、范围上的宽与窄的区别，而立场、观点、方法上两者并无根本区别。

再者，宏观经济学的研究以个量的既知为前提，微观经济学的研究以总量的不变为前提。也就是说，微观经济分析是在假定资源已实现充分利用的前提下分析资源如何达到最优配置的问题；宏观经济分析是在假定资源已实现最优配置的前提下分析资源如何达到充分利用的问题。所以，二者是各具功效，互相补充，不可分离的整体。

第三节　经济学的分析方法

◆ 案例导入 1-3

经 济 思 维

学习经济学能训练人们的思维，有人把经济理论比喻为一套头脑体操，学了以后，看问题的角度就跟以前不同。

CCTV 四台曾报道：湖南一农民以 8 000 元购买优质品种 A 仔猪，目的是繁殖仔猪销售。但农场以劣等的 B 仔猪冒充，价格相差 4 倍。后来该农民繁殖的仔猪无人购买，造成直接经济损失 5 万元。该农民告到法院要求赔偿 5 万元。农场认为当初交易额 8 000 元，赔偿 5 万元是天方夜谭。若你是法官，如何判决？

这里有 3 种思维方式：(1)民间思维：应赔 8 000 元。(2)法官思维：应赔偿所有直接损失，包括购买成本 8 000 元，饲料、雇工工资、饲养场土地房舍等直接费用。(3)经济学思维：赔偿大于 5 万元。因为除了直接费用外，还有一些间接损失，如8 000 元若不买仔猪，存到银行可得一定的利息，而利息无疑也遭到损失。这个利息在经济学中被称为机会成本，若不懂机会成本的概念，就不会有这种经济学的思维。

一、实证分析与规范分析

1. 实证分析

实证分析只对经济现象、经济行为或经济活动及其发展趋势进行客观分析,得出一些规律性的结论。实证分析的特点是:它回答"是什么"的问题,而不回答"应该是什么"的问题;它分析问题具有客观性;它分析问题所得的结论可以依据经验事实进行验证。例如,政府的赤字财政决策会降低失业率,但又会使价格上涨,引发通货膨胀,这就是实证分析得出的一个论断。这也就是说,实证分析排斥价值判断,不对经济现象的好与坏,经济事物的社会价值进行评价。

2. 规范分析

规范分析是以一定的价值判断为基础,提出分析和处理问题的标准,作为决策的前提和制定政策的依据。规范分析有三个特点:它回答的是"应该是什么"的问题,而不回答"是什么"的问题。它分析问题只是依据一定的价值标准进行判断;它得出的结论无法依据经验事实进行检验。例如"失业问题远比通货膨胀问题重要,因此,政府的赤字财政政策是一个好政策",就是一个规范分析的论断。

在西方经济学的经济分析中属于实证命题的理论又称为实证经济学,属于规范命题的理论称为规范经济学。由于实证经济学研究的内容具有客观性,因此,又称为"唯真经济学"。由于规范经济学所研究的是经济现象的是非善恶,是从一定的行为规范为出发点的,具有主观性,又称为"唯善经济学"。

宏观经济学和微观经济学基本属于实证经济或实证分析,但也包含有规范分析的因素。例如,有关消费的文明方式、消费行为,消费者偏好和收入再分配的微观分析,有关充分就业的含义,经济增长的结果等宏观分析,就具有规范经济分析的特色。再比如,经济学家会对同一经济现象做出实证分析和规范分析的混合论述:与其他居民的医疗费相比较,老年人医疗费高昂,因而政府应该为老年人支付医疗费。这一论断的前一部分是一个科学的加以确认的事实,属于实证论述,后一部分则是基于个人感情的关于社会义务的价值观,属规范论述。因此,二者在一些问题上是很难区分的。

二、基本分析方法

1. 边际分析

边际分析是西方经济学经常用来预测或评价决策后果的一种基本方法,被认为是了解和掌握经济理论的钥匙。所谓边际分析就是对追加一个单位自变量(自变量发生小量变动)所引起因变量的变化值(变动率)的分析。边际分析是基于各种经济变量存在函数关系为前提的。这种方法实际上是用来确定适度的变量界限的最好办法,在微观经济学中被广泛使用。

2. 均衡分析和非均衡分析

均衡概念是瓦尔拉斯在 1874 年提出来的,称为瓦尔拉斯均衡。均衡分析是经济学常用的一种方法,包括局部均衡和一般均衡。局部均衡研究的是单个市场(交易和要素),并假定在考察的这一市场中,经济单位或个人在与其他市场、经济单位或个人彼此互不影响的条件下,各自达到均衡。

非均衡分析是相对于瓦尔拉斯均衡而言的,可称为非瓦尔拉斯均衡。它是指由于价格作用,经济运行中不能形成供求相等的均衡价格和均衡产量,即不能形成瓦尔拉斯均衡,只能使供求双方在偏离瓦尔拉斯均衡的适当位置上的均衡,这是一种短期的不稳定均衡。一般来说,非均衡分析是从经济系统中各种经济力量不均衡状态出发的,联系历史、社会和制度等因素,对经济现象及变化原因进行分析的方法,它不是对均衡分析的完全否定,而是对均衡分析的深化、发展和扬弃。

3. 静态分析和动态分析

静态分析是对经济运行的一种短期分析,在经济分析中把注意力集中于均衡位置的研究,旨在说明在一定经济条件下,什么是经济变量的均衡状态以及经济变量达到均衡状态所具备的条件。

动态分析是对经济运行的一种长期分析,其实质是探讨非均衡状态下的变动和调整,旨在说明经济体系中各种变量的运动过程及变化动因。动态分析常常被用来研究经济增长和经济周期波动等方面的课题。

4. 流量分析和存量分析

流量是指在某一时期内经济变量的数值。流量分析是指对流量总量指标的投入产出变化及对其他总量指标的影响等进行分析。如国内生产总值等,反映着一个国家在一定时期内的经济发展水平,国家经济实力和国内生产水平状况等,研究收入流量的影响因素并使其不断增长是极为重要的。

存量是指某一时点上的经济变量。存量分析是指对存量的总量指标的影响因素、变动趋势及对其他有关指标影响的分析,存量分析极为重要,因为许多存量指标非常重要,如国民财富、货币数量和存款余额。

5. 总量分析和结构分析

总量分析是指对宏观经济运行总量指标的影响因素及其变动规律进行分析。例如,对国内生产总值、消费额、投资额、银行贷款总额及物价水平变动规律的分析就是总量分析。

结构分析是指对经济系统中各组成部分及其对比关系变动规律的分析。例如,国民生产总值中三个产业的结构及消费和投资的结构分析,经济增长中各因素作用的结构分析等。

【复习思考题】

一、判断题

1. 如果社会不存在稀缺性,也就不会产生经济学。 （　　）
2. 只要有人类社会,就会存在稀缺性。 （　　）
3. 资源的稀缺性决定了资源可以得到充分利用,不会出现资源浪费的现象。 （　　）
4. 因为资源是稀缺的,所以产量是既定的,永远无法增加。 （　　）
5. 生产什么、怎样生产和为谁生产,这三个问题被称为资源利用问题。 （　　）
6. 在不同的经济体制下,资源配置和利用问题的解决方法是不同的。 （　　）
7. 经济学根据其研究范畴不同,可分为微观经济学和宏观经济学。 （　　）
8. 微观经济学要解决的问题是资源利用,宏观经济学要解决的问题是资源配置。 （　　）
9. 微观经济学的中心理论是价格理论,宏观经济学的中心理论是国民收入决定理论。 （　　）
10. 微观经济学的基本假设是市场失灵。 （　　）
11. 微观经济学和宏观经济学是相互补充的。 （　　）
12. 经济学按其研究方法的不同可以分为实证经济学和规范经济学。 （　　）
13. 实证经济学要解决"应该是什么"的问题,规范经济学要解决"是什么"的问题。 （　　）
14. "物价高一些好还是低一些好"的命题属于实证经济学问题。 （　　）
15. 边际分析就是增量分析。 （　　）
16. 均衡状态就是静止不变的状态。 （　　）
17. 比较静态分析就是较为静态的分析。 （　　）
18. 动态分析的任务是指出事物变化的时间过程。 （　　）

二、选择题

1. 资源的稀缺性是指(　　)。

A. 资源的绝对数量的有限性

B. 生产某种物品所需资源的绝对数量的有限性

C. 相对于人类社会的无穷欲望而言,资源总是不足的

D. 资源的绝对数量和相对数量都是有限的

2. 下面最有可能成为稀缺物品的是(　　)。

A. 空气
B. 太平洋的海水

C. 运送到兰州的海水
D. 阳光

3. 微观经济学要解决的问题是(　　)。

A. 资源配置
B. 资源利用

C. 单个经济单位的经济行为
D. 价格理论

4. 宏观经济学中心理论是(　　)。

A. 失业与通货膨胀理论
B. 经济周期与经济增长理论

C. 价格理论
D. 国民收入决定理论

5. 实证经济学与规范经济学的根本区别是(　　)。

A. 研究方法不同
B. 研究对象不同

C. 研究范围不同
D. 上述都是

6. 以市场机制为主要资源配置方式的经济中,(　　)起到了关键的作用。

A. 需求　　　　B. 供给　　　　C. 价格　　　　D. 均衡价格

7. 学校里一块新停车场的机会成本是(　　)。

A. 由此引发的所有费用

B. 由用于其他用途产生的最大价值决定

C. 由用于建造停车场的机器设备的折旧大小决定

D. 由在停车场停车所需的费用来决定

8. 从根本上讲,经济学与(　　)有关。

A. 货币
B. 公司赢利或亏损的决定

C. 稀缺资源的配置
D. 支票簿的平衡

9. 下列命题中哪一个不是实证分析命题(　　)。

A. 1982 年 8 月美联储把贴现率降到 10%

B. 联邦所得税对中等收入家庭是不公平的

C. 1981 年失业率超过 9%

D. 社会保险税的课税依据现在已超过 30 000 美元

10. 以下问题中哪一个不属于微观经济学所考察的问题(　　)。

A. 一个厂商的产出水平

B. 失业率的上升或下降

C. 联邦货物税的高税率对货物销售的影响

D. 某一行业中雇佣工人的数量

三、名词解释

1. 经济人 2. 微观经济学 3. 宏观经济学 4. 规范分析 5. 实证分析
6. 静态分析 7. 动态分析 8. 流量 9. 存量

四、问答题

1. 如何理解资源稀缺性？
2. 微观经济学与宏观经济学的联系和区别。

第二章 需求、供给与均衡价格

现代微观经济学是以均衡价格为核心展开其理论体系的,旨在说明稀缺资源的最优配置和最优选择是如何通过价格机制来实现的。任何商品的价格都是由商品的需求和供给这两个方面的因素共同决定的。因此,对需求和供给这个基本原理的论述,通常被作为微观经济学分析的出发点。本章主要论述需求和供给理论,均衡价格及供求弹性等内容。

第一节 需 求

◆ **案例导入 2-1**

柯达胶卷的价格为什么会上涨

2003 年 1 月 6 日凌晨,桂林市区北部普降中到大雪,一夜间的雨雪把整个大地铺得白茫茫一片,10 年不遇的大雪,使桂林人异常兴奋,呼朋唤友,扶老携幼拿着相机外出赏雪拍照。1 月 6 日桂林市各照相馆都挤满了要买胶卷的市民。由于缺货,柯达胶卷每筒 40 元都有人买。临桂县五通镇一照相馆的老板说,当天上午存放的 100 多筒胶卷就销售一空。"要想当天可取,照片每张 0.8 元,按正常价每张 0.4 元需要排队两天"。以往 0.4 元一张,1 小时就可取照片的事,这两天在桂林市找不着了。1 月 7 日下午,在八桂大厦旁一照相馆里,正在忙于装照片的服务员说:"当天交来的胶卷可能要等到 1 月 9 日才能取。因为机子冲洗的速度有限,一时难以满足消费者的需求。"

一、需求

需求是指一定时期内,其他条件不变时,消费者在每一可能的价格下愿意并且能够购买的某种商品的数量。根据定义,如果消费者对某种商品只有购买的欲望而没有购买的能力,或者有购买能力但没有购买的愿望,都不能算作需求。因此,经济学中所讲的需求必须是既有购买欲望又有购买能力的有效需求。

二、需求定律

需求定律就是指一定时期内,其他条件不变时,某一商品的需求量与其价格反向变动的关系。即价格越高,需求量越小,价格越低,需求量越大。因此,作为一个消费者,你不难理解为什么人们对一种物品的购买量在价格低时比在价格高时大。只要商品售价低,购物的人们就会蜂拥而至。一种商品的价格与需求量之间的这种关系是一个经济定律。

1. 需求、欲望与需要。消费者的需求与消费者的欲望不是一回事。正如我们已经看到的,欲望是无穷的。需求与需要也不完全一样,你可能需要给你的居室装一台空调,但如果空调的价格过高,你可能决定"我不花这份钱"就把钱用到别处。然而,如果空调的价格降到一定程度,那么就会愿意并且能够买一台。

2. 商品价格的变动。需求与资源稀缺之间的矛盾决定了需求定律的存在。

3. 价格变动的替代效应。需求定律中包含着"其他条件不变"的效应。当其他物品价格不变,该商品价格上升,消费者就会购买其他的替代物品;反之,该商品价格下降,消费者就会购买更多的这种商品来替代其他商品。

4. 价格变动的收入效应。一个物品的价格下降为什么会增加人们对这种物品的需求量?因为,其他条件不变时,价格下降会提高你收入的实际购买力,从而提高你购买该物品的数量,因而价格下降而节省的钱提高了你购买所有物品的能力。

5. 消费者的收入。一般讲,个人收入愈高,消费者对一定价格条件下的某种商品需求量就愈大。由于各种商品的性质不同,对收入变化的反应也不尽相同,生活必需品对收入变化反应不大,一些耐用品和奢侈品对收入变化的反应却是相当大的。例如,小汽车、住房,经济学上把这种需求与收入量正相关函数的商品称为正常商品。

6. 互补(相关)商品价格。对某一种商品来说,即使自身的价格不变,但由于其他相关商品的价格发生了变化,也会使它的需求量发生变动。所谓相关商品,有两种情况:其一,互替商品,即在效用上可以互相替代的商品。例如,煤和石油、牛奶和鸡蛋、牛肉和猪肉。石油价格上升,对煤的需求量随之增加;反之亦然。其二,互补商品,即需要互相补充配套,才能发生效用的商品。例如,汽车和汽油是互补商品(相机和胶卷,录音机和磁带),在互补商品中,如果其中的一种商品价格上升,需求量减少,则另一种商品的需求量也会减少。比如,汽油价格上升,汽车的需求量就会减少。可见,互替商品和互补商品价格变动都会引起商品需求量的变动,但其变动的方向则各有不同。

7. 消费者偏好。消费者偏好是指一个消费者对某种商品的喜好程度。如果消费者对某一物品的偏好发生了变化,那么,对这类物品的需求量自然会产生变化,消费者偏好的变化受到广告、时尚、对其他消费者的观察、对健康的考虑和原来购买这种商品的经历等诸多因素的影响。

8. 消费者的预期。如果消费者预期未来某种商品的价格会上涨,他们很可能在价格上涨之前购买更多的这种商品,该商品的预期需求就会上升,反之亦然。

影响需求变动的因素还有很多,例如,人口增减、国民收入分配现状、消费信贷的利息率等等。由此可见,需求变动条件受多种因素的影响,有客观物质因素,也有主观因素,甚至还有政治、社会风尚的因素。

三、需求函数

一种商品的需求量可以看成是所有影响该商品需求量的因素的函数。因此,需求量同影响它变动的诸因素之间的关系被称作"需求函数"。它是用公式表示的某一特定时间内消费者对商品需求与决定需求量的各因素之间的关系。

如果用 Q_b 表示商品的需求量,P 表示商品的价格,则需求函数为:

$$Q_b = f(P)$$

如果用 Q_b 表示商品的需求量,E, D, C, ……, H 表示影响需求的诸因素,则需求函数为:

$$Q_b = f(E, D, C, ……, H)$$

四、需求表和需求曲线

需求函数可以用需求表或需求曲线来表示,只要把需求函数所表示的商品需求量与价格之间存在的一一对应关系用表和线表示,我们就得到了一个商品的需求表和需求曲线了,如图 2-1 所示。

(a) 需求表

	价格(元)	每月需求量(公斤)
a	1.25	8
b	1.00	14
c	0.75	20
d	0.50	26
e	0.25	32

(b) 需求曲线

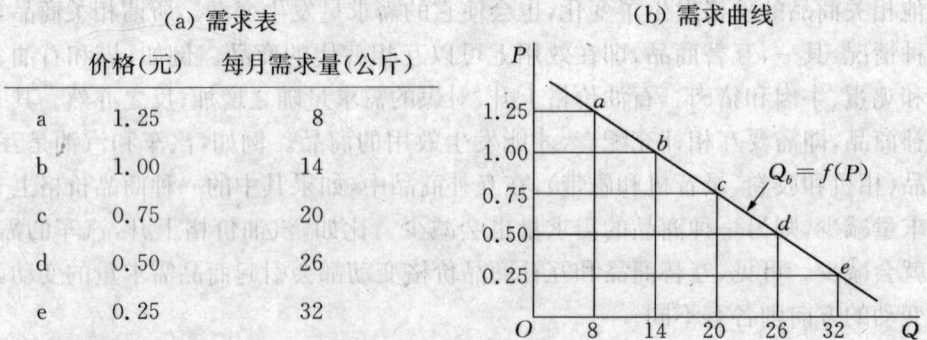

图 2-1 牛奶的需求表和需求曲线

应该注意区分牛奶的需求和需求量。牛奶的需求不是一个具体的数字,而是价格与需求之间的整个关系,这种关系可由需求表或需求曲线表示,需求曲线上的某一点表示某一价格水平的牛奶的需求量。

应该指出,需求曲线向下倾斜,它反映了需求定律,亦即其他条件不变,价格与需求量反向相关。也就是说需求曲线上任何移动都反映需求量的变化,而不反映需求的变化。

将个人需求与市场需求区分开是必要的。个人需求是指单个消费者的需求,市场需求是指市场上所有消费者个人需求的总和。当我们说到需求时,通常是指市场需求,如图 2-2 所示。

牛奶需求的增加表现为需求曲线的外移,需求增加后,在每公斤 1 元的价格下消费者对牛奶的需求量从 14 单位(b 点)增到 20 单位(点 g)。这种移动的另一种解释是消费者愿意为 14 单位支付的最高价格从每公斤 1 元(在 b 点)增加到每公斤 1.25 元(在 f 点)。

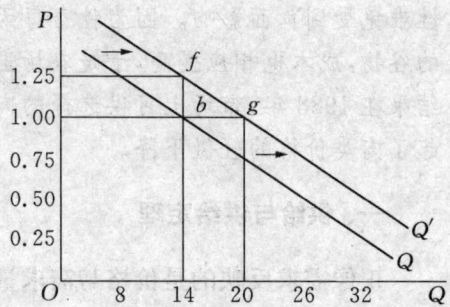

图 2-2　牛奶市场需求的增加

应该记住,沿某一固定曲线的移动叫做需求量的变动。需求量的变动是在其他情况不变时,由价格的变动所引起的需求曲线的移动。需求的变动不是由物品自身价格的变动引起的,而是由其他决定需求的因素的变动引起的。诸如收入的变动,相关物品价格的变动,消费者预期的变化,消费者人数或构成的变化以及消费者兴趣的变化等。

第二节　供　　给

◆ 案例导入 2-2

1988 年旱灾对美国粮食供给的冲击

1988 年,美国中西部出现了有史以来最严重的旱灾。当年的玉米产量比原来雨季下降 35%,黄豆产量下降超过 20%,小麦产量下降超过 10%,有必要对其后果做出预测,以便供政府参考,制定相关应变措施。而他们的预测依据并不是什么特别高深的手段和理论,而是有关供求关系的基本法则。

首先我们确定一件事,即这场旱灾已经大幅度减少了谷物的产量,供不应求的局面已经不可避免。因此这场旱灾可以看作是将谷物的供给曲线向左移动,我们由此得出结论:在需求曲线一定的前提下,供给曲线大幅度左移应该导致农产品价格大幅度上升。具体而言就是当年夏末时节玉米价格已经迅速上升 80%,黄豆价格也上升了接近70％,而小麦价格则上升了50％。

由于谷物是许多其他产品(尤其是畜牧产品)的基础,经济学家同时运用供求关系模型预测这场旱灾对其他产品的供求状况的影响。例如,谷物是牲畜的主要食粮,随着谷物价格的上升,养殖牛羊等各种牲畜的利润便相应下降,农民的积极性难免受到负面影响。因为牲畜每天都需要喂养,多留一天无疑意味着耗费更多的谷物,成本也相应提高,于是农场里出现了农民纷纷提前宰杀牲畜出售的现象。结果在1988年,市场上可供选择的肉类供应量稍稍上升,虽然只是短期现象,却引起了肉类价格的轻微下降。

一、供给与供给定理

正像需求反映的是价格与需求量之间的关系一样,供给反映的是价格与供给量之间的关系,具体地说,供给表示的是,在其他条件不变时,生产者每一时期内在每一可能的价格下愿意并且能够提供出售的一种物品的数量。

供给定律是指,其他条件不变时,一种物品的供给量通常与其价格同向变动。这样价格越低,供给量越小,价格越高,供给量越大。

二、供给函数

供给函数是用公式表示的某一特定时期内商品的供给量与决定这一供给量的各种因素的关系。

如用 Q_S 代表供给、用 P 代表价格,则供给函数为:

$$Q_S = f(P)$$

如用 Q_S 代表供给、用 A, B, C, D, …, H 代表影响供给的因素,则供给函数为:

$$Q_S = f(A, B, C, …, H)$$

三、供给表和供给曲线

图2-3给出了牛奶的市场供给表和市场供给曲线 S。它说明人数众多的牛奶场场主每个月在各种可能的价格下供给的牛奶数量。正如你看到的,价格与供给量同向变动。生产者在价格较高时比在价格较低时供应更多的数量,所以供给曲线向上倾斜。

价格上升时,生产者为什么会增加物品的供给?理由有两个:第一,当一种物品的价格上升时,如果其他条件不变,那么生产者会更愿意供给该物品。价格是鼓励现有的和潜在的供给者生产各种物品的信号。牛奶价格的提高给农场主带来利润,促使他们将一些资源从其他物品如玉米(现在价格相对较低的物品)的生产中

(a) 供给表	
每公斤价格(元)	每月供给量(万斤)
1.25	28
1.00	24
0.75	20
0.50	16
0.25	12

(b) 供给曲线

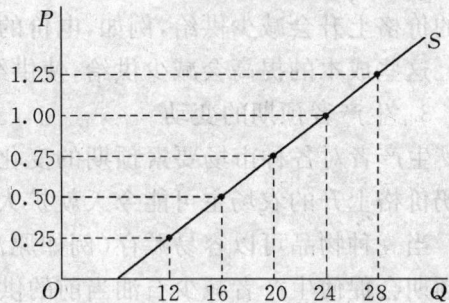

图 2-3　牛奶的供给表和供给曲线

转出来,投入牛奶(现在价格相对较高的物品)的生产。牛奶价格的提高吸引资源从价值低的用途中转移到价格高的用途中。

第二,一种物品价格的提高增强了生产者供给该物品的能力。牛奶价格的提高使农场主更能够从其他用途中抽取资源。比如,农场主不得不将一块玉米地变成一个牧场,饲养增加的牛,从而增加牛奶的供应量。同样,汽油价格上升提高了石油公司在环境恶劣的地区进行石油勘探的能力。相反,黄金价格持续十年的下降使得一些不再盈利的金矿关闭。

因此,价格的提高使生产者更愿意并且能够增加用于销售物品的数量。生产者之所以更愿意,是因为利润的吸引力,也是因为价格的提高使他们能够补偿通常由产量的提高所引起的边际成本的上升。

四、供给的变动

1. 技术的改变

技术的状况代表一个经济中关于如何把资源最有效地组合起来的知识水平(存量)。在一条特定的供给曲线上,假定原有技术水平保持不变,如果一种新的更有效的技术开发出来,生产成本将下降,所以在每一种价格下生产者将更愿意且能够增加物品的供给。因此,供给将增加,如图 2-4 中 S 到 S′移动所示。

2. 相关资源价格的变动

相关资源是指在所讨论的物品生产中使用的资源。例如,假定牛饲料的价格下降,这一资源价格的下降减少了牛奶的生产成本。所以,牛奶场场主更愿

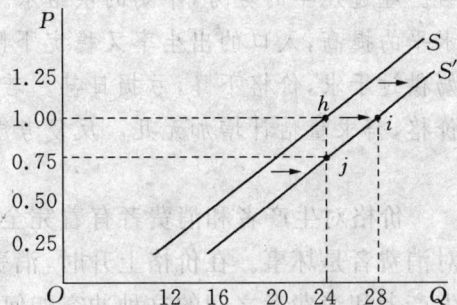

图 2-4　牛奶供给的增加

意并且更能够供给牛奶。牛奶的供给曲线会向右或者向下移动。相反,相关资源的价格上升会减少供给,例如,电价的提高增加了牛棚照明和使用挤奶器的成本。这些成本的提高会减少供给,使供给曲线向左或向上移动。

3. 生产者预期的变动

生产者对各种市场要素预期的变化可以改变当前的供给。例如,预期未来牛奶价格上升的农场主可能今天就扩大他的牛奶生产,从而增加当前牛奶的供给。当一种物品可以容易贮存(例如原油可以保存在地下)时,对未来价格上涨的预期会促使生产者减少石油当前的供应,待价而沽。因此,任何影响未来收益率的预期变动,都可以改变当前的供给。

4. 生产者数目的变动

由于市场供给等于所有厂商供给量的总和,所以市场供给依赖于市场中生产者的数目。如果生产者的数目增加,供给将增加;如果生产者的数目减少,供给将减少。例如,在美国过去 10 年中,咖啡屋的数目翻了两番以上,这使得咖啡的供给大大增加了。

最后,应该注意供给量的变动与供给的变动之间的区别。供给量的变动是指,其他条件不变时,生产者对一物品价格变动的反应,它表现为一条特定供给曲线上点的移动。供给的变动是对物品自身价格以外决定供给的其他因素的变动所作出的反应,它表现为整个供给曲线的移动。

第三节　市场与均衡价格

◆ **案例导入 2-3**

他们为什么要忍痛宰牛

某市为了提高人民的生活水平,从国外引进优良品种的奶牛,以增加牛奶供给。经过几年的努力,牛奶的供给水平迅速提高。但随着人民收入的增加,生活水平的提高,人口的出生率又稳定下降,对牛奶的需求量反而下降,一时造成牛奶供过于求,价格下降,亏损日甚。若进一步提高价格,需求量还会下降;若降低价格,需求量估计增加无几。反复考虑,该市最后决定忍痛宰牛。

价格对生产者和消费者有着完全不同的意义。价格上升对生产者是好事,对消费者是坏事。在价格上升时,消费者减少他们的需求,生产者增加供给量。生产者和消费者之间的这种冲突如何加以解决呢?

一、市场

一个产品市场可以协调每一个参与者,即每一个供应者和需求者对于价格有不一致的看法。市场不仅是买卖双方交易的场所,也是统一买者和卖者各自意愿的一种机制。一个市场用来代表买卖一种商品和服务的所有安排。市场减少交易成本,即交换所必需的时间成本(信息)。

市场的协调作用之所以发生,不是由于某种中央计划,而是由于亚当·斯密的"看不见的手"。例如,你所在的社区的大多数汽车交易商往往会聚集在一起,并通常在土地便宜的城镇郊区。这些交易商聚集在一起,不是有人规定他们这样做,也不是因为他们彼此喜欢对方的公司,而是每个交易商都想位于顾客买车的地方(也就是中国人讲的"市",如粮市、蔬菜市、鱼市、肉市等),亦即靠近其他交易商的地方,同样各家商店聚集在市区并且挤在各家商场内,都是为了获得争取顾客的便利。

二、市场均衡

为了说明市场是如何运行的,让我们把市场需求和市场供给结合起来。图2-5分别用(a)中供求表和(b)中的供求曲线说明了牛奶的需求和供给。开始时,假定最初价格为每公斤1元,在该价格下,生产者每月的供给量为24万公斤,但消费者每月的需求量仅为14万公斤。供给量大于需求量,导致每月10万公斤的供给量过剩,这些没有卖出去的牛奶量告诉生产者们价格太高。除非牛奶价格下降,否则过剩的牛奶就会在商店里坏掉。供给者消除过剩牛奶的愿望促使价格下降,如图2-5(b)中指向朝下的箭头所示。随着价格的下降,生产者减少牛奶的供应量,消费者增加牛奶的需求量,只要供给量大于需求量,过剩就会迫使价格下降。

初始价格还可以假设为每公斤0.50元,从图2-5中你可以看到,在该价格下,消费者每月的需求量为26万公斤,而生产者每月的供给量仅为16万公斤,这导致每月10万公斤牛奶需求量的短缺。消费者因未买到牛奶的抱怨以及生产者的利润刺激,都会形成市场压力,导致价格上升,正如图2-5(b)中指向朝上的箭头所表示的那样。随着价格上涨,生产者增加牛奶的供给量,消费者减少他们的需求量。只要需求量仍大于供给量,价格就会继续上涨。

因此,过剩迫使价格下降,短缺迫使价格上涨。只要需求量和供给量二者不等,其差额就将迫使价格发生变化,价格的变化又会使供给量和需求量二者发生变化。应该注意,短缺、过剩无论什么时候都必须定义在某一特定价格上,离开某一特定价格的一般性短缺或一般性过剩是不存在的。

(a) 市场供求表　　　　　　　　　　　　　　　（单位：万公斤/月）

价格(元/公斤)	需求量	供给量	过剩或短缺	价格走势
1.25	8	28	过剩 20	下降
1.00	14	24	过剩 10	下降
1.75	20	20	均衡	保持不变
0.50	26	16	短缺 10	上升
0.25	32	12	短缺 20	上升

(b) 市场供求曲线

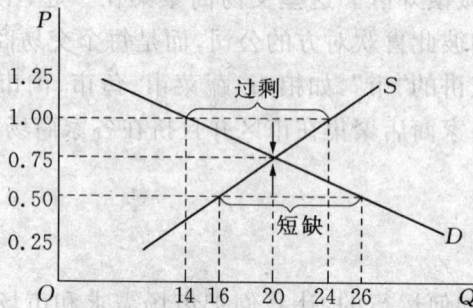

图 2-5　牛奶市场的均衡

当消费者愿意并能够购买的量等于生产者愿意并且能够出售的量时，市场处于均衡，在均衡状态下，买者打算购买的量与卖者打算出售的量恰好相等，因此，市场力量不再施加任何压力来改变价格和数量。在图 2-5 的(b)中，供求曲线处于均衡点，即需求曲线 D 和供给曲线 S 的交点。均衡价格为每公斤 0.75 元，均衡数量为每月 20 万公斤，在该均衡价格和均衡数量上，市场出清。由于既没有短缺，也没有过剩，所以不存在变化的压力。

一个市场通过成百上万买者和卖者的独立行动达到均衡。从某种意义上说，市场是个人的，每个消费者和每个生产者都会做出个人的决策，决定在某一特定价格下买多少卖多少。从另外的意义上说，市场又是非个人的，它不需要消费者或生产者之间进行自觉的调整（协调），非个人的市场力量可以协调许多单个买者或卖者独立的决策，来决定均衡价格和均衡数量。

三、均衡价格和均衡数量的变动

均衡是买者的意图与卖者的意图恰好彼此吻合的价格和数量的一种组合。一个市场一旦达到均衡，其价格和数量就将保持不变，直至决定需求和供给的某一因素发生变动。这种因素的变动通常都会以某种可以预见的方式改变均衡价格和数量,正如我们将要看到的那样。

（一）需求变动的效应

在图 2-6 中,需求曲线 D 和供给曲线 S 相交,形成每公斤牛奶 0.75 元的初始均衡价格和每月 20 万公斤牛奶的初始均衡数量。现在假定,决定需求的某一因素发生变化,导致需求增加,使需求曲线从 D 又移至 D'。下列任何一种变化都可能增加对牛奶的需求:(1)消费者收入增加;(2)某一替代品(如果汁)价格上涨,或某一互补品(如谷类食物)价格下降;(3)鼓励消费者现在多喝牛奶的消费者预期的变化;(4)消费者数目增加;(5)消费者兴趣的改变,例如,由于喝牛奶可增进智力的发现所引起的消费者的兴趣的改变。

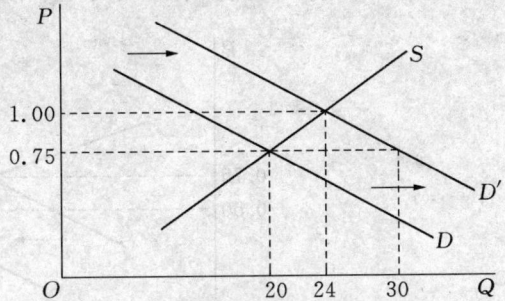

图 2-6　需求增加的效应

需求的增加使需求曲线从 D 移至 D' 后,在每公斤 0.75 元的旧价格上需求量超过供给量。当价格上升时,供给量沿着供给曲线 S 增加,需求量沿着需求曲线 D' 减少。当达到新的均衡价格每公斤 1 元时,需求量将再次等于供给量。在需求增加后,均衡价格和均衡数量二者都有所提高。

如图 2-6 所示,当需求增加到 D' 后,在 0.75 元的初始价格下的需求量为 30 万公斤,与 20 万公斤的供给量相比,超出 10 万公斤。这种短缺促使价格上涨。随着价格上涨,需求量沿着新的需求曲线 D' 减少;供给量沿现有的供给曲线 S 增加,直至两个量再次等于均衡状态。新的均衡价格为每公斤 1 元,新的均衡数量为每月 24 万公斤。现在,我们可以把这些结果归纳如下:在供给不变的情况下,需求增加会使需求曲线向右平移,从而使得均衡价格和均衡数量都增加;需求减少会使需求曲线向左平移,从而使得均衡价格和均衡数量都减少。

（二）供给变动的效应

在图 2-7 中,假使决定供给的某一因素发生变化,使得供给从 S 增加到 S'。能够增加牛奶供给量的因素包括:(1)牛奶生产技术的进步,如提高牛奶产量的激素的开发;(2)相关资源,如奶牛饲养价格的降低;(3)选择性物品,如玉米价格的降低;(4)鼓励农场主现在增加牛奶供给的预期的变化,如未来价格上涨的预期;(5)牛奶场场主数目的增加。

供给的增加表现为供给曲线从 S 到 S' 的右移。在新的均衡,与供给增加前相比,均衡数量更大,均衡价格更低。

图 2-7 中供给增加之后,在 0.75 元的初始均衡价格下的供给量从 20 万公

斤增加到 30 万公斤,导致 10 万公斤的过剩。这种过剩迫使价格下降。随着价格的下降,供给量减少,需求量增加,直至新的均衡点确定下来。新的均衡价格为每公斤 0.50 元,新的均衡数量为 26 万公斤。现在,我们可以把这些结果归纳如下:在需求不变的情况下,供给增加会使供给曲线向右平移,从而使得均衡价格下降,均衡数量增加;供给减少会使供给曲线向左平移,从而使得均衡价格上升,均衡数量减少。

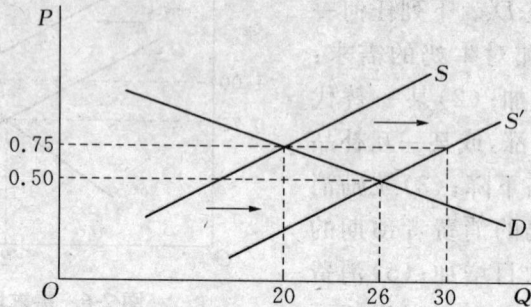

图 2-7　供给增加的效应

（三）需求和供给的同时变动

只要有一条曲线移动,我们就能确切地说明均衡价格和均衡数量会发生什么变化。然而,两条曲线同时移动,那么,结果就不确定了。例如,假定需求和供给都增加,如图 2-8 所示。应该指出,在(a)中需求增加大于供给增加,在(b)中供给增加大于需求增加。在这两个图中,均衡数量均增加。然而均衡价格的变化取决于需求增加相对于供给增加的大小。如果需求的增加大于供给的增加,如(a)中那样,那么均衡价格从 P 上升到 P'。如果供给的增加大于需求的增加,如(b)中那样,那么均衡价格从 P 下降到 P''。

相反,如果需求和供给都减少,那么均衡数量减少;如果需求的减少大于供给的减少,那么价格将下降。如果供给的减少大于需求的减少,那么价格将上升。

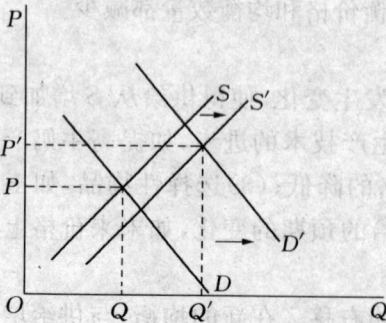

　（a）需求曲线的移动大于供给曲线的移动　　（b）供给曲线的移动大于需求曲线的移动

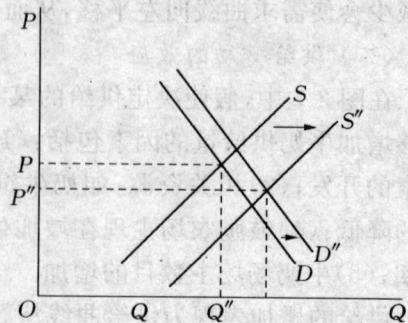

图 2-8　供给和需求同时增加的不确定效应

当供给和需求都增加时,交易量(亦即均衡量)也会增加。但是,价格的变化取决于供给曲线和需求曲线何者移得更远。在图 2-8(a)中,需求曲线的移动大于供给曲线的移动,所以价格上涨。在图 2-8(b)中,供给曲线的移动大于需求曲线的移动,所以价格下降。

供给和需求变动方向相反的情况下,均衡价格的变化。如果需求增加,供给减少,均衡价格上升;如果需求减少,供给增加,均衡价格将下降。图 2-9 总结了供求变更的四种可能的组合。

<table>
<tr><td></td><td colspan="2" align="center">需求的变动</td></tr>
<tr><td rowspan="2">供给的变动　</td><td align="center">需求增加
均衡价格变动不确定
均衡数量增加</td><td align="center">需求减少
均衡价格下降
均衡数量变动不确定</td></tr>
<tr><td align="center">需求增加
均衡价格上升
均衡数量变动不确定</td><td align="center">需求减少
均衡价格变动不确定
均衡数量减少</td></tr>
</table>

（左侧标注：供给增加 / 供给减少）

图 2-9　供给和需求同时变动的效应

当供求曲线同方向移动时,均衡数量也会发生与之方向相同的变动;对均衡价格的影响取决于哪条曲线移动的距离更大。如果供求曲线反方向移动,那么均衡价格的变动与需求曲线的移动的方向相同;对均衡数量的影响取决于哪条曲线移动的距离更大。

第四节　需求弹性与供给弹性

◆ **案例导入 2-4**

500 万 元

改革初期,我国的物价主管部门决定:高档香烟一次性提价 30%。南方某市商业局尚不知弹性为何物,只是沿用"线性思维",将原销量乘以提价 30%,预计增收 500 万元。

消息传开,当时政企不分的市府各局,纷纷要求"有福同享"。但几经协商,均无结果。最后由市长亲自出面调解。

三个月后的一天,在市府大楼会议室,市长正在主持 500 万元分享会议。正激烈争论中,商业局打来电话:从未有过的大幅涨价,使高档香烟严重积压,霉变损失达 500 万元!

众局长大哗,眼望分享无望,纷纷退场。

市长站起来说:"且慢!请大家坐下,会议继续进行,议题还是 500 万元,但由分享改为分担,有福同享,有难也要共担么!"

众局长哑然。

什么是弹性?商品提价,收入一定会增加吗?收入增加的幅度有多大?这正是本节我们所要分析的问题。

一、弹性的概念

弹性概念在经济学中广泛应用。弹性是指当经济变量之间存在函数关系时,作为因变量的经济变量的相对变化对于作为自变量的经济变量的相对变化的反应程度。弹性的一般公式为:

弹性系数 = 因变量的相对变动 ÷ 自变量的相对变动

若两个经济变量之间的函数关系为 $Y = f(X)$,以 ΔX、ΔY 分别表示变量 X、Y 的变动量,以 e 表示弹性系数,则弹性公式为:

$$e = \frac{\frac{\Delta Y}{Y}}{\frac{\Delta X}{X}} = \frac{\Delta Y}{\Delta X} \cdot \frac{X}{Y}$$

若经济变量的变化量趋于无穷小,则弹性就等于因变量的无穷小的变动率与自变量的无穷小的变动率之比。即:当公式中的 $\Delta X \to 0$,且 $\Delta Y \to 0$ 时,则弹性公式为:

$$e = \lim_{\Delta X \to 0} \frac{\frac{\Delta Y}{Y}}{\frac{\Delta X}{X}} = \frac{\frac{dY}{Y}}{\frac{dX}{X}} = \frac{dY}{dX} \cdot \frac{X}{Y}$$

二、需求弹性

在西方经济学中,需求弹性包括需求的价格弹性、需求的交叉弹性和需求的收入弹性等。其中,需求的价格弹性又通常被简称为需求弹性。本节研究的需求弹性指的就是需求的价格弹性。

需求弹性用来表示在一定时期内一种商品的需求量的相对变动对于该商品的价格的相对变动的反应程度。它是商品需求量的变动率与价格的变动率之比。即：

$$需求弹性系数 = - 需求量的变动率 \div 价格的变动率$$

1. 需求弧弹性

需求弧弹性用来表示某商品需求曲线上两点之间的需求量的相对变动对于价格的相对变动的反应程度。简单地说，它表示需求曲线上两点之间的弹性。假定需求函数为 $Q = f(P)$，ΔQ 和 ΔP 分别表示需求量和价格的变动量，以 e_d 表示需求弹性系数，则需求弧弹性的公式为：

$$e_d = - \frac{\dfrac{\Delta Q}{Q}}{\dfrac{\Delta P}{P}} = - \frac{\Delta Q}{\Delta P} \cdot \frac{P}{Q}$$

在通常情况下，商品的需求量和价格是呈反方向变动的，$\Delta Q / \Delta P$ 为负值，为了便于分析，便在公式中加了一个负号，取其绝对值。

需求弧弹性可以分为五种类型，如图 2-10 所示。

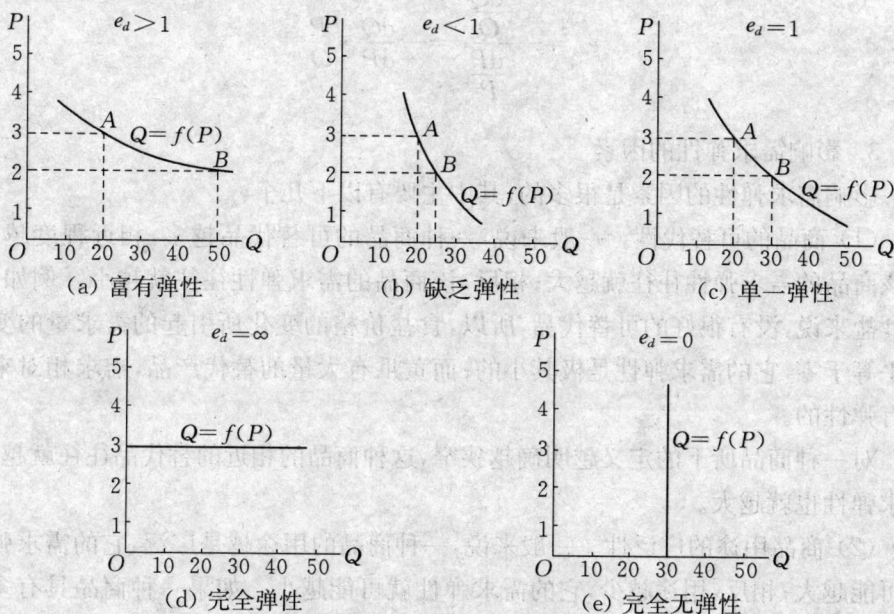

图 2-10　需求弧弹性的五种类型

需求弹性系数 $e_d > 1$ 的情况，被称为富有弹性，它表示需求量的变动率大于价格的变动率，如图 2-10(a)。需求弹性系数 $e_d < 1$ 的情况，被称为缺乏弹性，它表示需求量的变动率小于价格的变动率，如图 2-10(b)。需求弹性系数 $e_d = 1$ 的情况，

被称为单一弹性,它表示需求量的变动率等于价格的变动率,如图 2-10(c)。图 2-10(d)中需求曲线为一条水平线。水平的需求曲线表示在既定的价格水平需求量是无限的。从需求弹性的角度看,对于水平的需求曲线来说,只要价格有一个微小的变化,就会使无穷大的需求量一下子减少为零。也就是说,相对于无穷小的价格变化率,需求量的变化率是无穷大的,即 $e_d = \infty$。这种情况被称为完全弹性。图 2-10(e)中的需求曲线是一条垂直线。垂直的需求曲线表示在任何价格水平需求量都是固定不变的。从需求弹性的角度看,对于垂直的需求曲线来说,无论价格如何变化,需求量都不发生变化,需求量的变化量总是为零。于是,$e_d = 0$。这种情况被称为完全无弹性。

2. 需求点弹性

需求点弹性表示的是需求曲线上某一点的弹性。它衡量在需求曲线某一点上的需求量的无穷小的变动率对于价格的无穷小的变动率的反应程度。假定需求函数为 $Q = f(P)$,以 dQ 和 dP 分别表示需求量和价格的无穷小的变动量,以 e_d 表示需求弹性系数,则需求点弹性的公式为:

$$e_d = -\frac{\frac{dQ}{Q}}{\frac{dP}{P}} = -\frac{dQ}{dP} \cdot \frac{P}{Q}$$

3. 影响需求弹性的因素

影响需求弹性的因素是很多的,其中主要有以下几个:

(1)商品的可替代性。一般来说,一种商品的可替代品越多,相近程度越高,则该商品的需求弹性往往就越大;相反,该商品的需求弹性往往就越小。例如,对于食盐来说,没有很好的可替代品,所以,食盐价格的变化所引起的需求量的变化几乎等于零,它的需求弹性是极其小的;而黄瓜有大量的替代产品,需求相对来说是有弹性的。

对一种商品所下的定义越明确越狭窄,这种商品的相近的替代品往往就越多,需求弹性也就越大。

(2)商品用途的广泛性。一般来说,一种商品的用途越是广泛,它的需求弹性就可能越大;相反,用途越少,它的需求弹性就可能越小。如果一种商品具有多种用途,当它价格较高时,消费者只购买较少的数量用于最重要的用途上,当它的价格逐步下降时,消费者的购买量就会逐渐增加,将商品越来越多地用于其他的各种用途上。

(3)商品对消费者生活的重要程度。一般来说,生活必需品的需求弹性较小,非必需品、奢侈品的需求弹性较大。据测算,在美国,糖、公共交通、服装、食品的需求价格弹性分别为 0.3、0.4、0.6、0.4；家具、小汽车分别为 1.2、2.1。

（4）商品的消费支出在消费者总支出中所占的比重。消费者在某商品上的消费支出在总支出中所占的比重越大，该商品的需求弹性可能越大；反之，则越小。例如，香皂的需求弹性比电脑的需求弹性要小。相对来说，当主要支出的价格上涨，收入效应就大得多。例如，如果买房时抵押贷款利息率上升，人们将不得不在相当程度上减少对房子的需求，被迫买更便宜和更小的房子，或者租赁房屋。

（5）商品的耐用程度。愈是耐用的商品，弹性愈大；反之愈小。

（6）时间。即相应于价格的变动，人们调整需求量的时间。当价格上涨时，人们需要一些时间来调整他们消费商品的类型，并找到该商品的替代产品，一般来说，所考察的调节时间越长，则需求弹性就可能越大。

需求的价格弹性是经济学中很重要的概念之一。例如，如果我们知道一种商品的价格弹性，我们可以预测该商品供给曲线移动引起的价格变动对市场的影响。

需求价格弹性对于销售者也具有重要的意义。销售者可以根据某种商品需求价格弹性的大小，来确定适当的销售价格。对于有弹性的商品，不宜轻易提高价格，因为提高价格会导致销售量以比价格提高的幅度更大的幅度下降，结果会降低销售收入。对于缺乏弹性的商品，为了增加销售收入，可以适当地提高价格。因为价格提高虽然会使销售量有一定程度的下降，但下降的幅度却没有价格提高的幅度大，销售者仍会从提高价格中得到好处。

三、需求的交叉弹性

需求的交叉弹性是表示在一定时期内一种商品的需求量的相对变动对于它的相关商品的价格的相对变动的反应程度。它是某商品的需求量的变动率和它的相关商品的价格的变动率的比值。

假定商品 X 的需求量 Q_X 是它的相关商品 Y 的价格 P_Y 的函数，即 $Q_X = f(P_Y)$，则商品 X 的需求的交叉弧弹性公式为：

$$e_{XY} = \frac{\dfrac{\Delta Q_X}{Q_X}}{\dfrac{\Delta P_Y}{P_Y}} = \frac{\Delta Q_X}{\Delta P_Y} \cdot \frac{P_Y}{Q_X}$$

其中，ΔQ_x 表示商品 X 的需求量的变化量，ΔP_y 表示相关商品 Y 的价格的变化量，e_{XY} 表示当 Y 商品的价格发生变化时的 X 商品的需求的交叉弹性系数。

当 X 商品的需求量的变化量 ΔQ_x 和相关商品价格的变化量 ΔP_y 均为无穷小时，则商品 X 的需求的交叉点弹性公式为：

$$e_{XY} = \lim_{\Delta P_Y \to 0} \frac{\dfrac{\Delta Q_X}{Q_X}}{\dfrac{\Delta P_Y}{P_Y}} = \frac{\dfrac{dQ_X}{Q_X}}{\dfrac{dP_Y}{P_Y}} = \frac{dQ_X}{dP_Y} \cdot \frac{P_Y}{Q_X}$$

需求的交叉弹性系数的符号取决于所考察的两种商品的相关关系。

经济学所讲的交叉关系主要是商品之间的替代和互补的关系。当一些商品是互相替代的物品时,有关的其他商品的价格提高,会使这一种商品需求量增加,反之则减少。即若两种商品之间存在着替代关系,则一种商品的需求量与它的替代品的价格之间呈同方向的变动,相应的需求的交叉弹性系数为正值。当商品间是互补关系时,有关的其他商品价格的提高,会使这一商品的需求量下降。即若两种商品之间存在互补关系,则一种商品的需求量与它的互补品的价格之间呈反方向的变动,相应的需求的交叉弹性系数为负值。

反过来,可以根据两商品之间的需求的交叉弹性系数的符号,来判断两商品之间的相关关系。若两商品的需求的交叉弹性系数为正值,则二者之间为替代关系。若为负值,则二者之间为互补关系。若为零,则二者之间无相关关系。

需求的交叉弹性对商品经营者来说是一种十分重要的概念。在一个替代性较强的商品市场,一方一旦提高自身商品的价格,那么就必然会失去较大的市场份额。因此在一个替代品较强的商品市场,商品经营者要扩大其市场份额,可采取在降低成本的基础上,降低商品的价格这一方法来实现;也可采用新技术,生产出功能、质量、外观胜人一筹的产品,使其他商品无法替代,来扩大其销售量。

需求交叉弹性也经常应用于国际贸易和收支平衡分析。

四、需求的收入弹性

需求的收入弹性是建立在消费者的收入量和商品的需求量之间关系上的一个弹性概念,用来表示消费者对某种商品的需求数量的相对变动对于消费者收入量的相对变动的反应程度。它也是一个在经济学中被广泛运用的弹性概念。它的一般公式为:

需求的收入弹性 = 某商品的需求量的变动率 ÷ 消费者收入量的变动率

对大多数商品和劳务来说,收入提高,需求量则增加;收入下降,需求量则减少。这时收入需求弹性为正值。但也有一些例外的情形,对于一些商品,如土豆、玉米等粗粮,收入提高反而需求减少,收入降低需求则增加。这种需求量和收入为负的关系的商品称为"劣等品"。劣等品的收入需求弹性为负值。

在需求的收入弹性的基础上,如果具体地研究消费者的收入量的变动和用于购买食物的支出量的变动之间的关系,就可以得到食物支出的收入弹性。西方经济学中的恩格尔定律指出：在一个家庭或在一个国家中，食物支出在收入中所占的比例随着收入的增加而减少。用弹性概念来表述恩格尔定律可以是：对于一个家庭或一个国家来说，富裕程度越高，则食物支出的收入弹性就越小；反之，则越大。

五、供给弹性

在经济学中，供给弹性包括供给的价格弹性、供给的交叉弹性和供给的预期价格弹性等。在此分析的是供给的价格弹性，它通常被简称为供给弹性。

供给弹性表示在一定时期内一种商品的供给量的相对变动对于该商品的价格的相对变动的反应程度。它是商品的供给量变动率与价格变动率之比。

在通常情况下，商品的供给量和商品的价格是呈同方向变动的，供给量的变化量和价格的变化量的符号是相同的。

供给弹性根据 e_s 值也分为五个类型。若 $e_s > 1$，表示富有弹性；若 $e_s < 1$，表示缺乏弹性；若 $e_s = 1$，表示单一弹性；若 $e_s = \infty$，表示完全弹性；若 $e_s = 0$，表示完全无弹性。

供给的价格弹性受到许多因素的影响，这些因素主要包括以下几个方面：

（1）产量增加引起的成本增加量。如果产量增加，生产者需要增加的成本很小，那么当价格上涨后，就会有更多的企业进行生产，从而供给量增加就多，供给就越有弹性。反之，供给则越缺乏弹性。

如果生产者能满足所有这些条件：有大量备用生产能力，容易得到更多原材料的供给，容易从其他产品的生产转产，能避免超时工作而引起的高工资，那么厂家的成本就越不容易受到产量的影响，供给相对来说就越有弹性。越不能满足这些条件，供给的弹性就越小。

（2）时间因素。在瞬时市场上，供给来自现有存货，无法改变产量，因而供给完全无弹性；就短期而言，生产者虽然可以增加产量，但不能增加生产规模，供给缺乏弹性；在长期内，生产者可以通过调整生产规模改变产量，供给弹性很大。

（3）调整产量的难易。一般来说，产量易于调整的产品，供给弹性大；产量难于调整的产品，供给弹性小。例如，农业由于受自然力的影响大，难于调整，因而供给缺乏弹性；工业受自然力的影响小，相对易于调整，因而供给较富有弹性。在工业中，重化工业固定资产大，生产规模也大，"船大调头难"，故弹性小；轻纺工业固定资产比重小，一般规模也小，相对易于调整，故弹性大一些。

供给弹性作为一种衡量和考察供给量与价格变动之间的数量关系的工具，它的实际用处是，通过它可以分析生产的实际情况，断定哪种生产最为有利，以决定生产什么、生产多少和如何生产的问题。

【复习思考题】

一、判断题

1. 需求就是居民户在某一特定时期内,在每一价格水平时有能力购买的商品量。　　　　　　　　　　　　　　　　　　　　　　　　　　（　　）

2. 需求的减少将引起均衡价格的下降和均衡数量的增加。　　（　　）

3. 供给的增加将引起均衡价格的下降和均衡数量的增加。　　（　　）

4. 需求的弹性系数是价格变动的绝对量与需求量变动的绝对量的比率。（　　）

5. 需求曲线为水平线,则表现为完全无价格弹性。　　　　　（　　）

6. 任何商品提高价格肯定能多赚钱。　　　　　　　　　　　（　　）

7. 任何商品只要降价,就肯定能多销,增加总收益。　　　　（　　）

8. 需求收入弹性因商品而异。相比之下,一般生活必需品需求收入弹性较小,奢侈品需求收入弹性较大。　　　　　　　　　　　　　　　　（　　）

9. 供给弹性的大小取决于增减供给的难易程度。一般来说,劳动密集型行业供给增减相对容易,供给弹性大于1;相反,资本密集型行业供给增减相对困难,供给弹性小于1。　　　　　　　　　　　　　　　　　　　　（　　）

10. 根据供求定律,需求的变动方向与均衡价格变动方向相同;供给的变动方向与均衡价格变动方向相反。　　　　　　　　　　　　　　　（　　）

11. 恩格尔系数表明,随着人们收入的增长恩格尔系数是上升的。（　　）

12. 如果某种商品如花生的存货过多,卖方会提高价格以提高对花生的需求量。　　　　　　　　　　　　　　　　　　　　　　　　　　（　　）

13. 消费者预期某物品未来价格要上升,则对该商品的当前需求会减少。（　　）

14. 乒乓球的价格上涨,则乒乓球拍的需求量将会下降。　　（　　）

15. 需求的价格弹性等于需求量变动的百分比除以价格变动的百分比。（　　）

二、选择题

1. 当汽油价格上升时,在其他条件不变的情况下,对小汽车需求量将(　　)。

A. 减少　　　　　B. 不变　　　　　C. 增加　　　　　D. 难以确定

2. 当咖啡的价格急剧上升时,在其他条件不变的情况下,对茶叶的需求(　　)。

A. 减少　　　　　B. 不变　　　　　C. 增加　　　　　D. 没有影响

3. 消费者预期某物品将来价格要下降,则对该物品当前的需求会(　　)。

A. 减少　　　　　B. 不变　　　　　C. 增加　　　　　D. 难以确定

4. 需求的变动与需求量的变动(　　)。

A. 是一回事

B. 都是由同一种原因引起

C. 需求的变动由价格以外的其他因素的变动引起,而需求量变动是由价格变动引起的

D. 需求量的变动是由一种因素引起的,需求变动是两种及以上因素引起

5. 对化妆品需求的减少(　　)。

A. 可能是由于收入减少引起的

B. 是化妆品价格上升引起的

C. 在几何图形上表现为同一条需求曲线上点的移动

D. 是由内生变量的变动引起的

6. 需求定理是由(　　)所决定的。

A. 边际效用递减规律　　　　　　　B. 边际收益递减规律

C. 边际成本递减规律　　　　　　　D. 边际生产力递减规律

7. 在同一条需求曲线上,价格与需求量的组合从 A 点移动到 B 点是(　　)。

A. 需求的变动　　　　　　　　　　B. 收入的变动

C. 需求量的变动　　　　　　　　　D. 偏好的改变

8. 下列哪种情况将导致商品需求量的变动而不是需求的变动(　　)。

A. 消费者收入变化　　　　　　　　B. 技术水平变动

C. 消费者预期商品的价格　　　　　D. 该商品的价格下降

9. 供给曲线是表示(　　)。

A. 供给量与价格之间的关系　　　　B. 供给量与需求之间的关系

C. 供给量与生产能力之间的关系　　D. 价格与成本之间的关系

10. 鸡蛋的供给量增加是指供给量由于(　　)。

A. 鸡蛋的需求量增加而增加　　　　B. 人们对鸡蛋偏好的增加

C. 由于收入增加而引起的增加　　　D. 鸡蛋价格的上升而引起的增加

11. 假设某商品的需求曲线为 $Q = 30 - 9P$,市场上该商品的均衡价格为 4,那么当需求曲线变为 $Q = 50 - 9P$ 后,均衡价格将(　　)。

A. 大于 4　　　　B. 小于 4　　　　C. 等于 4　　　　D. 无法确定

12. 需求完全无弹性在几何图形上表现为需求曲线是一条(　　)。

A. 与横轴平行的线　　　　　　　　B. 向右下方倾斜的直线

C. 与纵轴平行的线　　　　　　　　D. 向右上方倾斜的直线

13. 若某商品的价格上升 2%,其需求量下降 10%,则该商品的需求的价格弹性是(　　)。

A. 缺乏弹性　　　B. 富有弹性　　　C. 单位弹性　　　D. 无限弹性

14. 若电影院平均票价是 4 元,对电影需求的价格弹性为 1.5,这时经常出现许多观众买不到票的现象,这些观众大约占有票观众的 15%,若( ),可以使所有观众都能买到票。

A. 电影票降价 10%　　　　　　　B. 电影票提价 15%

C. 电影票提价 10%　　　　　　　D. 电影票降价 15%

三、名词解释

1. 需求　2. 供给　3. 均衡价格　4. 需求的价格弹性　5. 需求的收入弹性
6. 需求的交叉弹性　7. 供给弹性

四、问答题

1. 确定下列事件涉及的是需求曲线的移动还是需求量的改变:

(1) 收入增加导致旅游消费的上升;

(2) 减肥时尚导致动物肉销量下降;

(3) 汽油税减少了汽油消费;

(4) 病虫害使面包销量减少;

(5) 战争使石油减产。

2. 下列事件对某产品的供给有何影响?

(1) 生产该商品的技术有重大革新;

(2) 生产该产品的厂商数目减少;

(3) 生产该产品的人工和原材料的价格上涨了;

(4) 预计该产品的价格将会下降。

3. 需求量的变动与需求的变动有何区别?

4. 什么是均衡价格? 它是如何形成的?

5. 什么是需求的交叉弹性? 为什么替代品之间需求的交叉弹性是正值?

五、计算题

1. 一城市乘客对公共汽车票价需求的价格弹性为 0.6,票价 1 元,日乘客量为 55 万人。当市政局计划将提价后净减少的日乘客量控制为 10 万人,新的票价应为多少?

2. 已知某产品的需求函数为 $Q_d = 60 - 2P$,供给函数为 $Q_s = 30 + 3P$。求均衡点的需求弹性和供给弹性。

3. 某种商品的需求弹性系数为 1.5,当它降价 8% 时,需求量会增加多少?

4. 已知某种商品的需求曲线函数公式为: $Q_d = 32 - 4P$,请画出需求曲线,并

分别求出当 $P=2$，$P=4$，$P=6$ 时的需求弹性系数。

5. 某厂商发现过去每周 300 单位销售量的 X 商品，由于 Y 商品的价格从 5 元下降到 4 元，而减少到了 200 单位。问 X 与 Y 属什么关系？计算其交叉弹性。

【案例讨论】

粮食涨价：农户收入至少增加了 20%

2003 年 10 月，中国农产品价格突然强劲大范围上涨，这还是 1997 年以来的第一次。由于中国过去几次恶性通货膨胀都是首先由副食品价格上涨带动的，因此，粮食价格的上涨引起人们的广泛关注。如何看待这次突如其来的农产品价格上涨的呢？

据黑龙江省农垦总局局长介绍，黑龙江作为中国主要粮食产区，地位举足轻重，而黑龙江农垦总局是国家粮食战略后备基地，耕地面积 200 万公顷（约 3 000 万市亩），占黑龙江省总农业面积的 1/4，粮食产量占 1/3。总局的种植结构和产量对整个黑龙江，乃至全国的粮食供应和价格都起到一定作用。

早在今年春天，由于干旱使播种遭遇困难，经过夏季洪涝，到 9 月末黑龙江提前迎来早霜，多种因素造成黑龙江省粮食总产量预计比上年减少 50 亿公斤。

此外，国家实行退耕还林等措施使农业种植面积减少，中国的粮食产地面积曾高达 15 亿亩，目前已下降到 14 亿亩。另外，粮食价格低迷造成农民种粮积极性减退，改种回报率高的经济作物或弃农从商，粮食产量逐年递减。根据国家统计局数据，2003 年粮食产量 4 306.5 亿公斤，比上年下降 264.5 亿公斤。

粮食减产使得粮价自 2003 年 8 月至 2004 年 4 月出现了一轮快速上涨。于是，秋天粮食收购价格比往年高出很多，尤其像大豆、葵花这样的经济作物，涨幅都在 30% 以上。

虽然农垦总局小幅减产，但今年总局的农户收入至少增加了 20%。农垦总局的农民们纷纷表示，如果每年价格都这么好，他们就继续种粮。

试用以上案例分析：

1. 粮食减产为什么反而使农户的收入增加了？
2. 分析"谷贱伤农"的经济学含义。

【单元实训】

结合当地实际情况，就某一产品市场进行调研，说明供给和需求对这一产品市场价格的影响，并分析其市场走势。

第三章　消费者行为理论

上一章我们介绍了需求曲线的基本形态和性质,知道了需求与价格之间存在反方向变动关系。本章将进一步分析需求曲线背后的消费者行为。研究消费者行为理论,就必须从效用理论出发,本章主要阐述基数效用理论、序数效用理论及消费者选择问题。

第一节　效　用

◆ **案例导入 3-1**

慈 禧 西 行

1900 年,八国联军打到北京,慈禧携光绪逃往西安。在京用膳,每餐都享受 105 道菜肴。但逃难途中,连饭都吃不饱。快到西安时,实在饿得不行,便命李莲英去弄点吃的。李莲英找来一个玉米面窝窝头,慈禧啃了一口,香味扑鼻,从未这样好吃!

第二年,清政府签订《辛丑条约》,慈禧回到京城,又是 105 道菜,但她尝来尝去,竟没有一道有玉米面窝窝头那样好吃,便命李莲英再去弄点玉米面窝窝头来。李莲英心想:此一时,彼一时也。当年好吃,是饿极了,现在再吃,哪能有味?但圣旨难违,便用栗子粉做了几个小窝窝头呈上。慈禧一啃,连连摇头:"还是西安的玉米面窝窝头好吃!"

慈禧为什么说栗子粉小窝窝头没有玉米面窝窝头好吃?本节就是要分析这其中存在的经济学道理。

一、效用及其特点

(一)效用的含义

效用是指商品满足人的欲望的能力,或者说,效用是指消费者在消费商品时所感受到的满足程度。我们可以从消费的主体与消费的客体两个方面讨论效用。从消费的主体来讲,效用是某人从自己所从事的行为中得到的满足;从消费的客体来讲,效用是商品满足人的欲望或需要的能力　这里我们可以看出:不管从主体还是从客体来分析,效用均是一种心理感觉,不同于商品使用价值。

（二）效用的特点

首先,效用是人们对物品的一种主观心理感觉。因此,效用本身不包括是非的价值判断。一种商品有无效用,只看它能否满足人们的欲望和需要,而不考虑这一欲望的好与坏。例如,吸毒从伦理上讲是坏欲望,但毒品能满足这种欲望,因此它具有效用。

其次,效用因人、因时、因地而异。对不同的人而言,同种物品所带来的效用不同,甚至对同一个人而言,同一物品在不同的时间与地点效用也不同。例如,同一件棉衣,在冬天或寒冷地区给人带来的效用很大,但在夏天或热带地区也许只能带来负效用。但必须强调的是,效用高低是一种因人、因时、因地的相对比较,没有绝对的衡量标准。

最后,效用的大小取决于个人的主观心理评价。效用实际是个主观判断,同一物品有无效用或效用大小对不同的人来说是不同的。

二、效用的两种表示方法

（一）基数效用理论

基数效用论认为,效用是可以计量并加总求和的,因此,效用的大小可以用基数(1、2、3……)来表示。计量效用大小的单位被称作效用单位。例如,对某一个人来说,吃一盘土豆和一份牛排的效用分别为 5 效用单位和 10 效用单位,则可以说这两种消费的效用之和为 15 效用单位,且后者的效用是前者的效用的 2 倍。根据这种理论,可以用具体的数字来研究消费者效用最大化问题。具体说来:

（1）效用可以具体计量;

（2）效用可以加总求和。

基数效用论是早期研究消费者行为的一种理论。它采用的是边际效用分析方法。

（二）序数效用理论

序数效用论是为了弥补基数效用论的缺点而提出来的另一种研究消费者行为的理论。序数效用论认为,效用的大小是无法具体计量并加总求和的,效用之间的比较只能通过顺序或等级即用序数(第一、第二、第三……)来表示。效用的大小只与偏好排列的顺序有关,而与效用绝对值的大小无关。

仍就上面的例子来说,消费者要回答的是偏好哪一种消费,即哪一种消费的效用是第一,哪一种是第二。或者是说,要回答的是宁愿吃一盘土豆,还是吃一份牛排。进一步地,序数效用论者还认为,就分析消费者行为来说,以序数来度量效用的假定比以基数来度量效用的假定所受到的限制要少,它可以减少一些被认为是值得怀疑的心理假设。因此:

（1）效用不可以具体计量;

（2）效用不可以加总求和；

（3）效用只能根据偏好的程度排列出第一、第二……的顺序。

序数效用论采用的是无差异曲线分析方法。

第二节　基数效用理论

一、总效用和边际效用

1. 总效用（英文简写为 TU），是指消费者在一定时间内从一定数量的商品的消费中所得到的效用量的总和。假定消费者对一种商品的消费数量为 Q，则总效用函数为：

$$TU = f(Q)$$

2. 边际效用

边际效用（英文简写为 MU），指消费者在一定时间内增加一单位商品的消费所得到的效用量的增量。在西方经济学中，边际分析方法是最基本的分析方法之一，"边际"概念是很重要的一个基本概念。边际量的一般的意义是表示一单位的自变量的变化量所引起的因变量的变化量。边际效应函数为：

$$MU = \frac{\Delta TU(Q)}{\Delta Q}$$

当商品的增加量趋于无穷小时，即 $\Delta Q \rightarrow 0$ 时，则有：

$$MU = \lim_{\Delta Q \to 0} \frac{\Delta TU(Q)}{\Delta Q} = \frac{\mathrm{d}TU(Q)}{\mathrm{d}Q}$$

3. 总效用与边际效用的关系

表 3-1　某商品的效用表

商品数量（1）	总效用（2）	边际效用（3）	价格（4）
0	0		
1	10	10	5
2	18	8	4
3	24	6	3
4	28	4	2
5	30	2	1
6	30	0	0
7	28	—2	

注：（货币的边际效用 $\lambda = 2$）

根据表 3-1 所绘制的总效用和边际效用曲线如图 3-1 所示。

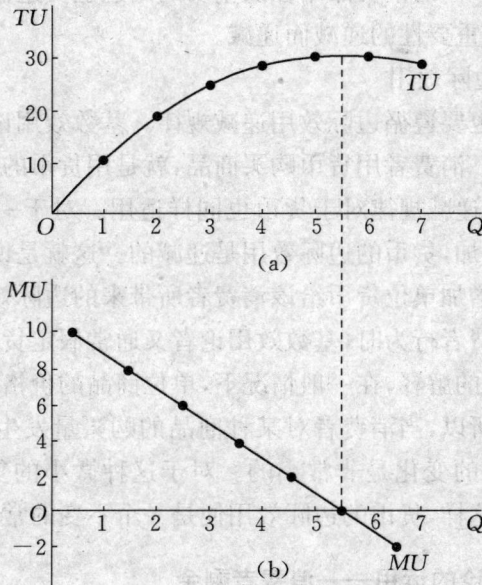

图 3-1　某商品的总效用和边际效用曲线

图 3-1,说明了总效用和边际效用之间的关系。图中横轴表示商品的数量,纵轴表示效用量,TU 曲线和 MU 曲线分别为总效用曲线和边际效用曲线。由于边际效用被定义为消费品的一单位变化量所带来的总效用的变化量,又由于图中的商品消费量是离散的,所以,MU 曲线上的每一个值都记在相应的两个消费数量的中点上。

在图 3-1 中,MU 曲线因边际效用递减规律而向右下方倾斜,相应地,TU 曲线则随着 MU 的变动而呈现先上升后下降的变动特点。总结 MU 与 TU 的关系如下:

当 $MU > 0$ 时,TU 上升;当 $MU < 0$ 时,TU 下降;当 $MU = 0$ 时,TU 达到极大值。

从数学意义上讲,如果效用曲线是连续的,则每一消费量上的边际效用值就是总效用曲线上相应的点的斜率。

4. 边际效用递减规律

在一定时间内,在其他商品的消费数量保持不变的情况下,随着消费者对某种商品所消费的数量的增加,总效用是先递增后递减的,但是消费者从该商品连续增加的每一消费单位中所得到的效用增量,即边际效用是递减的。这一特征被称为边际效用递减规律。

边际效用递减规律成立的原因。据基数效用论者的解释,一是生理或心理的原因。由于相同消费品的连续增加,从人的生理和心理的角度讲,从每一单位消费品中所感受到的满足程度和对重复刺激的反应程度是递减的。二是经济合理性原则决定的。在一种商品具有几种用途时，消费者总是将第一单位的消费品用在最重要的用途上，第二单位的消费品用在次重要的用途上。这样，消费品的边际效用便随着消费品的用途重要性的递减而递减。

5. 关于货币的边际效用

货币也是商品，也要遵循边际效用递减规律。基数效用论者认为，货币如同商品一样，也具有效用。消费者用货币购买商品，就是用货币的效用去交换商品的效用。商品的边际效用递减规律对于货币也同样适用。对于一个消费者来说，随着货币收入量的不断增加，货币的边际效用是递减的。这就是说，随着某消费者货币收入的逐步增加，每增加单位货币给该消费者所带来的边际效用是越来越小的。

但是，在分析消费者行为时，基数效用论者又通常假定货币的边际效用是不变的。据基数效用论者的解释，在一般情况下，单位商品的价格只占消费者总货币收入量中的很小部分，所以，当消费者对某种商品的购买量发生很小的变化时，所支出的货币的边际效用的变化是非常小的。对于这种微小的货币的边际效用的变化，可以略去不计。这样，货币的边际效用便是一个不变的常数。

二、边际效用理论的运用——消费者剩余

消费者剩余是消费者愿意对某商品支付的价格与其实际支付的价格之间的差额，或者说，是消费者消费某种一定量商品所获得的总效用与为此花费的货币的总效用的差额。

在消费者购买商品时，一方面，我们已经知道，消费者对每一单位商品所愿意支付的价格取决于这一单位商品的边际效用。由于商品的边际效用是递减的，所以，消费者对某种商品所愿意支付的价格是逐步下降的。但是，另一方面，需要区分的是，消费者对每一单位商品所愿意支付的价格并不等于该商品在市场上的实际价格。事实上，消费者在购买商品时是按照实际的市场价格支付的。于是，在消费者愿意支付的价格和实际的市场价格之间就产生了一个差额，这个差额便构成了消费者剩余的基础。

例如，某种汉堡包的市场价格为3元，某消费者在购买第一个汉堡包时，根据这个汉堡包的边际效用，他认为值得付5元去购买这个汉堡包，即他愿意支付的价格为5元。于是当这个消费者以市场价格3元购买这个汉堡包时，就创造了额外的2元的剩余。在以后的购买过程中，随着汉堡包的边际效用递减，他为购买第二个、第三个、第四个汉堡包所愿意支付的价格分别递减为4.50元、4.00元和3.50元。这样，他为购买4个汉堡包所愿意支付的总数量为5.00＋4.50＋4.00＋3.50＝17元。但他实际按市场价格支付的总数量＝3.00×4＝12元。两者的差额＝17－12＝5元。这个差额就是消费者剩余。也正是从这种感觉上，他认为购买4个汉

堡包是值得的,是能使自己的状况得到改善的。

消费者剩余可以用几何图形来表示。简单地说,消费者剩余可以用消费者需求曲线以下,市场价格线之上的面积来表示,如图 3-2 中的阴影部分面积所示。具体地看,在图 3-2 中,需求曲线以反需求函数的形式 $Pd = f(Q)$ 给出,它表示消费者对每一单位商品所愿意支付的价格。假定该商品的市场价格为 P_0,消费者的购买量为 Q_0。那么,根据消费者剩余的定义,我们可以推断,在产量 0 到 Q_0 区间需求曲线以下的面积表示消费者为购买 Q_0 数量的商品所愿意支付的总数量,即相当于图中的面积 $OABQ_0$;而实际支付的总数量等于市场价格 P_0 乘以购买量 Q_0,即相当于图中的矩形面积 OP_0BQ_0。这两块面积的差额即图中的阴影部分面积,就是消费者剩余。

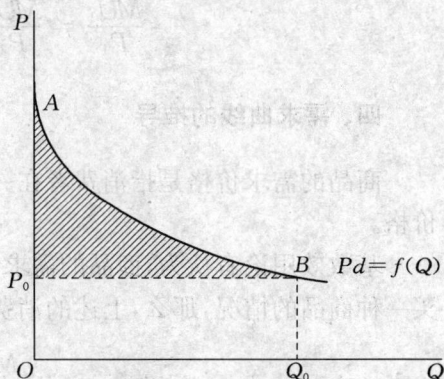

图 3-2　消费者剩余

消费者剩余也可以用数学公式来表示。令反需求函数 $Pd = f(Q)$,价格为 P_0 时的消费者的需求量为 Q_0,则消费者剩余为:

$$CS = \int_0^{Q_0} f(Q)\mathrm{d}Q - P_0Q_0$$

式中,CS 表示消费者剩余的英文简写,式子右边的第一项即积分项,表示消费者愿意支付的总数量,第二项表示消费者实际支付的总数量。

三、消费者均衡

消费者均衡是研究某个消费者如何把有限的货币收入分配在各种商品的购买中以获得最大的效用。也可以说,它是研究单个消费者在既定收入下实现效用最大化的均衡条件。因为作为消费者,总是希望花费一定量货币能获得最大效用。可以说,总效用最大化原则是支配消费者购买行为的基本法则。这里的均衡是指在商品现行价格和既定收入的条件下,消费者不愿意再变动商品购买量的一种相对静止的状态。

实现消费者均衡的条件是:如果消费者的货币收入水平是固定的,市场上各种商品的价格是既定的,那么,消费者应使自己花费在各种商品购买上的最后一元钱所带来的边际效用相等。或者说,消费者应该使自己所购买的各种商品的边际效用与价格之比相等。

假定:消费者用既定的收入 I 购买 n 种商品,P_1,P_2,…,P_n 分别为 n 种商品的既定的价格,λ 为不变的货币的边际效用。X_1,X_2,…,X_n 分别为 n 种商品的既定的数量，MU_1，MU_2，$\cdots$，MU_n 分别为 n 种商品的既定的边际效用，则上述的消费者效用最大化的均衡条件可以用公式表示为：

$$P_1 X_1 + P_2 X_2 + \cdots + P_n X_n = I$$

$$\frac{MU_1}{P_1} = \frac{MU_2}{P_2} = \cdots = \frac{MU_n}{P_n} = \lambda$$

四、需求曲线的推导

商品的需求价格是指消费者在一定时期内对一定量的某种商品所愿意支付的价格。

基数效用论者认为，商品的需求价格取决于商品的边际效用。考虑消费者购买一种商品的情况，那么，上述的消费者均衡的条件可以写为：

$$MU/P = \lambda$$

式中，表示消费者对任何一种商品的最优购买量应该是使最后一元钱购买该商品所带来的边际效用和所付出的这一元钱的货币的边际效用相等，如表 3-1 所示。

表 3-1　某商品的效用表（货币的边际效用 $\lambda = 2$）

商品数量(1)	总效用(2)	边际效用(3)	价格(4)
0	0		
1	10	10	5
2	18	8	4
3	24	6	3
4	28	4	2
5	30	2	1
6	30	0	0
7	28	−2	

根据表 3-1，可以得到反映商品需求量与价格之间关系的需求曲线，如图 3-3 所示。

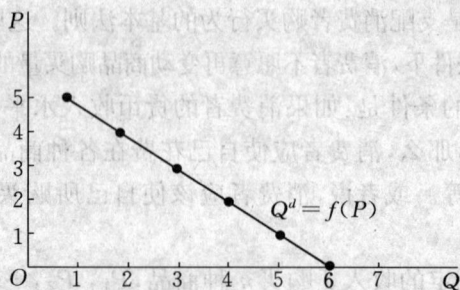

图 3-3　单个消费者的需求曲线

第三节　序数效用理论

◆ **案例导入 3-2**

哪个效用更大

班级计划组织一次郊游,在采购物品的过程中,小张和小李对购买零食和 CD 碟片产生了不同的看法。喜欢吃零食的小张认为应该多带些吃的,边走边吃,一边欣赏美丽的郊外风景,一边吃着美味的佳肴,这滋味……若买 CD 碟片又要带上 CD 播放机,太麻烦了。而喜欢音乐的小李则提出另外看法:郊外比较安静,带音乐(或歌曲)的 CD 碟片,可以打破寂寞,并且歌曲和郊外的风景融在一起,其效果那真是……况且,带上水果和零食又很重,还是 CD 碟片的效用较大。

序数效用论者认为,在分析商品效用时,无需确定其具体数字或商品效用多少,只需用第一、第二、第三等序数来表示各种商品效用谁大谁小或相等就足够了,并由此作为消费者选择商品的依据。序数效用论者用无差异曲线的分析方法来考察消费者行为,并在此基础上推导需求曲线。

一、关于偏好的假定

序数效用论者指出:消费者对于各种不同的商品组合的偏好程度是有差别的,这种偏好程度的差别决定了不同商品组合的效用的大小顺序。

序数效用论者对消费者偏好有以下三个基本的假设条件:

1. 偏好的完全性

对于任何两个商品组合 A 和 B,消费者总是可以作出,而且也仅仅只能作出以下三种判断中的一种:

对 A 的偏好大于对 B 的偏好;

对 A 的偏好小于对 B 的偏好;

对 A 和 B 的偏好相同。(对 A 和 B 具有相同的偏好)。

2. 偏好的可传递性

对于任何三个商品组合 A、B 和 C,消费者对 A 的偏好大于对 B 的偏好,消费者对 B 的偏好大于(或小于、或等于)对 C 的偏好。那么,该消费者必须作出对 A 的偏好大于(或小于、或等于)对 C 的偏好的判断。

3. 偏好的非饱和性

如果两个商品组合的区别仅在于其中一种商品的数量的不同,那么,消费者总是偏好于含有这种商品数量较多的那个组合。这意味着,消费者对每一种商品的消费都处于饱和以前的状态。

二、无差异曲线的含义及其特点

(一) 含义

无差异曲线是用来表示消费者偏好相同的两种商品的不同数量的各种组合的。或者说,它是表示能给消费者带来同等效用水平或满足程度的两种商品的不同数量的各种组合的。如图 3-4 所示。

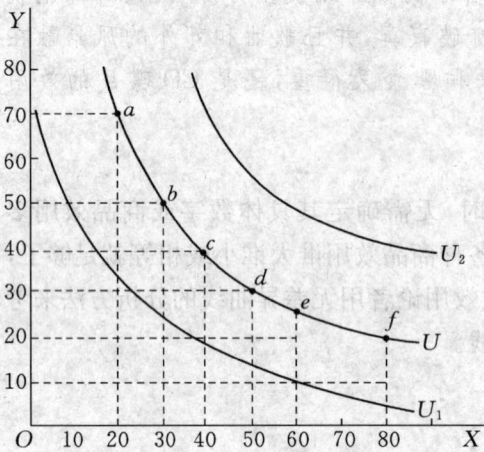

图 3-4　无差异曲线

图 3-4 中,横轴代表消费 X 商品的数量,纵轴代表消费 Y 商品的数量,图中 a, b, c, d, e 和 f 各点连线 U 为无差异曲线。对消费者来讲,无差异曲线 U 上各点的 X 商品和 Y 商品的不同组合、效用或满足程度是相等或者说是无差异的。

无差异曲线的效用函数可用下式表示:

$$U = f(X, Y)$$

式中,X,Y 分别表示两种商品的数量,U 为无差异曲线的效用函数,代表一定的效用水平,即满足消费者程度的水平,或消费者偏好的水平。

(二) 无差异曲线的特点

1. 无差异曲线的坐标图上,任一点都有一条无差异曲线通过。这表明在坐标图的商品空间上,消费者可以对两种任意组合商品进行效用或偏好对比,确定它们的效用是无差异的,或者确定一种组合的效用大于另一种组合商品的效用。

2. 一般来说,无差异曲线具有负斜率。这表明,要想维持消费者的效用水平不变,在减少消费者所消费的一种商品的同时必须增加他所消费的另一种商品的数量。

3. 在同一平面上,任意两条无差异曲线不能相交。假设两条无差异曲线相交,那么交点同时在两条无差异曲线上。由于不同的无差异曲线表示不同的满足程度,这就意味着交点所代表的同一个商品组合对于具有一定偏好的同一个消费者来说有不同的满足程度,这显然是不可能的。

4. 在同一平面上，无差异曲线可以有无数条。在坐标图上，实际上有许多条无差异曲线，通过每一个两种商品组合点都可以有一条无差异曲线，每一条无差异曲线代表一种效用水平。

5. 离原点越远的无差异曲线所表示的效用水平越高。效用水平是所消费的商品的单调递增函数。

6. 一般情况下，无差异曲线凸向原点。即随着 X 商品的连续增加，无差异曲线的斜率的绝对值是递减的，即商品的边际替代率是递减的。

三、商品的边际替代率

1. 商品的边际替代率

在维持效用水平不变的前提下，消费者增加一单位某种商品的消费数量时所需要的放弃的另一种商品的消费数量，被称为商品的边际替代率。商品 1 对商品 2 的边际替代率的公式为：

$$MRS_{12} = -\frac{\Delta X_2}{\Delta X_1}$$

式中，ΔX_1 和 ΔX_2 分别为商品 1 和商品 2 的变化量。由于 ΔX_1 是增加量，ΔX_2 是减少量，当一个消费者沿着一条既定的无差异曲线上下滑动的时候，两种商品的数量组合会不断地发生变化，而效用水平却保持不变。这说明，在维持效用水平不变的前提条件下，消费者在增加一种商品的消费数量的同时，必然会放弃一部分另一种商品的消费数量，即两种商品的消费数量之间存在着替代关系。

由于两种商品消费量变化方向相反，所以在边际替代率公式中加了一个负号。这样使 MRS_{12} 的计算结果取正值。

当商品数量的变化趋于无穷小时，则商品的边际替代率公式为：

$$MRS_{12} = \lim_{\Delta x_1 \to 0} -\frac{\Delta X_2}{\Delta X_1} = -\frac{\mathrm{d}X_2}{\mathrm{d}X_1}$$

显然无差异曲线上某一点的边际替代率就是无差异曲线在该点的斜率的绝对值。

2. 商品的边际替代率递减规律

商品的边际替代率递减规律的内容：在维持效用水平不变的前提下，随着一种商品的消费数量的连续增加，消费者为得到每一单位的这种商品所需要放弃的另一种商品的消费数量是递减的。之所以会普遍发生商品的边际替代率递减的现象，其原因在于：消费者对某一商品拥有量较少时，对其偏爱程度较高，而拥有量较多时,对其偏爱程度较低。所以随着一种商品的消费数量的逐步增加,消费者想要获得更多的这种商品的愿望就会减少,从而,他为了多获得一单位的这种商品而愿意放弃的另一种商品的数量就会越来越少。

从几何意义上讲,商品的边际替代率递减表示无差异曲线的斜率的绝对值是递减的。商品的边际替代率递减规律决定了无差异曲线的形状凸向原点。

四、无差异曲线的两种特殊情况

1. 直线型的无差异曲线

如果两种商品为互替商品,无差异曲线为一条斜率不变的直线。完全替代品是指两种商品之间的替代比例是固定不变的情况。在完全替代的情况下,两商品之间的边际替代率 MRS_{12} 就是一个常数,相应的无差异曲线是一条斜率不变的直线。例如,在某消费者看来,一杯牛奶和一杯咖啡之间是无差异的,两者总是可以以 1：1 的比例相互替代,相应的无差异曲线如图 3-5(a)所示。

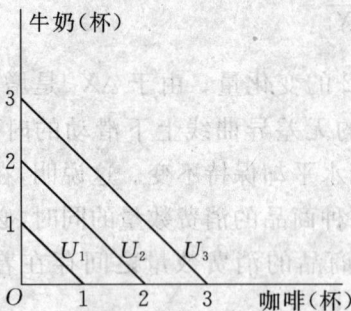

图 3-5(a)　完全替代品的无差异曲线　　图 3-5(b)　完全互补品的无差异曲线

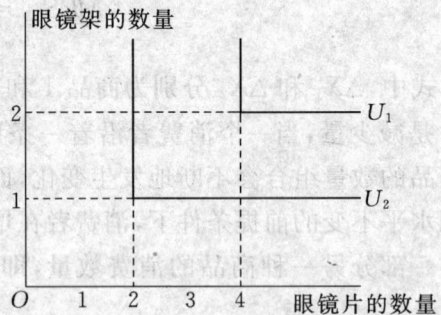

2. 直角型的无差异曲线

如果两种商品为互补商品,无差异曲线则呈直角形状。完全互补品指两种商品必须按固定不变的比例配合同时被使用的情况。在完全互补的情况下,相应的无差异曲线为直角形状,其边际替代率为 0(平行于横轴)或为 ∞(垂直于横轴)。例如,一副眼镜架必须和两片眼镜片同时配合,才能构成一副可供使用的眼镜,则相应的无差异曲线如图 3-5(b)所示。图中水平部分的无差异曲线表示,对于一副眼镜架而言,只需要两片眼镜片即可,任何超量的眼镜片都是多余的。换言之,消费者不会放弃任何一副眼镜架去换取额外的眼镜片,所以,相应的 $MRS_{12} = 0$。图中垂直部分的无差异曲线表示,对于两片眼镜片而言,只需要一副眼镜架即可,任何超量的眼镜架都是多余的。换言之,消费者会放弃所有超量的眼镜架,只保留一副眼镜架与两片眼镜片相匹配,所以,相应的 $MRS_{12} = \infty$。

五、消费预算线

（一）预算线

预算线又称为预算约束线、消费可能线或价格线。预算线表示在消费者的收入和商品价格既定时，消费者的全部收入所能买到的两种商品的不同数量的各种组合。

在图 3-6 中，预算线 AB 以外的区域中的任何一点，如 a 点，是消费者利用全部收入都不可能实现的商品购买的组合点。预算线 AB 以内的区域中的任何一点，如 b 点，表示消费者的全部收入在购买该点的商品组合以后还有剩余。惟有预算线 AB 上的任何一点，才是消费者的全部收入刚好花完所能购买到的商品的最大数量组合的点。图中的阴影部分的区域（包括直角三角形的三条边），被称为消费者的预算可行集或预算空间。

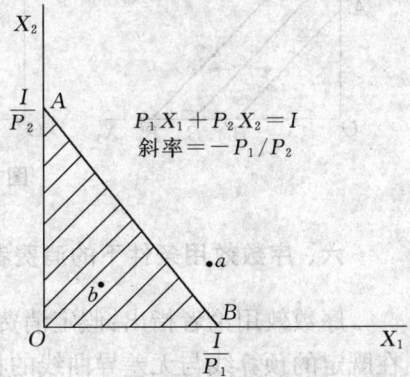

图 3-6 预算线

如果以 I 表示消费者的既定收入，以 P_1 和 P_2 分别表示已知的商品 1 和商品 2 的价格，以 X_1 和 X_2 分别表示商品 1 和商品 2 的数量，那么，预算线的方程为：

$$I = P_1 X_1 + P_2 X_2$$

式中，表示消费者的全部收入 I 等于他购买商品 1 的支出与购买商品 2 的支出的总和。预算线的斜率为：

$$-\frac{OA}{OB} = -\frac{\dfrac{I}{P_2}}{\dfrac{I}{P_1}} = -\frac{P_1}{P_2}$$

这说明预算线的斜率可以表示为两商品价格之比的负值。

（二）预算线的变动

消费者的收入 I 或商品价格 P_1 和 P_2 发生变化时，便会引起预算线的变动。预算线变动可以归纳为以下四种情况。如图 3-7 所示。

1. 当两种商品的价格不变，消费者的收入发生变化时，预算线会平行移动。

2. 当消费者的收入不变，两种商品的价格同比例同方向变化时，预算线的位置也会发生平移。

3. 当消费者的收入不变，一种商品的价格不变而另一种商品的价格发生变化时，预算线的斜率、预算线的截距都会发生变化。

4. 当消费者的收入和两种商品的价格都同比例同方向变化时,预算线不发生变化。

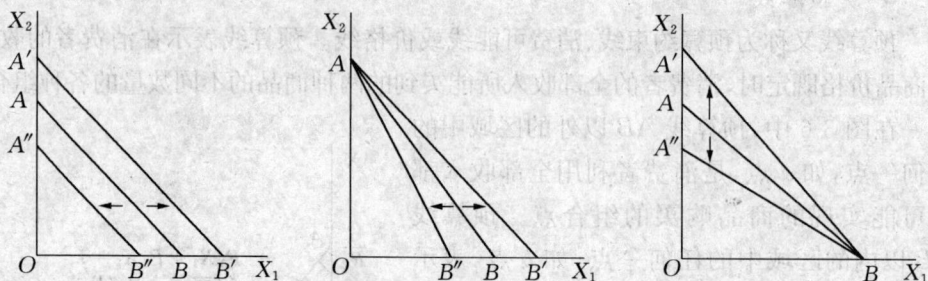

图 3-7　预算线的变动

六、序数效用条件下的消费者均衡

序数效用论者指出:假定消费者的偏好不变、收入不变、商品的价格不变,只有在既定的预算线与无差异曲线的相切点,才是消费者获得最大效用水平或满足程度的均衡点。如图 3-8 所示,E 点才是消费者获得效用最大化的均衡点。

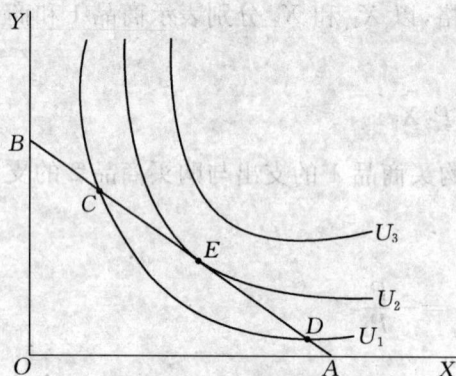

图 3-8　消费者均衡

为什么只有 E 点才是消费者获得效用最大化的均衡点呢? 这是因为,就无差异曲线 U_3 来说,虽然它代表的效用水平高于无差异曲线 U_2,但它与既定的预算线 AB 既无交点又无切点。这说明消费者在既定的收入水平下无法实现无差异曲线 U_3 上的任何一点的商品组合的购买。就无差异曲线 U_1 来说,虽然它与既定的预算线 AB 相交于 C、D 两点,这表明消费者利用现有收入可以购买 C、D 两点的商品组合。但是,这两点的效用水平低于无差异曲线 U_2,因此,理性的消费者不会用全部收入去购买无差异曲线 U_1 上 C、D 两点的商品组合。事实上,就 C 点和 D 点来说,若消费者能改变购买组合,选择 AB 线段上位于 C 点右边或 D 点左边的任何一点的商品组合,则都可以达到比 U_1 更高的无差异曲线,以获得比 C 点和 D 点更大的效用水平。这种沿着 AB 线段由 C 点往右和由 D 点往左的运动,最后必定在 E 点达到均衡。显然,只有当既定的预算线 AB 和无差异曲线 U_2 相切于 E 点时,消费者才在既定的预算约束条件下获得最大的满足。故 E 点就是消费者实现效用最大化的均衡点。

从图 3-8 中可看出,无差异曲线 U_2 在 E 点和预算线 AB 的斜率是相等的。无差异曲线的斜率的绝对值可以用商品的边际替代率来表示,预算线斜率的绝对值等于两种商品的价格之比,所以,在 E 点有:

$$MRS_{xy} = P_x/P_y$$

这就是消费者效用最大化的均衡条件。它表示消费者在一定收入条件下,为了得到最大效用或满足,消费者应选择最优的商品数量的购买组合,使得两种商品的边际替代率等于两种商品的价格之比。

【复习思考题】

一、判断题

1. 同种商品消费后得到的效用因人、因时、因地的不同而不同。　　（　　）

2. 当消费者从每种商品消费中得到的总效用不断增加时,边际效用也是递增的。　　（　　）

3. 当总效用增加时,边际效用应该为正值,其值不断增加。　　（　　）

4. 当边际效用为零时,总效用最小。　　（　　）

5. 消费者均衡点是无差异曲线与预算线的相切点。　　（　　）

6. 同一条无差异曲线上,不同的消费者得到的总效用是无差别的。　　（　　）

7. 在同一平面上可以有三条无差异曲线。　　（　　）

8. 无差异曲线上每一点都表示消费者消费物品的数量组合相同。　　（　　）

9. 基数效用论采用的是无差异曲线分析法,而序数效用论采用的是边际效用分析法。　　（　　）

10. 如果消费者从每种商品中得到的边际效用与它们的价格之比分别相等,他将获得最大效用。　　（　　）

11. 如果用纵轴代表的物品的价格上升,预算线将变得更加平坦。　　（　　）

12. 预算线的斜率可以表示为两种商品价格之比的负值。　　（　　）

二、选择题

1. 某消费者逐渐增加商品的消费量,直至达到了效用的最大化,在这个过程中,该商品（　　）。

A. 总效用和边际效用不断增加

B. 总效用和边际效用不断减少

C. 总效用不断下降,边际效用不断增加

D. 总效用不断增加,边际效用不断减少

2. 当总效用增加时,边际效用应该( )。

A. 为正值,并其值不断增加　　　　B. 为正值,并其值不断减少

C. 为负值,并其值不断减少　　　　D. 以上任何一种情况都有可能

3. 当某消费者对商品 x 消费达到饱和点时,则边际效用 MU_x 为( )。

A. 正值　　　　　　　　　　　　　B. 负值

C. 零　　　　　　　　　　　　　　D. 不确定,视具体情况而定

4. 下列有关无差异曲线的特点说法正确的是( )。

A. 离原点越近,无差异曲线代表的效用水平越大

B. 同一平面中,两条无差异曲线可能会相交于一点

C. 无差异曲线向右上方倾斜,并凸向原点

D. 无差异曲线斜率为负

5. 如果用纵轴代表的物品的价格上升,预算线将变得( )。

A. 更加陡峭

B. 更加平坦

C. 向外移动,但与原来的预算线平行

D. 向内移动,但与原来的预算线平行

6. 总效用曲线达到最高点时( )。

A. 边际效用最大　　　　　　　　　B. 边际效用为零

C. 边际效用为正　　　　　　　　　D. 边际效用最小

7. 如果某种商品边际效用为零,这意味着这种商品的( )。

A. 总效用达到最大　　　　　　　　B. 总效用为零

C. 边际效用降到最小

8. 在以下情况中,实现了消费者均衡的是( )。

A. $MU_X/P_X > MU_Y/P_Y$　　　　B. $MU_X/P_X < MU_Y/P_Y$

C. $MU_X/P_X = MU_Y/P_Y$　　　　D. $MU_X/P_X = MU_Y/P_Y = 0$

9. 已知商品 X 的价格为1.5元,商品 Y 的价格为1元,如果消费者从这两种商品的消费中得到最大效用的时候,商品 X 的边际效用是30,那么商品 Y 的边际效用应该是( )。

A. 20　　　　　B. 30　　　　　C. 45　　　　　D. 55

10. 已知消费者的收入为50元,$P_x = 5$ 元,$P_y = 4$ 元,假设该消费者计划购买6单位 X 和5单位 Y,商品 X 和 Y 的边际效用分别为60和30,如要实现效用最大化,他应该( )。

A. 增购 X 而减少 Y 的购买量　　　B. 增购 Y 而减少 X 的购买量

C. 同时增加 X 和 Y 的购买量 　　D. 同时减少 X 和 Y 的购买量

11. 消费者均衡购买量发生变化,在新的均衡状态下,各种商品的边际效用低于原均衡状态,这意味着(　　)。

A. 消费者的生活状况有了改善　　B. 消费者的生活状况恶化了

C. 消费者的生活状况不变　　　　D. 以上都不正确

12. 在同一条无差异曲线上的不同点(　　)。

A. 消费组合相同,效用不同　　　B. 消费组合不同,效用相同

C. 消费组合相同,效用相同　　　D. 消费组合不同,效用不同

13. 预算线的位置和斜率取决于(　　)。

A. 消费者的收入　　　　　　　　B. 商品的价格

C. 消费者的收入和商品的价格　　D. 消费者的偏好、收入和商品的价格

14. 商品 X 和 Y 的价格按相同比率上升,而收入不变,预算线(　　)。

A. 向左下方平行移动　　　　　　B. 向右上方平行移动

C. 向左下方或右上方平行移动　　D. 不动

15. 根据无差异曲线与消费可能线结合在一起的分析,消费者均衡是(　　)。

A. 无差异曲线与消费可能线相交之点

B. 无差异曲线与消费可能线相切之点

C. 离原点最远的无差异曲线上的任何一点

D. 离原点最近的无差异曲线上的任何一点

三、名词解释

1. 效用　2. 边际效用　3. 无差异曲线　4. 边际替代率　5. 消费预算线

6. 消费者剩余

四、问答题

1. 简述边际效用递减规律的内容。

2. 简述无差异曲线的含义及特征。

3. 简述商品的边际替代率递减规律的内容。

4. 简述基数效用论和序数效用论的区别。

5. 简述总效用与边际效用的变动规律。

五、计算题

1. 现有一消费资料如下表:

面包的消费量	总效用	边际效用
1	20	20
2	30	
3		5

根据表中资料计算要求：

(1) 消费第 2 个面包时的边际效用是多少？

(2) 消费 3 个面包的总效用是多少？

2. 某消费者消费 X 与 Y 两种商品，其效用函数为 $U = XY$，同时 X 与 Y 两种商品的价格分别为 $P_X = 2$ 元，$P_Y = 4$ 元，消费者的收入为 120 元，求：

(1) 消费者对 X 与 Y 两种商品的最优需求量？

(2) 这时获得的总效用是多少？

3. 已知一件衬衫的价格为 80 元，一份肯德基快餐的价格为 20 元，在某消费者关于这两种商品的效用最大化的均衡点上，一份肯德基快餐对衬衫的边际替代率是多少？

第四章 生 产 理 论

上章从消费者行为角度考察了商品市场的需求问题,本章将从生产者行为角度研究商品市场的供给问题,研究厂商作为经济人为实现利润最大化,应如何选择生产的合理投入区域和最优的生产要素投入组合问题。

第一节 厂 商

◆ 案例导入 4-1

企业为何要为我们提供产品和服务

我们每天需要的物品和服务都是企业生产的。早餐的牛奶和面包是牛奶公司和面包商生产的;送你上班的公交车和地铁是公交公司和地铁公司为你提供的;公司里的房屋和办公室设备是建筑商和制造商生产的;下班到家后享用的空调和电视机是空调制造商和电视机制造商生产的。厂商为何要为我们提供产品和服务?

一、厂商的组织形式

厂商(企业)是指能够作出统一生产决策的单个经济单位。厂商有三种组织形式(即三种基本的企业制度):

(一)个人业主制企业

个人业主制企业是指个人出资兴办、完全归个人所有和个人控制的企业。这种企业在法律上称为自然人企业,是最早产生的也是最简单的企业形态。

(二)合伙制企业

合伙制企业是由两个以上的企业主共同出资,为了利润共同经营,并归若干企业主共同所有的企业。合伙人出资可以是资金、实物或是知识产权。

(三)公司制企业

公司制企业是由许多人集资创办并且组成一个法人的企业。公司是法人,在法律上具有独立的人格,是能够独立承担民事责任、具有民事行为能力的组织。

二、厂商的目标

一般情况下,我们都认为厂商的目标是追求利润的最大化。但实际情况是:

1. 在信息不对称的情况下,厂商追求的目标是实现销售收入的最大化;

2. 在公司制企业里,所有者与经营者分离,经营者往往会追求自身效用的最大化,而不是公司利益的最大化;

3. 但在长期中,我们仍然假设厂商追求利润最大化。

第二节 生 产 函 数

◆ 案例导入 4-2

生 产 及 产 品

在经济学中,大凡提供出来并给消费者带来满足的东西就是产品。它可能是馒头、VCD、巧克力、书本等有形的物质商品,也可能是理发、看病、律师咨询、主持电视节目等劳务产品。例如,蒸馒头就可以看作一种简单的生产过程。它需要投入面粉、水、热能、劳动等生产要素,经过一定的操作程序,加工出馒头这一产品。所以,从这个意义上来说,生产就是各种生产要素组合并制成产品的过程,产品是各种生产要素组合的结果。

一、生产与生产要素

(一)生产

生产是指与提供物质产品和劳务有关的一切活动过程,或者说,就是把投入变为产出的过程。对生产的研究,是微观经济学的一个重要组成部分。

(二)生产要素

生产要素是指生产产品所投入的经济资源。生产要素主要包括:

1. 劳动,即人的体力和智力。

2. 资本,资本是指除土地以外的生产资料。资本的具体形态有实物和货币两种。实物形态的资本包括厂房和其他建筑物、机器设备、动力燃料、原材料等。货币形态的资本包括现金、银行存款等。

3. 土地,包括土地本身及地上和地下的一切自然资源,如矿藏、海洋、湖泊、森林等。

4. 企业家才能,是指企业家组织建立与经营管理企业的才能。在现代经济社会中,普通劳动力、土地和资本三种要素结合起来进行生产,都是在企业中进行的,因而需要有能够承担风险并担负起开创与组织企业的特殊任务的人物——企业家。随着经济社会的发展,企业家在企业中的地位越来越重要,因而把他们从普通劳动力中分离出来,作为一种独立的生产要素。

二、生产函数

(一)生产函数

生产函数是表示在一定时间内,在技术水平不变的情况下,生产中所使用的各种生产要素与所能生产的最大产量之间的关系。或者说,一组既定的投入与之所能生产的最大产量之间的依存关系。

假定用 Q 表示所能生产的最大可能产量,用 X_1,X_2,$\cdots$,X_n 表示某产品生产过程中各种生产要素的投入量,若不考虑可变投入与不变投入的区别时,则生产函数可以写成以下形式:

$$Q = f(X_1,X_2,\cdots,X_n) \qquad (4.1)$$

该生产函数表示在既定的生产技术条件下,生产要素组合(X_1,X_2,$\cdots$,X_n)在某一时期所能生产的最大可能产量为 Q。

在经济学中,为了分析方便,通常假定只使用劳动和资本两种生产要素,如果用 L 表示劳动投入量,用 K 表示资本投入量,则生产函数可用下式表示:

$$Q = f(L,K) \qquad (4.2)$$

(二)常见的生产函数

1. 固定投入比例生产函数:指在每一产量水平上任何要素投入量之间的比例都是固定的生产函数。假定只用 L 和 K,则固定比例生产函数的通常形式为:

$$Q = \text{Mini}(L/U,K/V) \qquad (4.3)$$

式中,U 代表固定的劳动生产系数(单位产量配备的劳动数);

V 代表固定的资本生产系数(单位产量配备的资本数)。

在固定比例生产函数下,产量取决于较小比值的那一要素。这时,产量的增加,必须有 L、K 按规定比例同时增加,若其中之一数量不变,单独增加另一要素量,则产量不变。既然都满足最小比例,也就有 $Q = L/U = K/V$,$K/L = V/U$。

2. 柯布——道格拉斯生产函数:又称 C—D 生产函数,是一个非常著名的生产函数,是由美国数学家柯布和经济学家道格拉斯于 20 世纪 30 年代初根据历史统计资料提出的。该生产函数的一般形式是:

$$Q = AL^{\alpha}K^{\beta} \qquad (4.4)$$

上式中 Q 代表产量,L 和 K 分别代表劳动和资本的投入量,A 为规模参数,$A>0$,α 为劳动产出弹性,表示劳动贡献在总产量中所占的份额（$0<\alpha<1$）,β 为资本产出弹性,表示资本贡献在总产量中所占的份额（$0<\beta<1$）。

柯布和道格拉斯通过对美国 1899—1922 年之间劳动、资本和产量的有关统计资料的估算,得出这一时期生产函数的具体形式为:

$$Q = 1.01L^{3/4}K^{1/4} = 1.01\sqrt[4]{L^3}\sqrt[4]{K} \qquad (4.5)$$

这一生产函数表示:在资本投入量固定不变时,劳动投入量单独增加 1%,产量将增加 1% 的 3/4,即 0.75%;当劳动投入量固定不变时,资本投入量增加 1%,产量将增加 1% 的 1/4,即 0.25%。这就是说该劳动和资本对总产量的贡献比例为 3∶1。

此外,柯布—道格拉斯生产函数的规模报酬状况取决于 $\alpha+\beta$ 的数值大小。如果,$\alpha+\beta>1$,则规模报酬递增;$\alpha+\beta=1$,则规模报酬不变;$\alpha+\beta<1$,则规模报酬递减。

第三节　一种可变要素的生产函数

◆ **案例导入 4-3**

三季稻不如两季稻

1958 年"大跃进"是一个不讲理性的年代,时髦的口号是"人有多大胆,地有多高产"。于是一些地方把传统的两季稻改为三季稻。结果总产量反而减少了。从经济学的角度看,这是违背了边际报酬递减规律。

两季稻是我国农民长期生产经验的总结,它行之有效,说明在传统农业技术下,土地、设备、水利资源、肥料等生产要素得到了充分利用。在农业耕作技术没有发生重大改变的条件下,两季稻改为三季稻并没有改变上述生产要素,只是增加了劳动、种子的投入量,这导致土地因过度利用而引起肥力下降,设备、水利资源、肥料等由两次使用改为三次使用,每次使用的数量不足。这样,三季稻的总产量反而低于两季稻。后来,四川省把三季稻改为两季稻之后,全省的粮食产量反而增加了。江苏省邢江县 1980 年的试验结果表明,两季稻每亩总产量达 1 007 公斤,而三季稻只有 785 公斤。更不用说两季稻还节省了生产成本。群众总结的经验是"三三见九,不如二五一十"。这就是对边际报酬递减规律的形象说明。

上面案例讨论的问题是假定只有一种要素的投入是变动的,其余的生产要素的投入是固定的。这种情况在农业生产中最为典型。我们借助一种变动要素投入的生产函数来讨论产出变化与投入变化的关系。

一、短期生产理论与长期生产理论

1. 短期与长期

经济学中所讲的短期,是指在这段时期内,生产者来不及调整全部生产要素的数量,至少有一种生产要素的数量是固定不变的时期。

长期是指在这段时期内,所有投入的生产要素(L, K)等都是可以变动的时期。

微观经济学常以一种可变生产要素的生产函数考察短期生产理论,以两种可变生产要素的生产函数考察长期生产理论。

需要注意的是,经济学所说的短期和长期并不是指时间的长短(如一年、十年),而是以能否变动全部生产要素投入的数量作为划分标准的,其时间长短视具体情况而定。例如,要想改变钢铁厂的炼钢设备数量可能需要 2 年的时间;而增加一家饮食店,并对其进行全新装修则只需几个月。

2. 固定投入与变动投入

固定投入是指当市场条件的变化要求产出变化时,其投入量不能随之变化的投入。例如,厂房、机器设备、土地等。

变动投入是指当市场条件的变化要求产出变化时,其投入量能立即随之变化的投入。例如,劳动量的投入。

固定投入与变动投入的划分是建立在长期与短期划分的基础之上的。

二、总产量、平均产量、边际产量

1. 总产量、平均产量、边际产量

总产量(简写 TP)是指一定的生产要素投入量所能提供的全部最大产量。其定义公式为:

$$TP = f(L, K) \tag{4.6}$$

如果只考察一个可变要素,如劳动对产量的影响,则公式为:

$$TP_L = f(L, K_0) \tag{4.7}$$

平均产量(简写 AP)是指单位生产要素提供的产量。如研究劳动因素的平均产量的公式为:

$$AP_L = TP_L/L = f(L, K_0)/L \tag{4.8}$$

边际产量(简写 MP)是指增加一个单位可变要素投入量所增加的产量。如研

究劳动的边际产量的公式为：

$$MP_L = \Delta TP_L/\Delta L = \Delta TP_L(\Delta L, K_0)/\Delta L \qquad (4.9)$$

$$MP_L = dTP_L/dL \qquad (4.10)$$

2. 总产量曲线、平均产量曲线、边际产量曲线的特征

根据总产量、平均产量、边际产量的定义，可得出总产量曲线、平均产量曲线、边际产量曲线的特征：

例：根据某印刷车间，用 4 台印刷机印刷某种书刊的日产量统计数据绘制的图形，可以说明劳动变动对产量的影响以及 TP、AP、MP 之间的关系。印刷车间每天的总产量、边际产量和平均产量，如表 4-1 所示。

表 4-1　印刷车间每天的总产量、边际产量和平均产量

资本投入量(K)	劳动投入量(L)	总产量(TP_L)	边际产量(MP_L)	平均产量(AP_L)
20	0	0		
20	1	13	13	13
20	2	30	17	15
20	3	60	30	20
20	4	104	44	26
20	5	134	30	26.8
20	6	156	22	26
20	7	168	12	24
20	8	176	8	22
20	9	180	4	20
20	10	180	0	18
20	11	176	4	16

根据印刷车间每天的总产量、边际产量和平均产量，绘出总产量、边际产量和平均产量三条曲线，如图 4-1 所示。

从图 4-1 中可以看出，TP、AP、MP 曲线的变动特征如下：

(1)总产量曲线变动的特点。初期随着可变投入的增加，总产量以递增的增长率上升，然后以递减的增长率上升，达到某一极大值后，随着可变投入的继续增加反而下降。

(2)平均产量曲线变动的特点。初期，随着可变要素投入的增加，平均产量不断增加，到一定点达到极大值，之后随着可变要素投入量的继续增加，转而下降。

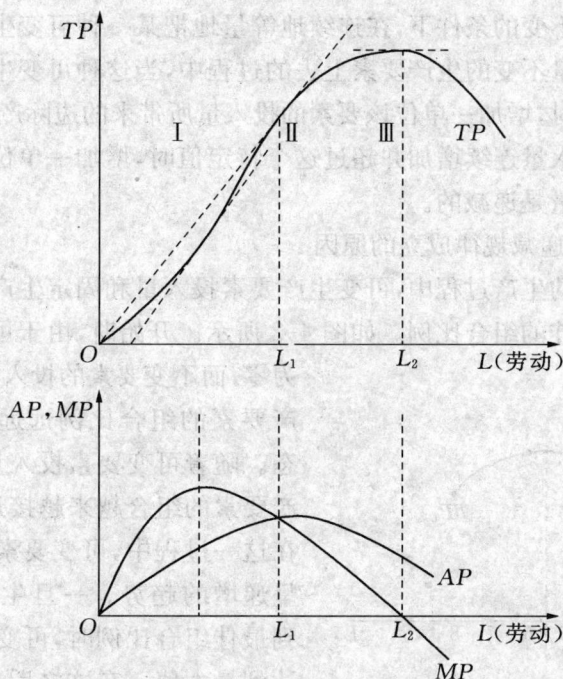

图 4-1　总产量、边际产量和平均产量变动曲线

（3）边际产量曲线变动的特点。边际产量在开始时，随着可变要素投入的增加而不断增加，到一定点达到极大值，之后开始下降，边际产量可以下降为零，甚至为负。边际产量是总产量增量的变动情况，它的最大值在 TP 由递增上升转入递减上升的拐点。

3. 总产量、边际产量和平均产量曲线的相互关系

（1）总产量曲线与边际产量曲线之间的关系。当边际产量上升时，总产量以递增的速率增加；当边际产量为负值时，总产量绝对减少；某一点的边际产量就是某一点总产量的导数；边际产量为零的点就是总产量最大的点。

（2）总产量曲线与平均产量曲线关系。连接总产量曲线上任何一点与坐标原点的线段的斜率，就是相应的平均产量值。

（3）平均产量曲线与边际产量曲线的关系。平均产量曲线与边际产量曲线相交于平均产量曲线的最高点。在相交前，平均产量是递增的，平均产量小于边际产量；在相交后，平均产量是递减的，平均产量大于边际产量；在相交时，平均产量达到最大值，平均产量等于边际产量。

三、边际报酬递减规律

1. 边际报酬递减规律的内容

在技术水平不变的条件下，在连续地等量地把某一种可变生产要素增加到其他一种或几种数量不变的生产要素上去的过程中，当这种可变生产要素的投入量小于某一特定值时，增加一单位该要素的投入量所带来的边际产量是递增的；当这种可变要素的投入量连续增加并超过这个特定值时，增加一单位的要素的投入量所带来的边际产量是递减的。

2. 边际报酬递减规律成立的原因

在任何产品的生产过程中，可变生产要素投入量和固定生产要素投入量之间都存在着一个最佳的组合比例。如图 4-2 所示。开始时，由于可变要素的投入量为零，而不变要素的投入量总是存在的，生产要素的组合比例远远没有达到最佳状态。随着可变要素投入量的逐渐增加，生产要素的组合越来越接近最佳组合比例。在这一过程中，可变要素的边际产量必然呈递增的趋势。一旦生产要素的组合达到最佳组合比例时，可变要素的边际产量达到最大值。在这之后，随着可变要素投入量的继续增加，生产要素的组合将越来越偏离最佳组合比例，可变要素的边际产量便呈递减的趋势了。

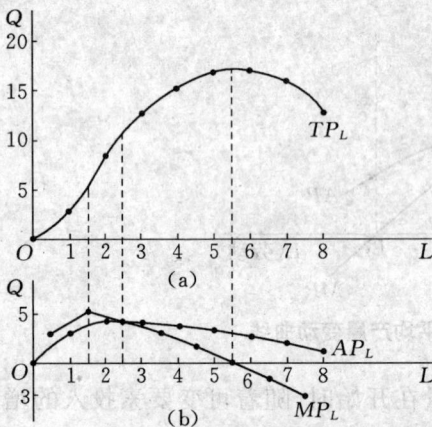

图 4-2　一种可变生产要素的
生产函数的产量曲线

3. 边际报酬递减规律的理解

（1）其他条件不变包括两个因素：一是技术水平不变，该规律不能预测在技术水平变动的情况下，增加一单位要素投入对产量的影响；二是其他要素投入量不变，该规律对于所有投入要素同时变化的情况并不适用。

（2）随着可变要素投入量的增加，边际产量要经过递增到递减的过程。也就是说，可变要素的边际产量并不是一开始就递减，只有当可变要素投入超过一定量时，边际产量才开始递减。在此之前，边际产量是递增的。

四、一种可变要素投入的合理阶段（生产的三个阶段）

根据总产量、平均产量和边际产量的变化，把可变要素投入划分为三个阶段，见图 4-3 中的三个区域。

第一阶段（O—L_2 阶段）：收益递增阶段，生产者不应停留的阶段。在这一阶段中，劳动的边际产量始终大于劳动的平均产量，从而劳动的平均产量和总产量都在上升，且劳动的平均产量达到最大值。说明在这一阶段，可变生产要素相对于不变生产要素投入量显得过小,不变生产要素的使用效率不高,因此,生产者增加可变生产要素的投入量就可以增加总产量。因此,生产者将增加生产要素投入量,把生产扩大到第二阶段。

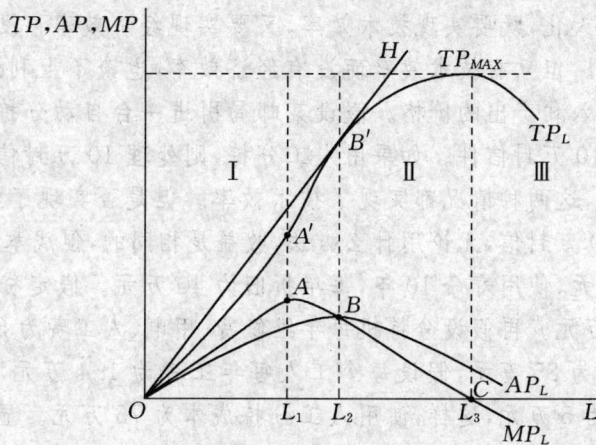

图 4-3 生产的三个阶段

第二阶段(L_2—L_3 阶段):收益递减阶段,劳动的边际产量小于劳动的平均产量,从而使平均产量递减。但由于边际产量仍大于零,所以总产量仍然连续增加,但以递减的速率增加。在这一阶段的起点 L_2,AP_L 达到最大,在终点 L_3,TP_L 达到最大。

第三阶段(L_3 之后):负收益阶段,生产者不能进入的阶段。在这一阶段,平均产量继续下降,边际产量变为负值,总产量开始下降。这说明,在这一阶段,生产出现冗余,可变生产要素的投入量相对于不变生产要素来说已经太多,生产者减少可变生产要素的投入量是有利的。因此,理性的生产者将减少可变生产要素的投入量,把生产退回到第二阶段。

由此可见,合理的生产阶段在第二阶段,理性的厂商将选择在这一阶段进行生产。至于选择在第二阶段的哪一点生产,要看生产要素的价格和厂商的收益。如果相对于资本的价格而言,劳动的价格相对较高,则劳动的投入量靠近 L_2 点对于生产者有利;如果相对于资本的价格而言,劳动的价格相对较低,则劳动的投入量靠近 L_3 点对于生产者有利。

第四节　两种可变要素的生产函数

◆ 案例导入 4-4

引进自动分拣机是好事还是坏事

前些年我国邮政业实行信件分拣自动化,引进自动分拣机代替人工分拣信件。

从经济学的角度看,这是一件好事还是坏事呢?

假设邮局作为一个企业引入自动分拣机的目的是实现利润最大化,自动分拣机的使用能否达到这一目的,涉及两个重要概念:技术效率和经济效率。

企业利润最大化,既要实现技术效率,又要实现经济效率。没有技术效率,就谈不上经济效率。但只有技术效率而没有经济效率,也谈不上利润最大化。因为经济效率涉及投入和产出的价格。假设某邮局引进一台自动分拣机,只需一人管理,每日可处理 10 万封信件。如果用人工分拣,则处理 10 万封信件需要 50 个工人。对邮局来说,这两种情况都实现了技术效率。但是否实现了经济效率还要考虑价格。处理 10 万封信,无论用什么方法,收益是相同的,但成本不同。假设一台分拣机为 400 万元,使用寿命 10 年,每年折旧为 40 万元。假定贷款利率为 10%,每年利息为 40 万元。再假设分拣机每年维修费、用电、人工费为 5 万元。这样,使用分拣机的成本为 85 万元,假设每个工人每年工资为 1.4 万元,50 个工人共 70 万元,其他支出为 5 万元,这样,使用人工分拣成本为 75 万元。显然,使用分拣机实现了技术效率,但没有实现经济效率,而使用人工分拣既实现了技术效率,又实现了经济效率。

这个例子告诉我们,如果两种生产方法都能达到同样的技术效率,那么,使用哪种方法实现经济效率则取决于生产要素的价格。在发达国家,资本设备便宜而劳动工资高,使用资本密集型生产方法是合适的。但在发展中国家,资本设备贵而劳动工资低,如果使用机器和人工能达到同样的产品和劳务质量,还是使用劳动密集型生产方法更为合适。因此,发展中国家不能盲目引进最先进的技术,而应该选择最适合自己国情的技术。盲目追求机械化、自动化,并不一定能带来更好的结果。

因此,无论是采用资本密集型还是技术密集型,即劳动和资本如何搭配,都必须有利于经济效率的提高。在本节将对长期生产函数进行考察,用两种可变生产要素的生产函数,来讨论可变生产要素的投入组合与最大产量之间的关系。

一、两种可变生产要素的生产函数

在长期内,所有的生产要素的投入量都是可变的,多种可变生产要素的长期生产函数可以写为:

$$Q = f(X_1、X_2, \cdots, X_n) \tag{4.11}$$

式中,Q 代表产量,$X_i(i=1, 2, 3, \cdots, n)$ 代表第 i 种可变生产要素的投入数量。该生产函数表示:长期内在技术水平不变的条件下由 n 种可变生产要素投入量的一定组合所能生产的最大产量。

两种可变生产要素的长期生产函数可以写为:

$$Q = f(L, K) \qquad (4.12)$$

式中,L 表示可变要素劳动的投入数量,K 表示可变要素资本的投入数量,Q 表示产量。

二、等产量曲线

等产量曲线是指在技术水平不变的条件下,生产一定产量的两种生产要素投入量的各种不同组合的轨迹。

表 4-2　生产等量产品的两种生产要素的组合

组合方式	劳动量 L	资本量 K	产量 Q
a	1	6	50
b	2	3	50
c	3	2	50
d	6	1	50

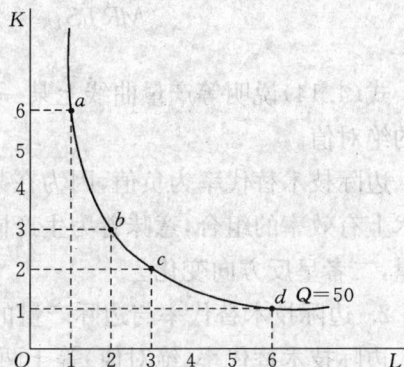

图 4-4　等产量曲线

根据表 4-2,可作等产量线图,如图 4-4 所示。

等产量曲线的特征:

第一,距原点越远的等产量曲线表示的产量水平越高;反之,则低。

第二,同一平面坐标上的任何两条等产量曲线不会相交。因为每一条等产量线代表不同的产量水平。

第三,等产量曲线上任何一点的边际技术替代率为负,因此曲线向右下方倾斜。这意味着在产量水平一定时,增加某一要素的投入量,必然要减少另一要素投入量。

第四,等产量曲线凸向原点。这一特征表明在保持产量水平不变的条件下,连续等量地增加一种要素投入量,而需要减少的另一种要素的数量会越来越少。这是由于边际技术替代率递减造成的。

三、边际技术替代率

1. 边际技术替代率

长期生产的主要特征是不同比例的要素组合可以生产同一产量水平,即在维持同一产量水平时,要素之间可以相互替代。边际技术替代率是研究要素之间替代关系的一个重要概念,它是指在维持产量水平不变的条件下,增加一单位某种生

产要素投入量时所减少的另一种要素的投入数量。以 $MRTS_{LK}$ 表示劳动对资本的边际技术替代率,则:

$$MRTS_{LK} = -\frac{\Delta K}{\Delta L} \tag{4.13}$$

式中,ΔK 和 ΔL 分别表示资本投入量的变化量和劳动投入量的变化量,式中加负号是为了使 $MRTS_{LK}$ 为正值,以便于比较。

如果要素投入量的变化量为无穷小,式(4.13)变为:

$$MRTS_{LK} = \lim_{\Delta L \to 0} -\frac{\Delta K}{\Delta L} = -\frac{dK}{dL} \tag{4.14}$$

式(4.14)说明等产量曲线上某一点的边际技术替代率就是等产量曲线该点斜率的绝对值。

边际技术替代率为负值,因为在某一给定产量的等产量曲线上,作为代表一种技术上有效率的组合,意味着为生产同一产量,增加 L 的使用量,必须减少 K 的使用量,二者呈反方向变化。

2. 边际技术替代率与边际产量的关系

边际技术替代率(绝对值)等于两种要素的边际产量之比。

设生产函数 $Q = f(L, K)$ 则:

$$dQ = \frac{dQ}{dL} \cdot dL + \frac{dQ}{dk} \cdot dK = MP_L \cdot dL + MP_K \cdot dK$$

由于同一条等产量线上产量相等,即 $dQ = 0$,则上式变为:

$$MP_L \cdot dL + MP_K \cdot dK = 0$$

即:

$$-\frac{dK}{dL} = \frac{MP_L}{MP_K}$$

由边际技术替代率公式可知:

$$MRTS_{LK} = \frac{MP_L}{MP_K} \tag{4.15}$$

上述关系是因为边际技术替代率是建立在等产量曲线的基础上,所以对于任意一条给定的等产量曲线来说,当用劳动投入代替资本投入时,在维持产量水平不变的前提下,由增加劳动投入量所带来的总产量的增加量和由减少资本投入量所带来的总产量的减少量必然相等。

3. 边际技术替代率递减规律

边际技术替代率递减规律是指:在维持产量不变的前提下,当一种生产要素的投入量不断增加时,每一单位的这种生产要素所能代替的另一种生产要素的数量是递减的。

我们可用表 4-3 中的数字资料来说明由表 4-2 所表示的生产行为中劳动和资本这两种要素的边际替代率的计算过程及变动情况。

表 4-3　两种要素边际替代率计算表

变动情况	ΔK	ΔL	$\Delta K/\Delta L$
A—B	−3	1	−3
B—C	−1	1	−1
C—D	−1	3	−0.33

由表 4.3 可知,要素的边际替代率是递减的,要素的边际替代率其实也就是等产量线上各点切线的斜率。等产量线上的切线斜率绝对值递减,使等产量线从左上方向右下方倾斜,并凸向原点。

边际技术替代率递减的原因:因为边际产量是逐渐下降的。其一,当资本量不变时,随着劳动投入量的增加,则劳动的边际产量呈递减趋势;其二,当资本量也下降时,劳动的边际产量会下降得更多。

四、脊线与生产的经济区域

根据等产量曲线可以确定长期生产中要素投入的合理区域,如图 4-5 所示。

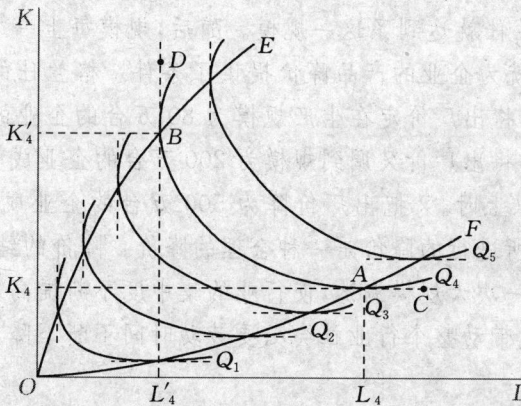

图 4-5　生产的经济区域

在图 4-5 中,有一组等产量曲线,把每一条等产量曲线上斜率由正变负的点连接起来得到 OE 线,把斜率由负变正的点连接起来得到 OF 线。OE 线和 OF 线被称为

"脊线"。"脊线"以外的等产量曲线都为正斜率，"脊线"以内的等产量曲线为负斜率。

"脊线"以内为要素投入的经济区域，"脊线"以外为非经济区域。"脊线"以外，等产量曲线的斜率为正，意味着为保持一定的产量，需要同时增加资本和劳动投入，这时，必有一种要素的边际产量为负值。脊线 OF 以下区域的劳动的边际产量为负值，脊线 OE 以上区域的资本的边际产量为负值。"脊线"以内的区域的等产量曲线的斜率为负值，这意味着：可以通过对两种生产要素投入量的相互替代，来生产某一既定的产量水平。

对于一个追求最大利润的厂商来说，当产量为既定时，厂商一定会选择投入最少的生产方式。因此，理性厂商不可能在"脊线"以外的区域进行生产，而只可能在"脊线"以内的区域生产。这一区域就是生产的经济区域。

第五节 两种生产要素的最优组合

◆ **案例导入 4-5**

格兰仕的成功

面临着越来越广阔的市场，每个企业都有两种战略选择：一是多产业，小规模，低市场占有率；二是少产业，大规模，高市场占有率。格兰仕选择的是后者。格兰仕的微波炉在国内已达到 70% 的市场占有率，在国外已达到 35% 的市场占有率。

格兰仕的成功就是运用规模经济的理论，即某种产品的生产，只有达到一定规模时，才能取得较好的效益。微波炉生产的最小经济规模为 100 万台。早在 1996—1997 年，格兰仕就达到了这一规模。随后，规模每上一个台阶，生产成本就下降一个台阶。这就为企业的产品降价提供了条件。格兰仕的做法是，当生产规模达到 100 万台时，将出厂价定在生产规模为 80 万台的企业的成本价以下；当规模达到 400 万台时，将出厂价又调到规模为 200 万台的企业成本价以下；现在当规模达到 1 000 万台以上时，又把出厂价降为 500 万台的企业成本价以下。这种在成本下降的基础上所进行的降价是一种合理的降价。降价的结果是将价格平衡点以下的企业一次又一次大规模淘汰，使行业的集中度不断提高，使行业的规模经济水平不断提高，由此带动整个行业社会必要劳动时间不断下降，进而带来整个行业的成本不断下降。

成本低，价格必然低，降价最大的受益者是广大消费者。从 1993 年格兰仕进入微波炉行业到 2003 年，微波炉的价格由每台 3 000 多元降到每台 300 元左右，下降了 90% 多。这不能不说是格兰仕的功劳，不能不说是格兰仕对中国广大消费者的巨大贡献。

一、等成本线

在生产要素市场上，厂商对生产要素的购买支付，构成了厂商的生产成本。成本问题是追求利润最大化的厂商必须要考虑的一个经济问题。

等成本线是在既定的成本和既定生产要素价格条件下生产者可以购买到的两种生产要素的各种不同数量组合的轨迹。

假定要素市场上既定的劳动的价格即工资率为 w，既定的资本的价格即利息率为 r，厂商既定的成本支出为 C，则成本方程：$C = wL + rK$，由此推导出 $K = -\dfrac{w}{r}L + \dfrac{C}{r}$。

根据以上式子可得到等成本线，如图 4-6 所示。图中等成本线的截距 $\dfrac{C}{r}$ 表示全部成本支出用于购买资本时所能购买的资本数量，等成本线在横轴上的截距 $\dfrac{C}{w}$，表示全部成本支出用于购买劳动时所能购买的劳动数量，等成本线的斜率为 $-\dfrac{w}{r}$，其大小取决于劳动和资本两要素相对价格的高低。

图 4-6 中，在等成本线以内的区域，其中的任意一点（如 A 点）表示既定的总成本没有用完；等成本线以外的区域，其中的任意一点（如 B 点）表示既定的成本不够购买该点的劳动和资本的组合；等成本线上的任意一点表示既定的全部成本刚好能购买到的劳动和资本的组合。

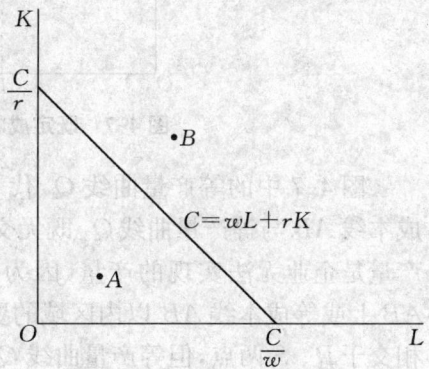

图 4-6　等成本线

二、最优的生产要素组合

在长期生产中，任何一个理性的生产者都会选择最优的生产要素组合进行生产，从而实现利润的最大化。所谓生产要素的最优组合是指在既定成本条件下的最大产量或既定产量条件下的最小成本。生产要素的最优组合也称为生产者均衡。下面分两种情况来分析。

（一）既定成本条件下的产量最大化

假定两种可变生产要素劳动的价格 w 和资本的价格 r 是已知的，企业用于购买这两种要素的全部成本 C 是既定的。如果企业要从既定的成本中获得最大的产量，那么，它应该如何选择最优的劳动投入量和资本投入量的组合呢？

在图 4-7 中,有一条等成本线 AB 和三条等产量曲线 Q_1、Q_2 和 Q_3。等成本线 AB 代表了一个既定的成本量。由图中可见,等成本线 AB 与其中一条等产量曲线 Q_2 相切于 E 点,该点就是生产的均衡点。它表示:在既定成本条件下,企业应该按照 E 点的要素组合进行生产,即劳动投入量和资本投入量分别为 OL_1 和 OK_1,这样,厂商就会取得最大的产量。

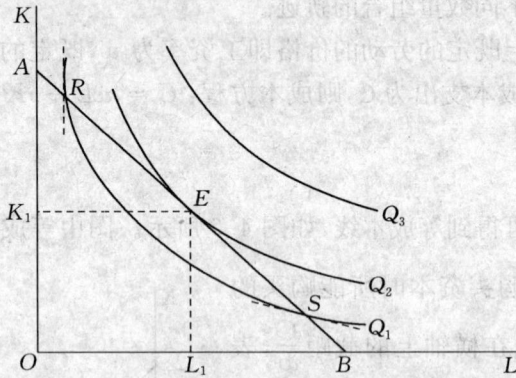

图 4-7　既定成本条件下产量最大的要素组合

图 4-7 中的等产量曲线 Q_3 代表的产量虽然高于等产量曲线 Q_2,但惟一的等成本线 AB 与等产量曲线 Q_3 既无交点又无切点。这表明等产量曲线 Q_3 所代表的产量是企业无法实现的产量,因为企业利用既定成本只能购买到位于等成本线 AB 上或等成本线 AB 以内区域的要素组合。等产量曲线 Q_1 虽然与等成本线 AB 相交于 R、S 两点,但等产量曲线 Q_1 所代表的产量是比较低的。此时企业可以在不增加成本的情况下改变要素组合,就能增加产量。所以,只有在等成本线 AB 和等产量曲线 Q_2 的相切点 E,才是实现既定成本条件下的最大产量的要素组合。

（二）既定产量条件下的成本最小

既定产量条件下的成本最小可见图 4-8 所示。

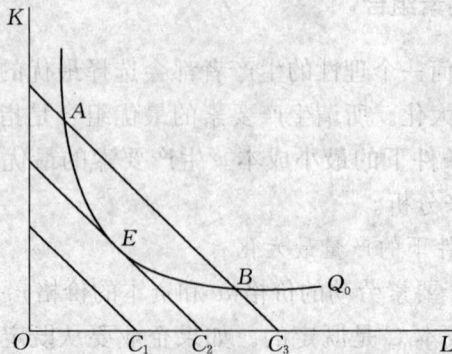

图 4-8　既定产量条件下的成本最小

三、生产扩展线

在生产要素的价格、生产函数和其他条件不变时,如果企业改变成本,等成本线就会发生平移。这些不同的等产量线将与不同的等成本线相切,形成一系列不同的生产均衡点,这些生产均衡点的轨迹就是扩展线,如图 4-9 所示。

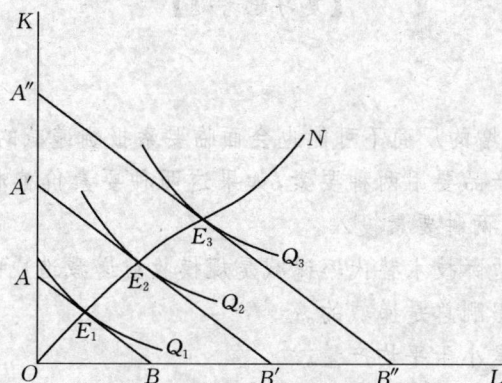

图 4-9　扩展线

扩展线表示:在生产要素价格、生产函数和其他条件不变的情况下,当生产的成本或产量发生变化时,企业必然会沿着扩展线来选择最优的生产要素组合。

四、规模报酬

规模报酬变化是指在其他条件不变的情况下,企业内部各种生产要素按相同比例变化时所带来的产量变化,规模报酬变化可以分规模报酬递增、规模报酬不变和规模报酬递减三种情况。

1. 规模报酬递增

产量增加的比例大于各种生产要素增加的比例,称之为规模报酬递增。

(1)生产规模扩大以后,企业能够利用更先进的技术和机器设备等生产要素,而较小规模的企业可能无法利用这样的技术和生产要素。

(2)随着对较多的人力和机器的使用,企业内部的生产分工能够更合理和专业化。

(3)人数较多的技术培训或具有一定规模的生产经营管理,也都可以节省成本。

2. 规模报酬不变

产量增加的比例等于各种生产要素增加的比例,称之为规模报酬不变。

3. 规模报酬递减

产量增加的比例小于各种生产要素增加的比例,称之为规模报酬递减。

当企业从最初的很小的生产规模开始逐步扩大的时候,企业面临的是规模报酬递增的阶段。在企业得到了由生产规模扩大所带来的产量递增的全部好处以后,一般会继续扩大生产规模,将生产保持在规模报酬不变的阶段。这个阶段有可能比较长。在这以后,企业若继续扩大生产规模,就会进入一个规模报酬递减的阶段。

【复习思考题】

一、判断题

1. "规模报酬递增的厂商不可能也会面临要素报酬递减的现象"。　　（　　）

2. 假定生产某产品要用两种要素,如果这两种要素价格相等,则该生产者最好要用同等数量的这两种要素投入。　　（　　）

3. 生产要素的边际技术替代率递减是规模收益递减造成的。　　（　　）

4. 可变要素的报酬总是递减的。　　（　　）

5. 边际产量总是小于平均产量。　　（　　）

6. 随着生产技术水平的变化,生产函数也会发生变化。　　（　　）

7. 随着某生产要素投入的增加,边际产量和平均产量增加到一定程度后,将同时下降。　　（　　）

8. 生产要素的边际技术替代率递减是边际收益递减规律造成的。　　（　　）

9. 当其他生产要素不变时,一种生产要素投入量越多,产量越高。　　（　　）

10. 同一平面上,可以有三条等产量线。　　（　　）

11. 在农业生产中,土地越密植越好,施肥越多越好。　　（　　）

12. 边际产量曲线与平均产量曲线相交于平均产量曲线的最高点。　（　　）

13. 生产一定量产品时,投入的要素的配合比例既可以变化,又可以固定。　　（　　）

14. 一条等产量线的上部表示产量大于该等产量线的下部表示的产量。　　（　　）

15. 只要总产量减少,边际产量一定是负数。　　（　　）

16. 只要边际产量减少,总产量一定在减少。　　（　　）

17. 平均产量曲线可以和边际产量曲线在任何一个点相交。　　（　　）

18. 在同一平面图上,任意两条等产量线可以相交。　　（　　）

19. 两种生产要素的最适组合之点就是等产量线与等成本线的交点。（　　）

二、选择题

1. 在其他条件不变的情况下,理性的厂商一定会把一种可变的生产要素投入到(　　)。

  A. 要素投入的第一区域　　　　　　B. 要素投入的第二区域

  C. 要素投入的第三区域

2. 在其他生产要素投入量不变的条件下,随着一种生产要素的不断增加总产量(　　)。

  A. 一直增加　　　B. 先增后减　　　C. 先减后增

3. 当边际产量大于平均产量时,平均产量(　　)。

  A. 递减　　　　　　B. 递增　　　　　　C. 先增后减

4. 当平均产量曲线与边际产量曲线相交时(　　)。

  A. 边际产量最大　B. 边际产量最小　C. 平均产量最小　D. 平均产量最大

5. 当总产量达到最大时,边际产量(　　)。

  A. 为正　　　　　　B. 为负　　　　　　C. 为零

6. 下列说法中错误的一种是(　　)。

  A. 只要总产量减少,边际产量一定为负数

  B. 只要边际产量减少,总产量一定减少

  C. 只要平均产量增加,边际产量就大于平均产量

7. 在以横坐标表示劳动数量,纵坐标表示资本数量的平面坐标中所绘出的等成本线的斜率为(　　)。

  A. $\dfrac{w}{r}$　　　　　B. $-\dfrac{w}{r}$　　　　　C. $\dfrac{r}{w}$　　　　　D. $-\dfrac{r}{w}$

8. 当边际产量大于平均产量时(　　)。

  A. 平均产量递减　B. 平均产量递增　C. 平均产量不变　D. 总产量递减

9. 如果规模收益不变,单位时间里劳动力使用增加 10%,资本量保持不变,产出将(　　)。

  A. 增加 10%　　　　　　　　　　B. 减少 10%

  C. 增加大于 10%　　　　　　　　D. 增加小于 10%

10. 如图所示,厂商的理性决策应在(　　)。

  A. $0 < L < 7$

  B. $4.5 < L < 7$

  C. $3 < L < 4.5$

  D. $0 < L < 4.5$

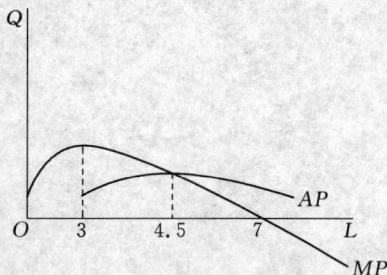

11. 等成本曲线绕着它与纵轴 Y 的交点向外移动表明(　　)。

  A. 生产要素 Y 的价格下降了　　　　B. 生产要素 X 的价格上升了

C. 生产要素 X 的价格下降了　　　　D. 生产要素 Y 的价格上升了

12. 在生产技术水平不变的条件下,生产同一产量的两种不同的生产要素的不同组合构成的曲线是(　　)。

A. 无差异曲线　　B. 等成本曲线　　C. 等产量曲线　　D. 生产可能线

三、名词解释

1. 生产函数　2. 边际产量　3. 等产量曲线　4. 边际技术替代率　5. 等成本曲线　6. 规模收益　7. 边际报酬递减规律

四、问答题

1. 说明总产量、边际产量和平均产量三条曲线的特点及其相互关系。

2. 一个企业主在考虑再雇佣一个工人时在劳动的边际产量和平均产量中他更关注哪一个?

3. 如何理解边际报酬递减规律? 试用该规律简要说明我国企业剩余劳动力转移的必要性。

4. 试运用生产理论说明理性的厂商如何组织生产。

5. 试阐明资源最佳配置的含义及其实现条件。

五、计算题

1. 某企业在短期生产中的生产函数为 $Q = -L^3 + 24L^2 + 240L$,计算企业在下列情况下的 L 的取值范围。(1)在第一阶段;(2)在第二阶段;(3)在第三阶段。

2. 已知生产函数为 $Q = f(K, L) = KL - 0.5L^2 - 0.32K^2$,若 $K = 10$。

(1) 求 AP_L 和 MP_L 函数;

(2) 求 AP_L 递减的产出范围;

(3) 求 MP_L 最大时厂商雇佣的劳动。

第五章 成本理论

厂商为了实现利润最大化,不仅要考虑产品产出与资源投入之间的物质技术关系,还要考虑成本与收益之间的经济关系。本章我们主要分析短期成本、长期成本问题,同时还要分析成本与收益、利润之间的关系,探讨厂商实现利润最大化的基本原则和方法。

第一节 成本的概念

◆ 案例导入 5-1

读大学的成本和收益

读大学的成本是什么呢?回答这个问题时,通常人们会把一个大学生上四年大学的学费、书费、生活费加总起来,但这种总和并不是一个大学生上大学所付出的全部代价。读四年大学的学费、书费和生活费只是上大学的会计成本,而计算上大学的成本需要考虑机会成本。一种东西的机会成本是为了得到这种东西所放弃的东西。从这一意义上讲,生活费并不是上大学的真正成本。一个人即使不上大学,也要有睡觉的地方,也要吃东西。只有在大学的住宿和伙食比其他地方贵时,贵的这一部分才是上大学的成本。

上大学最大的成本——时间。当你把四年的时间用于听课、读书和写文章时,你就不能把这段时间用于工作。对大多数学生而言,为上学而放弃的工资是他们接受高等教育最大的一项成本。因此,计算上大学的代价时,应当把因上大学而付出的一切,包括显明的和隐含的成本都考虑在内。

上大学的收益是使知识丰富和一生拥有更好的工作机会,以及较高的收入、高学历带来的名誉、地位等效应。每个人上大学的成本相差不大,但收益相差很大。

在现实生活中,许多人在做出决策时,通常知道应考虑伴随每一项可能的行动而带来的机会成本。例如,那些有足球天赋的运动员,如果在高中毕业后去踢足球,每年就能赚上百万元人民币。而四年所赚的钱可能会远远高于一个大学生一生的收入。这些有天赋的青年深知他们上大学的机会成本极高,他们通常不会花费这种巨额成本去获取上大学的收益。类似的情况还有那些具备模特气质和条件的女孩子,她们放弃上大学也是因为当模特的收入高,上大学的机会成本太大。当我们了解机会成本的概念后就知道并不是每个年轻人都适合上大学。

一、显明成本与隐含成本

企业的生产成本包括显明成本与隐含成本两个部分。

1. 显明成本。显明成本是指一般会计学上的成本概念,是指厂商在生产要素市场上购买或租用所需要的生产要素的实际支出,这些支出是在会计账目上作为成本项目记入账上的各项费用支出。包括支付给员工的工资薪金、原料、材料、燃料、动力和运输等所支付的费用,以及借入资本支付的利息。

2. 隐含成本。是对厂商自己拥有的,且被用于该企业生产过程的那些生产要素所应支付的费用。这些费用并没有在企业的会计账目上反映出来,所以称为隐含成本。

(1) 作为成本项目记入账上的厂房、机器等固定设备的折旧费;

(2) 企业主自己投入的资金的利息、企业主为该厂提供的劳务应得的薪金。

我们通过一个例子说明显明成本与隐含成本的概念。假如某一店主每年花费40 000 元资金租赁一套商店设备,年终该店主从销售收入中所获毛利为 50 000 元。从显明成本角度看,该店主年内赚钱额为 10 000 元,因为厂商显明成本为40 000 元。但是从隐含成本角度分析,该店主可能赚钱额为零或负值。

3. 一般把显明成本和隐含成本之和称为经济成本。

二、会计成本和机会成本

1. 会计成本。会计成本是作为成本项目记入会计账的费用。它通常是会计师根据各种生产要素的市场价格和生产经营中所付费用,连同厂房设备的折旧费等一起系统记录在账面上。它包括:使用他人劳动力所支付的工资和奖金,从其他企业购买的原材料和半成品价值、租用他人拥有的厂房的租金、支付他人资本的利息等等,这些成本被概括为显明成本。

2. 机会成本。机会成本是指生产者为了生产一定数量的产品所放弃的使用相同的生产要素在其他生产用途中所能得到的最高收入。西方经济学从稀缺资源配置的角度来研究生产一定数量某种产品所必须支付的代价。这意味着必须用机会成本概念来研究厂商的生产成本。西方经济学中生产成本与会计成本的区别在于后者不是从机会成本而是从各项直接费用的支出来统计成本的。

三、利润

1. 经济利润。厂商的总收益和总成本之间的差额。厂商所追求的最大利润,指的就是最大的经济利润。经济利润也被称为超额利润。

2. 正常利润。厂商对自己所提供的企业家才能支付的报酬。（根据上面对隐含成本的分析可知，正常利润是隐含成本的一种组成部分。）

3. 会计利润。即企业的总收益减去企业的会计成本。

在经济学中，需要正确区分正常利润和超额利润。正常利润是企业家对自己所提供的企业家才能支付的报酬，是企业家才能这种生产要素所得到的收入，它包括在成本之中。

经济利润可以为正、负或零。在西方经济学中经济利润对资源配置和重新配置具有重要意义。如果某一行业存在着正的经济利润，这意味着该行业内企业的总收益超过了总成本，生产资源的所有者将要把资源从其他行业转入这个行业中。因为他们在该行业中可能获得的收益，超过该资源的其他用途。反之，如果一个行业的经济利润为负，生产资源将要从该行业退出。经济利润是资源配置和重新配置的信号。正的经济利润是资源进入某一行业的信号；负的经济利润是资源从某一行业撤出的信号；只有经济利润为零时，企业才没有进入某一行业或从中退出的动机。

第二节 短期成本分析

◆ **案例导入 5-2**

为什么民航公司愿意向顾客提供折扣机票

经常坐飞机的人可以发现，有的航班满员，而另一些航班空座很多。当航班有空座时，民航公司总是以向乘客提供折扣机票的办法作为竞争的基本手段。民航公司的行为是理性的吗？我们可以用边际分析理论来回答这一问题。

从理论上说，短期内民航公司的成本分为固定成本和可变成本。固定成本包括飞机购置费（即购置飞机的贷款利息和折旧费）、乘务员工资、检修费用及机场设施和地勤人员费用等等。这部分费用是必须支出的。可变成本主要由燃料和服务费（安检、饮食、清洁）构成，这部分费用随着乘客人数的增加而增加。显然，就航空业而言，它的成本大部分是由固定成本构成的。在民航公司的一些航班空座很多的情况下，能否把机票的价格降低出售呢？边际分析告诉我们是可行的。因为根据边际分析法，决策不应当考虑全部成本，而应当考虑每增加一位乘客而额外增加的成本，这种额外增加的成本叫做边际成本。在这里，每增加一位乘客而引起的边际成本是很小的，它只包括乘客的餐饮费和飞机因增加载荷而增加的燃料支出。而航空公司多卖一张票而增加的收入叫做边际收益，如果航空公司机票打折后每多卖一张票所增加的边际收益大于边际成本，那么，多卖客票就能增加公司的总利润。否则,如果机票没有灵活性,因票价过高使一些航班座位空置,造成浪费,这对航空公司是不利的。

一、短期成本的分类

厂商的短期成本有以下七种:总不变成本、总可变成本、总成本、平均不变成本、平均可变成本、平均总成本和边际成本。它们的英文缩写顺次为:TFC、TVC、TC、AFC、AVC、AC 和 MC。

1. 总不变成本(Total Fixed Cost)。这是指那些短期内无法改变的固定投入所带来的成本,这部分成本不随产量的变化而变化。一般包括厂房和资本设备的折旧费、地租、利息、财产税、广告费、保险费等项目支出。即使在企业停产的情况下,也必须支付这些费用。

2. 总可变成本(Total Variable Cost)。这是指短期内可以改变的可变投入的成本,它随产量的变化而变化。例如:原材料、燃料、动力支出、雇佣工人的工资等。当产量为零时,变动成本也为零,产量越多,变动成本也越多。

3. 总成本(Total Cost)。这指短期内生产一定产量所付出的全部成本,是厂商总不变成本与总可变成本之和。由于 TVC 是产量的函数,因此 TC 也是产量的函数。用公式表示为:

$$TC(Q) = TFC + TVC(Q)$$

4. 平均不变成本(Average Fixed Cost)。这是指厂商短期内平均生产每一单位产品所消耗的总不变成本。公式为:

$$AFC = \frac{TFC}{Q}$$

5. 平均可变成本(Average Variable Cost)。这是指厂商短期内生产平均每一单位产品所消耗的总可变成本。公式为:

$$AVC = \frac{TVC}{Q}$$

6. 平均总成本(Average Total Cost)。这是指厂商短期内平均生产每一单位产品所消耗的全部成本。公式为:

$$AC = \frac{TC}{Q}$$

由 $TC = TFC + TVC$ 得:

76

$$AC = \frac{TC}{Q} = \frac{TFC + TVC}{Q} = \frac{TFC}{Q} + \frac{TVC}{Q}$$

即

$$AC = AFC + AVC$$

上式说明平均成本由平均不变成本和平均可变成本构成。

7. 边际成本(Marginal Cost)。这是指厂商在短期内增加一单位产量所引起的总成本的增加。公式为：

$$MC = \frac{\Delta TC}{\Delta Q}$$

当 $\Delta Q \to 0$ 时，

$$MC = \lim_{\Delta Q \to 0} \frac{\Delta TC}{\Delta Q} = \frac{\mathrm{d}TC}{\mathrm{d}Q}$$

由于 $TC = FC + VC$，而 FC 始终不变，因此 MC 的变动与 FC 无关，MC 实际上等于增加单位产量所增加的可变成本。即：

$$MC = \frac{\mathrm{d}TC}{\mathrm{d}Q} = \frac{\mathrm{d}VC}{\mathrm{d}Q}(因为 \mathrm{d}TC = \mathrm{d}VC + \mathrm{d}FC，而 \mathrm{d}FC = 0)$$

二、短期成本表和短期成本曲线

1. 短期成本表(见表 5-1)

表 5-1　短期成本表

产量 Q	总成本 TC			平均成本 AC			边际成本 MC
	TFC	TVC	TC	AFC	AVC	AC	MC
0	1 200	0	1 200	0	0	0	0
1	1 200	600	1 800	1 200	600	1 800	600
2	1 200	800	2 000	600	400	1 000	200
3	1 200	900	2 100	400	300	700	100
4	1 200	1 050	2 250	300	262.5	562.5	150
5	1 200	1 400	2 600	240	280	520	350
6	1 200	2 100	3 300	200	350	550	700

2. 短期成本曲线形状及其相互关系

图 5-1 是根据表 5-1 绘制的短期成本曲线图。图中横轴表示产量 Q，纵轴表示成本 C。

在图 5-1 中,短期总不变成本曲线是一条与产量轴平行的直线,说明总不变成本不随产量的变化而变化。它表示在短期内,无论产量如何变化。总不变成本 TFC 是固定不变的。

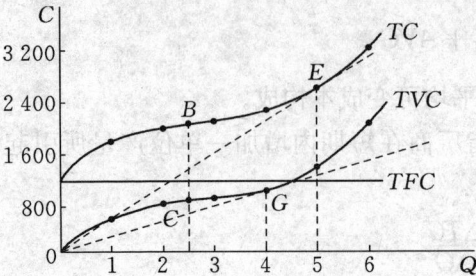

短期总可变成本曲线是一条由原点出发的向右上方倾斜的曲线。说明产量为零时,总可变成本为零,且总可变成本随产量增加而增加,这条曲线先以递减的速率增加,之后,以递增的速率增加。

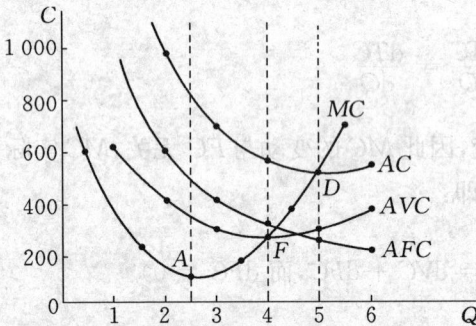

短期总成本曲线由水平的总不变成本曲线和总可变成本曲线垂直相加而得到的。它的形状与短期总可变成本曲线完全相同,只是在纵轴上加一个总不变成本。

短期平均不变成本曲线是一条向右下方倾斜,逐渐向产量轴渐近的曲线。它表示短期平均不变成本随着产量的增加而减少,但永远不能与横轴相交。

图 5-1 短期成本曲线

短期平均可变成本曲线、平均总成本曲线和边际成本曲线都呈 U 形。平均可变成本由于边际产量先递增后递减,一般随产量增加先递减后递增。边际成本也是随产量增加先递减后递增,当企业的产量少时,没有得到利用的设备多,这时增加工人会使设备得到更有效的利用,工人的工作也更有效率,这时增加投入会使产量增加,所以增加产量所增加的成本是递减的。然而,随着产量增加,工人拥挤,而且大部分设备得到充分利用,这时增加投入带来的边际产量是递减的,边际成本也表现为上升。它们的这种 U 形特征可以用边际报酬递减规律来解释。

边际报酬递减规律是指在其他条件不变时,随着一种可变要素投入量的连续增加,它所带来的边际产量先是递增的,达到最大值以后再递减。这是由于当产量由零开始不断增加时,起初由于可变要素投入量相对不变要素投入量是较少的,因此,增加可变要素投入量会提高生产效率,边际成本递减。但当可变要素投入量增加到最佳比例以后,再继续增加可变要素投入量,就会降低生产效率,边际成本递增。

由图 5-1 可以看出,各种短期成本曲线之间的关系:

AC、AVC、MC 曲线都是 U 形曲线。当 MC 曲线在 A 点达极小值时,TC 曲线和 TVC 曲线相应地各自存在一个拐点 B 点和 C 点。AC 曲线在 AVC 曲线的上

78

方,它们之间的距离相当于 AFC,AC 曲线与 MC 曲线相交于 AC 曲线的最低点 D。AVC 曲线与 MC 曲线相交于 AVC 曲线的最低点 F。MC 与 AC 相交前,AC 下降且 $MC < AC$;相交后,AC 上升且 $MC > AC$。MC 与 AVC 相交前,AVC 下降且 $MC < AVC$;相交后,AVC 上升且 $MC > AVC$。

第三节 长期成本分析

◆ 案例导入 5-3

赠报的免费午餐

每年的 12 月份,各大报刊都做大量的广告,以期留住老客户,吸引新客户。在某年的元旦伊始,一家晚报向学校各个班赠送一个月的报纸,并且可以在以后进行补订。令人奇怪的是,一个月以后,这种赠送行为仍然在进行。

从订报者如一个班来说,在元旦这几天如果要订一份报纸的话,那么就会选择用较少的钱来订阅较多的报纸,也可以称之为追求阅读福利的最大化。那么,被赠阅的这个班就会订阅其他报纸,其阅读福利肯定会比订阅那份赠阅的报纸要多。报社的赠阅行为岂不是相当非理性? 其直接后果是驱逐了其中一部分本来会订阅该报纸的客户,大部分报刊是不会赠阅的。

但从成本收益的角度来分析,报社的这种赠阅行为却可能是符合成本收益的。从短期分析看,报社的成本不一定会因为赠报而增加,报纸是存在规模经济的典型产品,发行量达到一定数量,报社所花的成本最低。况且报纸这种产品,其产品的边际成本是很低的。况且在受赠的客户中,有一部分会订阅该报刊,因为他们可以用 11 个月的钱来看 12 个月的报纸。这对报社来说,也会增加这后来订阅该报刊的小部分收益。更为重要的是,报社的这种赠阅行为还有公益行为,扩大了该报刊的知名度,这也是一种收益,而且比金钱的收益更加重要。

从长期分析看,一份报纸是可以形成偏好的,读者基本上不会因为报社的赠阅行为而改变对该报的偏好程度。事实上,一个读者既然可以在文化支出上订一份报刊,那么他也不会因为可能享受那点赠阅而改变偏好,所以他们基本上不会在乎这种赠阅行为。即使读者对那点赠阅有心,他也不可能获得该额外阅读福利,因为报社处于信息有利的一面,读者既不知道在哪一年要进行赠阅,也不知道报社在哪一年级要进行赠阅,也不知道赠阅的对象是谁。因此,赠阅行为的信息和主动权掌握在报社手中,报社不会因为赠报而减少客户。

从以上的分析中可以看出,赠报的行为表面上是驱逐订阅客户的,但实质上符合成本收益的分析,报社这一生产者是追求利润最大化的。对受赠的客户来说,他们因为报社在追求利润最大化的行为而享受到了免费的午餐。

厂商的生产是一个长期的持续不断更新的过程。我们在进行了短期成本分析后，还要进一步考察和分析长期成本。在长期内，厂商所有的成本都是可变的。厂商的长期成本可以分为长期总成本、长期平均成本和长期边际成本。

一、长期总成本函数和长期总成本曲线

厂商在长期对全部要素投入量的调整意味着对企业的生产规模的调整。也就是说，从长期看，厂商总是可以在每一个产量水平上选择最优的生产规模进行生产。

（一）长期总成本曲线和短期总成本曲线的关系

1. 长期总成本（LTC）

长期总成本（LTC）是指厂商在长期中在每一个产量水平上通过选择最优的生产规模所能达到的最低总成本。相应地，长期总成本函数写成以下形式：

$$LTC = LTC(Q)$$

2. 长期总成本曲线的推导

根据对长期总成本函数的规定，可以由短期总成本曲线出发，推导长期总成本曲线。

在图 5-2 中，有三条短期总成本曲线 STC_1、STC_2 和 STC_3，它们分别代表三个不同的生产规模。从三条短期总成本曲线所代表的生产规模看，STC_1 曲线最小，STC_2 曲线居中，STC_3 曲线最大。

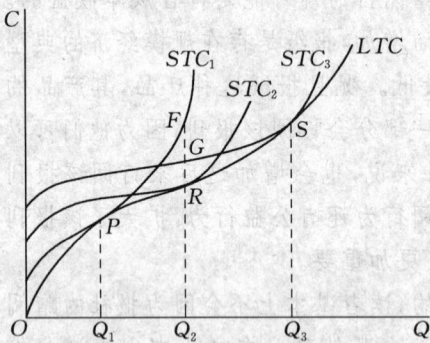

图 5-2　长期总成本曲线

如果市场需求小于 Q_1，厂家会选择 STC_1 曲线所代表的生产规模，因为它比其他规模的生产成本都低；如果预计市场需求量大于 Q_1 而小于 Q_2，厂商会选择 STC_2 曲线所代表的生产规模；如果预计市场需求量大于 Q_2，厂商会选择 STC_3 曲线所代表的生产规模。对于任意一个既定产量，厂商都可以实现最低的总成本。理论上假定存在无数多个可供选择的生产规模，即有无数多条短期总成本曲线。长期总成本曲线 LTC 就是无数多条短期总成本曲线 STC 的包络线。在任一产量水平上，LTC 曲线都会和无数多条 STC 曲线之中的一条相切，那么该 STC 曲线所代表的生产规模就是生产这一特定产量的最优生产规模，该切点所对应的总成本就是生产此产量的最低总成本。把所有这样的切点连结起来就形成了一条 LTC 曲线。因此，LTC 曲线代表了

长期内厂商在每一产量水平上都由最优生产规模进行生产的变动轨迹。

3. 长期总成本曲线的特点

（1）长期总成本曲线是无数条短期总成本曲线的包络线。在这条包络线上，在连续变化的每一个产量水平上，都存在着 LTC 曲线和一条 STC 曲线的相切点。该 STC 曲线所代表的生产规模就是生产该产量的最优生产规模，该切点所对应的总成本就是生产该产量的最低总成本。

（2）LTC 曲线表示长期内厂商在每一产量水平上由最优生产规模所带来的最小生产总成本。

（3）长期总成本 LTC 曲线是从原点出发向右上方倾斜的。它表示：当产量为零时，长期总成本为零，以后随着产量的增加，长期总成本是增加的。而且，长期总成本 LTC 曲线的斜率先递减，经拐点之后，又变为递增。

（二）扩展线和长期总成本曲线

企业长期总成本曲线也可以由扩展线图形得到说明，这对于进一步理解长期总成本曲线是有意义的。

图 5-3(a) 中有企业的一条扩展线 OR。扩展线上的 E_1、E_2 和 E_3 点是三个长期生产的均衡点。每一个均衡点都表示企业通过选择最优的生产要素组合，所实现的生产每一个既定产量时的最小总成本。例如，在 E_1 点上，生产 50 单位产量的最小总成本由等成本线 A_1B_1 所代表，它等于 $r \cdot OA_1 = w \cdot OB_1$。同理，在 E_2 点上，生产 100 单位的最小总成本为 $r \cdot OA_2 = w \cdot OB_2$；在 E_3 点上，生产 150 单位的最小总成本为 $r \cdot OA_3 = w \cdot OB_3$。如果在所有可能的产量水平上，重复以上过程，可以由扩展线上得到每一个产量水平上的最小总成本。将所有这些产量与相应的最小总成本的组合描绘在图 5-3(b) 中，便得到长期总成本 LTC 曲线。

由此可见，长期总成本 LTC 曲线上的每一点的产量和成本组合同扩展线上的每一点的产量和成本组合是相对应的，它们都表示厂商在长期内在每一产量水平上的最小总成本。

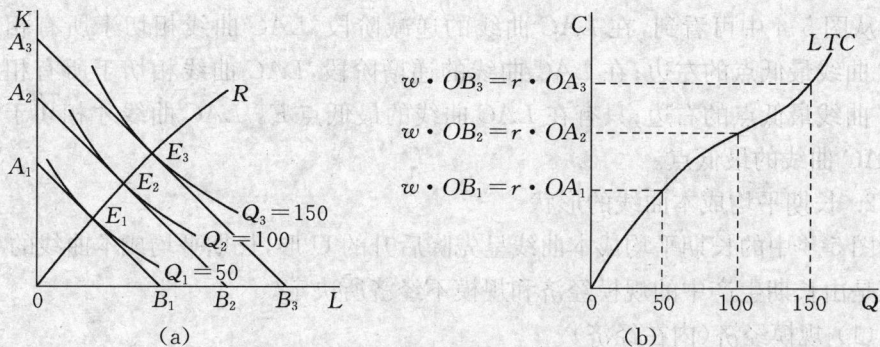

图 5-3　扩展线和长期总成本曲线

二、长期平均成本函数和长期平均成本曲线

1. 长期平均成本曲线的推导

长期平均成本是指厂商在长期内按产量平均计算的最低总成本，LAC 曲线是 SAC 曲线的包络线。长期平均成本函数可以写为：

$$LAC(Q) = \frac{LTC(Q)}{Q}$$

根据长期和短期的关系，可由 SAC 曲线推导出 LAC 曲线。如图 5-4 所示。

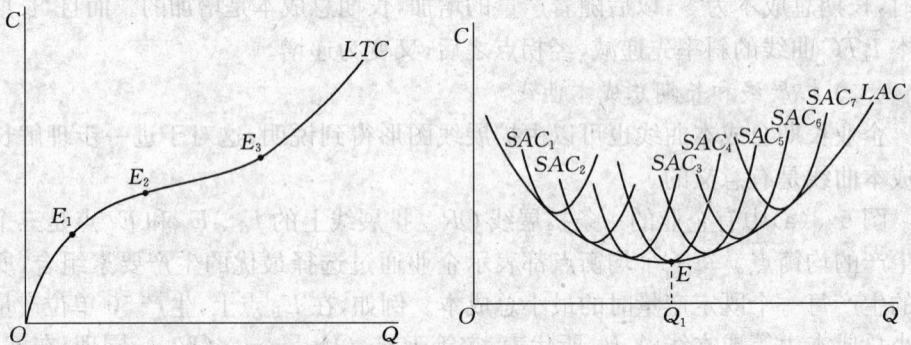

图 5-4　长期总成本线与长期平均成本线

图 5-4 中，横坐标代表产量 Q，纵坐标代表成本 C，LAC 代表长期平均成本，曲线 SAC 代表短期平均成本曲线。与长期总成本曲线的推导类似，假定有无数多个生产规模可供选择，长期平均成本 LAC 曲线是无数多条短期平均成本 SAC 曲线的包络线。在 LAC 曲线与某一条 SAC 曲线的相切点，该 SAC 曲线所代表的生产规模就是该产量下的最优生产规模，即最低平均成本。总之，LAC 曲线上的每一点都表示生产相应产量水平的最低平均成本。

从图 5-4 中可看到，在 LAC 曲线的递减阶段，LAC 曲线相切于所有相应的 SAC 曲线最低点的左边；在 LAC 曲线的递增阶段，LAC 曲线相切于所有相应的 SAC 曲线最低点的右边；只有在 LAC 曲线的最低点 E，LAC 曲线才相切于某一条 SAC 曲线的最低点。

2. 长期平均成本曲线的形状

图 5-4 中的长期平均成本曲线呈先降后升的 U 形，长期平均成本曲线的 U 形特征是由长期生产中的规模经济和规模不经济所决定。

（1）规模经济（内在经济）

在企业生产扩张的开始阶段，厂商由于扩大生产规模而使经济效益得到提高，

这叫规模经济。或者说,厂商产量增加的倍数大于成本增加的倍数,为规模经济。

（2）规模不经济（内在不经济）

当生产扩张到一定的规模以后,厂商继续扩大生产规模,就会使经济效益下降,这叫规模不经济。厂商产量增加的倍数小于成本增加的倍数,为规模不经济。

一般来说,在企业的生产规模由小到大的扩张过程中,会先后出现规模经济和规模不经济。正是由于规模经济和规模不经济的作用,决定了长期平均成本 LAC 曲线表现出先下降后上升的 U 形特征。

三、长期边际成本函数和长期边际成本曲线

1. 长期边际成本函数

长期边际成本是指在长期内每增加一单位产量所增加的总成本。用公式表示为:

$$LMC(Q) = \Delta LTC / \Delta Q$$

或

$$LMC(Q) = dLTC / dQ$$

由于 LTC 是厂商最优产量时的最低短期总成本 STC,长期总成本 LTC 曲线与 STC 曲线相切于最优产量那一点。

2. 长期边际成本曲线的推导

长期边际成本 LMC 曲线也可以由短期边际成本 SMC 曲线得到,如图 5-5 所示。

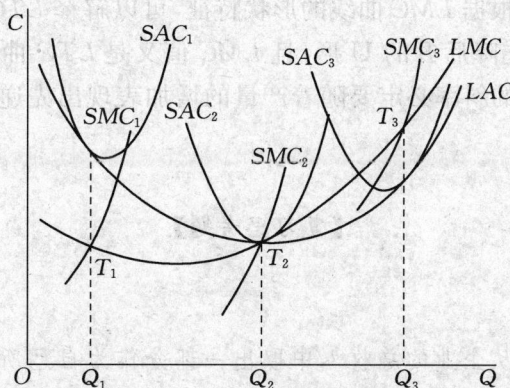

图 5-5　长期边际成本线

从推导长期总成本曲线图 5-2 中可见,长期总成本曲线是短期总成本曲线的包络线。在长期的每一个产量水平,LTC 曲线都与一条代表最优生产规模的 STC 曲线相切,这说明这两条曲线的斜率是相等的。由于 LTC 曲线的斜率是相应的

LMC 值(因为 $LMC = dLTC/dQ$),STC 曲线的斜率是相应的 SMC 值(因为 $SMC = dSTC/dQ$),因此可以推知,在长期内的每一个产量水平,LMC 值都与代表最优生产规模的 SMC 值相等。根据这种关系,便可以由 SMC 曲线推导 LMC 曲线。但是,与长期总成本曲线和长期平均成本曲线的推导不同,长期边际成本曲线不是短期边际成本曲线的包络线。它的推导如图 5-5 所示。

图 5-5 中,在每一个产量水平,代表最优生产规模的 SAC 曲线都有一条相应的 SMC 曲线,每一条 SMC 曲线都过相应的 SAC 曲线最低点。在 Q_1 的产量上,生产该产量的最优生产规模由 SAC_1 曲线和 SMC_1 曲线所代表,相应的短期边际成本由 T_1 点给出,T_1Q_1 既是最优的短期边际成本,又是长期边际成本,即有 $LMC = SMC_1 = T_1Q_1$。或者说,在 Q_1 的产量上,长期边际成本 LMC 等于最优生产规模的短期边际成本 SMC_1,它们都等于 T_1Q_1 的高度。同理,在 Q_2 的产量上,有 $LMC = SMC_2 = T_2Q_2$。在 Q_3 的产量上,有 $LMC = SMC_3 = T_3Q_3$。在生产规模可以无限细分的条件下,可以得到无数个类似于 T_1、T_2 和 T_3 的点,将这些点连结起来便得到一条光滑的长期边际成本 LMC 曲线。

3. 长期边际成本曲线的形状

(1) 由于规模经济和规模不经济的作用,LMC 曲线也呈"U"形,它与长期平均成本曲线相交于长期平均成本曲线的最低点。当长期边际成本小于长期平均成本,即 $LMC < LAC$ 时,LAC 曲线呈下降趋势;当长期边际成本大于长期平均成本,即 $LMC > LAC$ 时,LAC 曲线呈上升趋势;LMC 曲线通过 LAC 曲线的最低点。

(2) 进一步地,根据 LMC 曲线的形状特征,可以解释 LTC 曲线的形状特征。因为 LMC 曲线呈先降后升的 U 形,且 LMC 值又是 LTC 曲线上相应的点的斜率,所以,LTC 曲线的斜率必定要随着产量的增加表现出先递减达到拐点以后再递增的特征。

【复习思考题】

一、判断题

1. 某厂商每年从企业的总收入中取出一部分作为自己所提供生产要素的报酬,这部分资金被视为固定成本。　　　　　　　　　　　　　　　　　　(　　)

2. 经济学中短期和长期划分取决于时间长短。　　　　　　　　　　(　　)

3. 长期成本分为长期固定成本和长期可变成本。　　　　　　　　　(　　)

4. 在长期中,不存在不变成本。　　　　　　　　　　　　　　　　(　　)

5. 不随产量变动而变动的成本称为平均成本。　　　　　　　　　　(　　)

6. 厂商增加一单位产量时,所增加的总成本是边际成本。　　　　　　(　　)

7. 随着产量的增加,平均固定成本在开始时下降,然后趋于上升。　　(　　)

8. 边际成本低于平均成本时平均成本上升。　　　　　　　　　　　(　　)

9. 短期边际成本曲线与平均可变成本曲线的交点是收支相抵点。　　(　　)

10. 对应于边际产量的递增阶段,短期总成本曲线以递减的速率上升。(　　)

11. 如果边际产量递减,那么平均产量一定也是递减的。　　　　　　(　　)

12. 如果要素的边际产量大于平均产量,增加投入量则平均产量会上升。

　　　　　　　　　　　　　　　　　　　　　　　　　　　　　(　　)

13. 理论上存在两条等产量曲线相交的可能性。　　　　　　　　　　(　　)

14. 长期总成本曲线是各种产量平均成本变动的轨迹。　　　　　　　(　　)

15. 长期边际成本曲线呈 U 形的原因是边际效用递减规律。　　　　(　　)

16. 当生产要素增加 10% 时,产量的增加小于 10% 的情况是存在规模收益递减。　　　　　　　　　　　　　　　　　　　　　　　　　　　　(　　)

17. 平均固定成本在所有产量上都是不变的。　　　　　　　　　　　(　　)

18. 规模收益递减意味着长期平均成本下降。　　　　　　　　　　　(　　)

19. 在短期内,所有生产要素均不能调整。　　　　　　　　　　　　(　　)

20. 在短期内,管理人员的工资属于可变成本。　　　　　　　　　　(　　)

二、选择题

1. 经济学分析中的短期是指(　　　　)。

A. 1 年之内

B. 5 年之内

C. 全部生产要素都可随产量而调整的时期

D. 只能根据产量调整可变成本的时期

2. 生产成本是由(　　　　)。

A. 显明成本加隐含成本构成　　　　　B. 显明成本加可变成本构成

C. 固定成本加可变成本构成　　　　　D. 固定成本加隐含成本构成

3. 某机器原来生产产品 A,利润收入为 200 元,现在改为生产产品 B,所花的人工、材料费为 1 000 元,则生产产品 B 的机会成本是(　　　　)。

A. 200 元　　　　B. 1 200 元　　　　C. 1 000 元　　　　D. 800 元

4. 在长期中,下列成本哪一项是不存在的(　　　　)。

A. 可变成本　　　B. 平均成本　　　C. 机会成本　　　D. 隐性成本

5. 不随产量变动而变动的成本称为(　　　　)。

A. 平均成本　　　B. 不变成本　　　C. 长期成本　　　D. 总成本

6. 经济学中的经济利润是指（　　）。

A. 总收益与显明成本之间的差额　　　B. 正常利润

C. 总收益与隐含成本之间的差额　　　D. 超额利润

7. 由企业购买或使用任何生产要素所发生的成本是指（　　）。

A. 显性成本　　　B. 隐性成本　　　C. 变动成本　　　D. 固定成本

8. 对应于边际报酬的递增阶段，STC 曲线（　　）。

A. 以递增的速率上升　　　　　　　B. 以递增的速率下降

C. 以递减的速率上升　　　　　　　D. 以递减的速率下降

9. 短期平均成本曲线成为 U 形的原因与（　　）有关。

A. 规模报酬　　　　　　　　　　　B. 外部经济与不经济

C. 要素的边际报酬　　　　　　　　D. 固定成本与可变成本所占比例

10. 生产 10 单位产品的总成本是 100 美元，第 11 单位产品的边际成本是 21 美元，那么（　　）。

A. 第 11 单位产品 TVC 是 21 美元

B. 第 10 单位产品的边际成本是大于 21 美元的

C. 11 个产品的平均成本是 11 美元

D. 第 12 单位产品的平均成本是 12 美元

11. 当边际成本小于平均成本时，产量的进一步增加将导致（　　）。

A. 平均成本上升

B. 平均可变成本可能上升也可能下降

C. 总成本下降

D. 平均可变成本一定是处于减少的状态

12. 长期平均成本曲线呈"U"形原因是（　　）。

A. 规模报酬的变化所致　　　　　B. 规模经济与规模不经济所致

C. 生产要素的边际生产率所致　　D. 固定成本与可变成本所占比重所致

13. 已知产量为 19 单位时，总成本为 195 元，产量增加到 20 单位时，平均成本为 10 元，由此可知边际成本为（　　）。

A. 5 元　　　　　B. 10 元　　　　　C. 15 元　　　　　D. 20 元

14. LAC 曲线是（　　）。

A. LMC ＜ LAC 时下降，而当 LMC ＞ LAC 时上升

B. 通过 LMC 曲线的最低点

C. 随 LMC 曲线下降而下降

D. 随 LMC 曲线上升而上升

15. MC 曲线与 AC 曲线相交于（　　）。

86

A. AC 曲线的最低点　　　　　　　　B. MC 曲线的最低点

C. AC 曲线上的任一点　　　　　　　D. MC 曲线上的任一点

16. 经济学中短期和长期划分取决于(　　)。

A. 时间长短　　　　　　　　　　　B. 可否调整产量

C. 可否调整产品价格　　　　　　　D. 可否调整所有生产要素

17. 边际成本低于平均成本时(　　)。

A. 平均成本上升　　　　　　　　　B. 平均成本下降

C. 边际成本下降　　　　　　　　　D. 平均可变成本上升

18. 长期总成本曲线是各种产量(　　)。

A. 最低成本点的轨迹　　　　　　　B. 最低平均成本点的轨迹

C. 最低边际成本点的轨迹　　　　　D. 平均成本变动的轨迹

三、名词解释

1. 机会成本　2. 隐含成本　3. 显明成本　4. 经济利润　5. 正常利润
6. 短期成本　7. 长期成本　8. 边际成本

四、问答题

1. 为什么短期平均成本曲线和长期平均成本曲线都是 U 形曲线?

2. 短期成本曲线包括哪些? 简述各种短期成本的形状特点?

3. 短期总成本曲线和长期总成本曲线是什么关系? 为什么?

五、计算题

1. 假定某企业的短期成本函数是 $TC(Q) = Q^3 - 8Q^2 + 10Q + 50$。

(1) 指出该短期成本函数中的可变成本部分和不变成本部分。

(2) 写出下列相应的函数:$TVC(Q)$　$AC(Q)$　$AVC(Q)$　$AFC(Q)$　$MC(Q)$

2. 假设某产品生产的边际成本函数是 $MC = 3Q^2 - 8Q + 100$,若生产 5 单位产品时总成本是 595,求总成本函数、平均成本函数、可变成本函数、平均可变成本函数。

第六章 厂商均衡理论

上一章主要从厂商内部探讨了厂商要素投入与产品产出的关系,本章将分析在不同的市场上厂商如何通过价格与产量的决定来实现利润的最大化,并对不同市场结构下的厂商均衡问题进行比较。

第一节 厂商收益和利润最大化

◆ **案例导入 6-1**

为什么银行晚上不营业

许多大商场和超市晚上仍开门营业,给白天工作的市民购物带来了极大的方便。但是,我们很少见到银行把工作时间延长到晚上。为什么银行晚上不营业呢?我们用边际分析理论解释这一问题。

我们知道,银行每延长1小时营业时间,就要支付1小时所耗费的成本,这些成本包括直接的物耗,比如水、电等,也包括由于延长工作时间而支付的员工加班费,这些由于延长工作时间而增加的成本就是边际成本。假如某银行营业时间延长1小时增加的成本为1万元,在延长的1小时里银行由于办理各种业务而增加的收益小于1万元,表明该银行每多延长1小时所增加的收益小于延长1小时营业时间所增加的成本。这时,对该银行来说,在不考虑其他因素的情况下,延长营业时间就是不明智的了,因为营业会造成亏损。相反,如果它延长1小时营业时间增加的成本是1万元,增加的收益大于1万元,这时,对该银行来说,延长营业时间会使利润增加。作为一个精明的经营者他一定会将营业时间延长到晚上,把该赚的钱赚到手。

银行客户主要是企事业单位和居民。银行为每一客户办理存贷款业务所付出的成本基本相同。但是,由于企事业单位每次所办理的存贷款数额较大,银行为它们办理存贷款业务所得到的收益显然要大于为居民办理小额存贷款业务的收益。企事业单位办理存贷款事项多在白天的上班时间。出于安全等因素的考虑,一些办理较大数额存贷款事项的居民也会选择白天的时间,这样,晚上去银行的客户通常是一些办理小额存贷款的居民,银行为他们办理各种业务所得到的收益不足以抵偿晚上营业所增加的成本,这就是为什么银行不愿晚上营业的经济学道理。

一、厂商收益

为了说明厂商在各种市场中如何决定产量和价格，需要首先介绍厂商收益及利润概念，以及实现利润最大化的条件。

厂商收益是指，厂商出售产品得到的全部货币收入，即价格与销售量的乘积。收益中既包括了成本，又包括了利润。这里要注意：收益并不等于利润，不是出售产品所赚的钱，而是出售产品所得到的钱。所得到的钱中，既有用于购买各种生产要素而支出的成本费用，也有除去成本费用后所余下的利润。

收益可以分总收益、平均收益和边际收益。

总收益（total revenue，简称 TR）。是厂商销售一定量产品所得到的全部收入，它等于产品单价（P）乘以销售数量（Q），可用公式表示为：

$$TR = P \cdot Q$$

平均收益（average revenue，简称 AR）。指厂商销售每单位产品所得到的平均收入，它等于总收益除以总产销量，就是单位产品的市场价格。平均收益可用公式表示为：

$$AR = TR/Q = P \cdot Q/Q = P \ (AR = P \ \text{在任何市场条件下都成立})$$

边际收益（marginal revenue，简称 MR）。是指厂商每增加或减少销售一单位产品所增加或减少的收入。可用公式表示为：

$$MR = \Delta TR/\Delta Q$$

或
$$MR = dTR/dQ$$

收益是产量与价格的乘积。所以，如果不考虑价格因素，收益就是产量。

以 P 代表价格，则总收益（TR）与总产量（TP）、平均收益（AR）与平均产量（AP）、边际收益（MR）与边际产量（MP）之间的关系应该是：$TP \cdot P = TR$，$AP \cdot P = AR$，$MP \cdot P = MR$。

如果假设价格 P 不变，不考虑价格的因素则有：$TP = TR$，$AP = AR$，$MP = MR$。

由以上可以得出，总收益、平均收益和边际收益的变动规律与曲线形状和前一章中所介绍的总产量、平均产量和边际产量的变动规律与曲线形状是相同的。

二、利润和利润最大化原则

利润是总收益与总成本的差额，当总收益超过总成本时，此超过额为厂商的利润；当总成本超过总收益时，此超过额为厂商的亏损。总收益超过总成本最大时，利润最大;总成本超过总收益最小时,亏损最小。设利润为 π,则有: $\pi = TR - TC$。

要注意,这里所说的利润是指超过正常利润的超额利润。用于企业家才能的成本费用是正常利润。按经济学家分析,正常利润是成本的一种。

厂商从事经济活动的目的,在于求得最大的利润,就是求得利润最大化。在经济分析中,利润最大化的原则是边际收益等于边际成本。

为什么在边际收益等于边际成本时能实现利润最大化呢?

如果边际收益大于边际成本,表明厂商每多生产一单位产品所增加的收益大于生产这一单位产品所增加的成本。这时,对该厂商来说,还有潜在的利润没有得到,厂商增加生产还有利可图。也就是说没有达到利润最大化。如果边际收益小于边际成本,表明厂商每多生产一单位产品所增加的收益小于生产这一单位产品所增加的成本。这时,对该厂商来说,就会造成亏损,更谈不上利润最大化了,因此厂商必然要减少产量。

所以,边际收益等于边际成本,即 $MR = MC$,是利润最大化的条件。

三、市场结构类型和利润最大化

利润是超过成本的余额,但是成本函数只是表明了厂商为可能生产的各种产量所支付的最低成本,并不能说明厂商将要确定什么样的产量水平。这是因为,厂商实现利润最大化的产量选择,不仅取决于它的成本条件,而且还取决于它的收益状况,或者说取决于它所面临的市场供求状况。

在不同市场条件下,市场的供求曲线是不同的。因此我们在了解 $MR = MC$ 这个利润最大化的一般条件基础上,还要具体分析在不同的市场条件下使厂商实现最大利润的均衡产量和均衡价格是如何决定的。

经济学家一般把市场分为完全竞争、完全垄断、垄断竞争和寡头垄断等四种类型,来分别考察价格决定和厂商均衡问题。这四种类型的市场和厂商的特点可列表如下:

表 6-1　市场类型的划分和特征

市场类型	厂商数目	产品差别程度	对价格控制的程度	进出一个行业的难易程度	接近哪种商品市场
完全竞争	很多	完全无差别	没有	很容易	一些农业品
垄断竞争	很多	有差别	有一些	比较容易	一些轻工产品、零售业
寡头垄断	几个	有差别或无差别	相当程度	比较困难	钢铁、汽车、石油
完全垄断	惟一	惟一的产品,且无相近的替代品	很大程度,但经常受到管制	很困难,几乎不可能	公用事业,如水、电

第二节　完全竞争市场上的厂商均衡

◆ **案例导入 6-2**

泛美航空公司的终结

竞争市场理论告诉我们,企业在短期内只要市场价格大于平均可变成本,它就会继续经营。但企业亏损的状态会迫使它通过资产处置来调整市场规模,如果还不能扭亏,企业可能会退出。下面我们看一个真实的例子。

1991 年 12 月 4 日是一个值得注意的日子,世界著名的泛美国际航空公司寿终正寝。这家公司自 1927 年投入飞行以来,数十年中一直保持国际航空巨子的骄人业绩。

但是对于了解内情的人来说,这个巨人的死亡算不上什么新闻:1980—1991年,除一年外,泛美公司年年亏损,总额接近 20 亿美元。1991 年 1 月,该公司正式宣布破产。在 1980 年出现首次亏损后,为什么不马上停止这家公司的业务,又是什么因素使这家公司得以连续亏损经营长达 12 年之久?

从经济学角度看,这是以市场供求曲线为基础的企业进出(市场)模式作用的结果。可变成本是随生产规模变化而变化的成本,按照企业进出模式,只要企业能够提出一个高于平均可变成本的价格并为顾客接受,那么不管该价格是否低于市场平均价格而必将导致企业亏损,这个企业的经营就算是有经济意义的,也就可以继续存在。

当然,企业要想在亏损情况下继续经营,必须通过出售其原有资产来维持。泛美公司在几十年的成功经营中积累了巨大的资产财富,足够它出售好一段时间的。自 20 世纪 80 年代起,这家公司先后卖掉了不少大型财产,包括以 4 亿美元的价格将泛美大厦卖给美国大都会人寿保险公司,国际饭店子公司卖了 5 亿美元,向美国联合航空公司出售太平洋和伦敦航线,还把位于日本东京的房地产转手。到 1991年末,泛美已准备将自己缩减成为以迈阿密为基地的小型航空公司,主要经营拉美地区的航线,而把其余全部航线卖给三角洲航空公司。换言之,在整个 80 年代,尽管泛美公司仍然坚持飞行,但同时已开始逐步撤出国际航空市场。

一、完全竞争市场的含义与条件

完全竞争(perfect competition)又称为纯粹竞争。完全竞争市场是指竞争充分而不受任何阻碍和干扰的一种市场结构。完全竞争市场必须具备以下条件:

1. **市场上有大量的卖者和买者**

作为众多参与市场经济活动的经济单位的个别厂商或个别消费者,单个的销售量和购买量都只占很小的市场份额,其供应能力或购买能力对整个市场来说是微不足道的。这样,无论卖方还是买方都无法左右市场价格,或者说单个经济单位将不把价格作为决策变量,他们是价格接受者。

2. 市场上的产品是同质的,即不存在产品差别

产品同质不仅指商品之间的质量、性能等无差别,还包括在销售条件、装潢等方面是相同的。

3. 资源完全自由流动

各种生产要素具有完全的流动性,不受任何限制。任何一个厂商可以自由地扩大或缩小生产规模,进入或退出某一完全竞争的行业。

4. 市场信息是畅通的

每一个厂商对市场价格了如指掌,既不按高价也不按低价出售产品。生产者和消费者都可以获得完整而迅速的市场信息,不存在供求关系以外的因素对价格的决定和市场竞争的影响。

显然,理论分析上所假设的完全竞争市场的条件是非常严格的,在现实的经济中没有一个市场真正具有以上四个条件,通常只是将某些农产品市场看成是比较接近的完全竞争市场类型。但是完全竞争市场作为一个理想经济模型,有助于我们了解经济活动和资源配置的一些基本原理,解释或预测现实经济中厂商和消费者的行为。

二、完全竞争厂商的需求曲线和收益曲线

1. 需求曲线

在任何一个商品市场中,市场需求是针对市场上所有厂商组成的行业而言的,消费者对整个行业所生产的商品的需求称为行业所面临的需求,相应的需求曲线称为行业所面临的需求曲线,也就是市场的需求曲线,它一般是一条从左上方向右下方倾斜的曲线。图 6-1(a)中的 D 曲线就是一条完全竞争市场的需求曲线,是向右下方倾斜的。

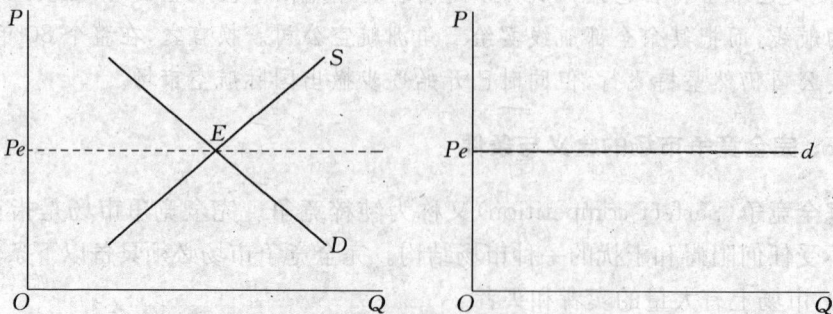

(a) 完全竞争市场的需求曲线   (b) 完全竞争厂商的需求曲线

图 6-1 完全竞争市场和完全竞争厂商的需求曲线

消费者对行业中的单个厂商所生产的商品的需求量,称为厂商所面临的需求量,相应的需求曲线称为厂商所面临的需求曲线,简称为厂商的需求曲线。在完全竞争条件下,厂商所面临的需求曲线是一条由既定的市场均衡价格出发的水平线。图6-1(b)中的 d 曲线就是一条完全竞争厂商的需求曲线,是一条与横轴平行的水平线。

2. 收益曲线

厂商收益就是厂商的销售收入。厂商的收益可以分为总收益、平均收益和边际收益。

由于完全竞争市场的一个基本特征是单个厂商无法通过改变销售量来影响市场价格,相反厂商每销售一单位的商品都接受相同的价格,也就是说厂商只能被动地接受价格。这样随着厂商销售量的增加,它的总收益是不断增加的。但由于商品的单位市场价格是固定不变的,所以总收益曲线是一条从原点出发的斜率不变的直线。

平均收益(AR)等于总收益与销售量之比。由于完全竞争市场厂商只能按既定价格出售,因此平均收益也等于商品的单位价格。即:

$$AR(Q) = \frac{TR(Q)}{Q} = \frac{P \times Q}{Q} = P$$

边际收益(MR)指厂商增加一单位产品销售所获得的收入增量。商品价格为既定时,边际收益就是每单位商品的卖价。即:$MR = \Delta TR(Q) / \Delta Q$

可见在完全竞争市场,厂商的平均收益与边际收益相等,且都等于既定的价格,或者说在任何销售量水平上都有:

$$AR = MR = P$$

相应可以绘出完全竞争厂商的收益曲线,如图 6-2 所示。

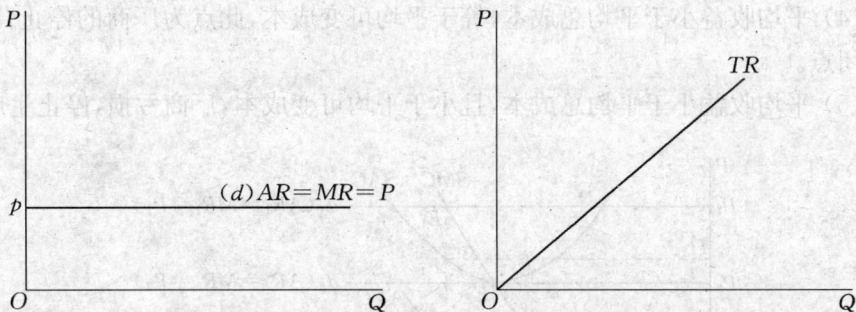

图 6-2　完全竞争厂商平均收益与边际收益曲线

图 6-2 中横轴表示厂商的销售量或所面临的需求量,纵轴表示商品的价格。图中的收益曲线具有如下特征:

完全竞争厂商的平均收益 AR 曲线、边际收益 MR 曲线与需求曲线 d 是重合的,是从既定价格出发的平行于横轴的一条水平线。这正是因为对于完全竞争厂商来说,在既定的市场价格下,任何销售量上都有 $AR = MR = P$。而完全竞争厂商所面临的需求曲线就是一条由既定的市场价格水平出发的水平线。同时也由于每一销售量上的边际收益值是相应的总收益曲线的斜率,且边际收益是不变的,等于既定的市场价格,所以决定了总收益曲线是斜率不变的直线。

三、完全竞争市场上的短期均衡

当厂商的生产水平保持不变,既不扩大也不缩小时,厂商达到并处于均衡状态。在短期里,不仅产品的市场价格是既定的,而且生产中的不变要素投入量是无法改变的,或者说厂商只能通过变动可变要素的投入量来调整产量,从而通过对产量的调整来实现 $MR = MC$ 的利润最大化均衡条件。在完全竞争的市场中,市场供给和需求相互作用形成的产品价格,可能高于、等于、低于厂商的平均成本,因此在短期内,厂商出售产品就有可能处于盈利、盈亏平衡或亏损等不同状态。完全竞争厂商短期均衡时的盈亏状态可以用下面图形来说明。

图 6-3 中成本曲线表示了厂商短期内既定的生产规模,从分析中可以看到,完全竞争厂商短期均衡的基本条件满足 $MR = MC$ 的原则,但不同的市场价格水平将直接影响既定规模下的厂商短期均衡的盈亏状况。

由图 6-3,厂商的短期均衡可分为以下五种情况:

(1)平均收益大于平均总成本,厂商有超额利润。

(2)平均收益等于平均总成本,厂商超额利润为零,但有正常利润。

(3)平均收益小于平均总成本,但大于平均可变成本,厂商亏损,但继续生产,因为此时,厂商能够收回全部不变成本和部分可变成本,生产比不生产好。

(4)平均收益小于平均总成本,等于平均可变成本,此点为厂商的停止营业点或关闭点。

(5)平均收益小于平均总成本,且小于平均可变成本,厂商亏损,停止生产。

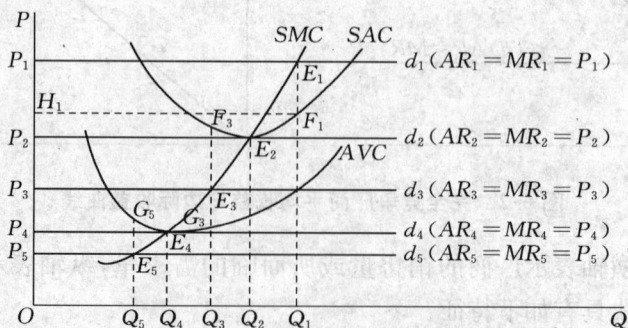

图 6-3 完全竞争厂商的短期均衡

综上所述,完全竞争厂商短期均衡的条件是:$MR = SMC$。

其中,$MR = AR = P$。短期均衡时,厂商可以获得最大利润,可以利润为零,也可以蒙受最小亏损。

四、厂商的短期供给曲线

1. 厂商短期供给曲线

前面的论证已经表明使厂商利润最大化的产量是由边际收益等于边际成本决定的,而在完全竞争市场上,厂商的产量并不会影响价格,它面对的需求是水平的,因此厂商多出售一单位产品所增加的收益就等于价格,即厂商的边际收益等于价格。于是厂商利润最大化的产量也决定于如下条件:

$$P = SMC(Q)$$

该式表明,完全竞争厂商为了获得短期最大利润,应该把最优产量确定在使商品的价格和边际成本相等的水平上。就是说在每一个短期均衡点上,厂商的产量与价格之间都存在着一种对应的关系。在图 6-3 中可以看到,根据 $P = SMC(Q)$ 或 $MR = SMC(Q)$ 的短期均衡条件,当商品市场价格为 P_1 时,厂商所选择的最优产量为 Q_1,当商品市场价格为 P_2 时,厂商所选择的最优产量为 Q_2,等等。由于每一个商品价格水平都是市场决定的,所以,在短期均衡点上商品价格与厂商的最优产量之间的对应关系可以明确地表示为以下的函数关系:

$$Qs = f(P)$$

式中,P 表示商品的市场价格,Qs 表示厂商的最优产量或供给量。

同时,在图 6-4 中还可以看到,根据 $P = SMC(Q)$ 或 $MR = SMC(Q)$ 的短期均衡条件,商品的价格和厂商的最优产量的组合点或均衡点 E_1、E_2、E_3、E_4,都出现在厂商的边际成本 SMC 曲线上。

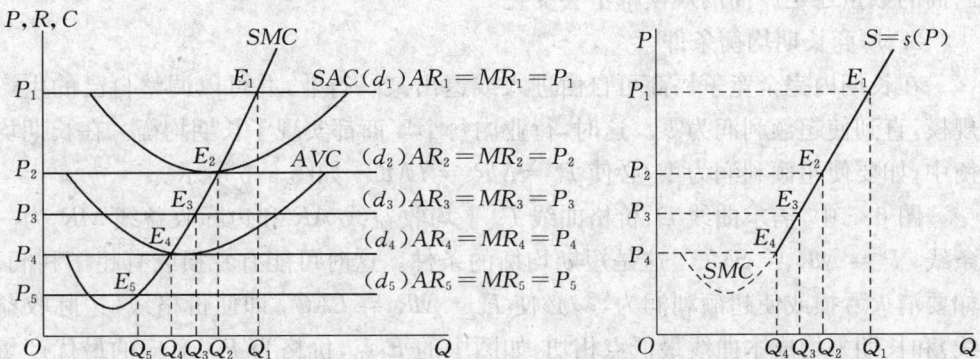

图 6-4 完全竞争厂商短期供给曲线

95

基于以上分析,可以得到如下结论:完全竞争厂商的短期供给曲线,就是完全竞争厂商的短期边际成本 SMC 曲线上等于和高于平均可变成本 AVC 曲线最低点的部分。毫无疑问,完全竞争厂商的短期供给曲线是向右上方倾斜的。图 6-4 中实线部分所示即为完全竞争厂商短期供给曲线。

2. 行业短期供给曲线

当我们得到完全竞争厂商的短期供给曲线,也就可以说明完全竞争行业的短期供给曲线了。任何一个行业的供给量都是该行业所有厂商供给量的总和。若假定生产要素价格是不变的,那么完全竞争行业的短期供给曲线就是由行业内所有厂商的短期供给曲线水平相加构成的,或者说把行业内所有厂商的等于和高于 AVC 曲线最低点以上的那部分 SMC 曲线水平相加,便可得到整个行业的短期供给曲线。正由于行业的短期供给曲线是单个厂商短期供给曲线水平相加,所以行业的短期供给曲线也是向右上方倾斜的。并且,该曲线上的每一点都表示在相应价格水平下能够使所有厂商获得最大利润或最小亏损的行业短期供给量。

五、完全竞争厂商的长期均衡

1. 厂商长期均衡的调整过程

在长期中,各个厂商都可以根据市场价格来调整全部生产要素的投入,通过调整自身的规模或进入或退出该行业以改变行业中厂商的数量,来消除亏损,或瓜分超额利润,直到超额利润为零,实现新的均衡,即长期均衡。当整个行业的供给小于需求时,均衡价格较高,厂商有超额利润,各厂商会扩大生产,其他行业的厂商也会转而涌入该行业,从而商品供给增加,价格水平下降,超额利润逐渐消失。反之,当整个行业的供给大于需求时,均衡价格较低,厂商的收益不能弥补其成本,各厂商会减少生产,甚至是退出该行业。从而商品供给减少,价格水平上升。最终,市场价格会达到一种使各个厂商既无超额利润,又无亏损的水平,这时无论是行业中厂商的数量还是厂商的规模都不会变化。

2. 厂商长期均衡条件

在长期内完全竞争厂商可自由进入或退出某一行业,并可以调整自己的生产规模,直到使超额利润为零。这时,行业内每个厂商都实现了长期均衡。在长期均衡中,如要使超额利润为零,必使 $P = MR = LMC$,如图 6-5 所示。

图 6-5 中,需求曲线 D、价格曲线 P、平均收益线 AR 和边际收益线 MR 为一条线;$P = MR = SMC$,这是短期均衡的条件。这时可能有亏损或有超额利润。如要消灭亏损或使超额利润为零,必使 $P = MR = LAC$,即使价格线(边际收益线)和长期平均成本曲线最低点相切,如图中的 E 点,价格为 P_0,对应的最优产量为 Q_0。在 E 点,因为 $P = MR = LMC$,所以厂商获得最大超额利润或亏损最小;

又因为 $P = MR = LAC$，即 $AR = LAC$，厂商既不亏损又无超额利润。同时，代表最优生产规模的 SAC、SMC 也经过 E 点。所以完全竞争厂商长期均衡条件是：

$$MR = LMC = LAC = SMC = SAC$$

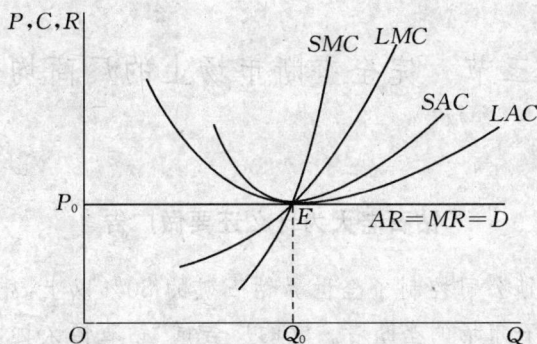

图 6-5 完全竞争厂商的长期均衡

在完全竞争市场上，厂商在短期可能获得超额利润，也可能遭受亏损，但在长期，厂商只能得到正常利润。由此，

完全竞争的短期均衡条件是：$P = MR = SMC$；

长期均衡的条件是：$P = MR = SMC = SAC = LMC = LAC$。

它们的区别是，短期均衡不要求价格等于平均成本，但在长期中要求它们相等。实现了长期均衡时，平均成本与边际成本相等。因为在边际成本与平均成本相等时平均成本最低，由于总成本是平均成本与产量的乘积，所以总成本也最低。这就说明了，在完全竞争条件下，可以实现成本最小化，从而取得的经济效率最高。

六、对完全竞争市场的评价

根据对完全竞争市场厂商均衡的分析，可以认为，在完全竞争的市场条件下，价格可以充分发挥其"看不见的手"的作用，调节整个经济的运行。通过这种调节可以实现：第一，社会供给与需求相等，使资源得到最优配置，生产者的生产不会有不足或过剩，消费者的需求也得到了充分满足。第二，在长期均衡时所达到的平均成本处于最低点，表明可以通过完全竞争与资源的自由流动，使生产要素的效率得到最有效的发挥。第三，平均成本最低决定了产品的价格也是最低的，这对消费者是有利的。从以上来看，完全竞争市场是理想的市场结构类型。

但完全竞争市场也有其缺点，主要表现在：第一，各厂商的平均成本最低并不一定是社会成本最低。第二，产品无差别，这样，消费者的多种需求无法得到满足。

第三,完全竞争市场上生产者的规模都很小,这样,他们没有能力去实现重大的科学技术突破,从而不利于科学技术发展和科技创新。第四,在实际经济生活中,完全竞争的情况是很少的,而且,一般来说,竞争也必然引起垄断。应该指出,对完全竞争市场的分析,为我们对其他市场的分析提供了一个理论基础。

第三节　完全垄断市场上的厂商均衡

◆ 案例导入 6-3

钻石老大为什么还要做广告

南非的德比尔斯公司控制了全世界钻石矿的80%以上,凭借这种资源优势,该公司成为世界钻石市场的垄断者。它的广告词"钻石恒久远,一颗永流传"已经家喻户晓。当它在英国伦敦舰队街的一座小楼上举行每年的钻石交易会时,不许买主有讨价还价的权力,谁要不接受它的一口价,下次就不许参加交易会。这样霸道的垄断者为什么还要做广告呢?

德比尔之所以作广告主要并不是由于它的垄断地位受到本行业之内来自俄罗斯和斯里兰卡(它们主要控制另外20%的钻石供给)的威胁,而在于它是一种无保障的垄断。也就是它们的垄断地位随时可能被打破。这些无保障垄断者在感到自己的地位受到威胁时,就要为未来可能的竞争,或阻止潜在竞争者进入而未雨绸缪,采取一些预防式竞争手段。

德比尔公司正处于无保障垄断者的地位,它可能的竞争对手不是来自潜在进入者(因为现在还看不出哪个地方能发现南非这么多的钻石,已知的钻石资源难以对它形成威胁),而是来自相近的替代品。与钻石类似的装饰品有翡翠、红宝石和蓝宝石等。这些其他宝石能否替代钻石取决于人们的评价。如果人们认为,钻石和其他宝石都有类似的装饰作用,可以满足自己炫耀性消费的欲望,或足以代表自己的身份,其他宝石就是钻石的相近替代品,德比尔的垄断地位就被打破了。这时,德比尔对钻石收取高价或采用不许讨价还价的霸道做法,就会使人们转向其他宝石。

但是,如果人们认为钻石有其他宝石所不能代替的独特之处,例如,只有钻石才能象征爱情的永恒,作为结婚或定情信物只能送钻戒,德比尔就可以保持钻石的高价,并在那座小楼里霸道下去。因此,德比尔做广告的目的就是要把钻石与其他宝石分开,让消费者接受钻石无可替代的观念,以确保自己的垄断地位。从现在德比尔在舰队街那座小楼里的霸道来看,这个广告是成功的。

德比尔的事例告诉我们两个重要道理。一是打破垄断的一个重要方法是扶植替代产品竞争者或潜在竞争者。当垄断者的地位受到威胁时,它会以提高自己的效率来未雨绸缪。二是垄断者自己要善于发现替代产品的出现和潜在竞争者,千万别在已有的垄断地位上作平安梦。

一、完全垄断市场的条件及其形成原因

完全垄断又称独占、卖方垄断或纯粹垄断,完全垄断市场结构是指一家厂商控制了某种产品全部供给的市场结构。在完全垄断市场上,具有以下特征:

1. 厂商数目惟一,一家厂商控制了某种产品的全部供给。完全垄断市场上垄断企业排斥其他竞争对手,独自控制了一个行业的供给。由于整个行业仅存在惟一的供给者,企业就是行业。

2. 完全垄断企业是市场价格的制定者。由于垄断企业控制了整个行业的供给,也就控制了整个行业的价格,成为价格制定者。完全垄断企业可以有两种经营决策:以较高价格出售较少产量,或以较低价格出售较多产量。

3. 完全垄断企业的产品不存在任何相近的替代品。否则,其他企业可以生产替代品来代替垄断企业的产品,完全垄断企业就不可能成为市场上惟一的供给者。因此消费者无其他选择。

4. 其他任何厂商进入该行业都极为困难或不可能,要素资源难以流动。完全垄断市场上存在进入障碍,其他厂商难以参与生产。

完全垄断市场和完全竞争市场一样,都只是一种理论假定,是对实际中某些产品市场的一种抽象,现实中绝大多数产品都具有不同程度的替代性。

垄断厂商之所以能够成为某种产品的惟一供给者,是由于该厂商控制了这种产品的供给,使其他厂商不能进入该市场并生产同种产品。形成垄断的原因一般有以下几方面:

(1) 对资源的独家控制。如果一家厂商控制了用于生产某种产品的全部资源或基本资源的供给,其他厂商就不能生产这种产品,从而该厂商就可能成为一个垄断者。

(2) 规模经济的要求形成自然垄断。如果某种商品的生产具有十分明显的规模经济性,需要大量固定资产投资,规模报酬递增阶段要持续到一个很高的产量水平,此时,大规模生产可以使成本大大降低。那么由一个大厂商供给全部市场需求的平均成本最低,两个或两个以上的厂商供给该产品就难以获得利润。这种情况下,该厂商就形成自然垄断。许多公用行业,如电力供应、煤气供应、地铁等是典型的自然垄断行业。

(3) 拥有专利权。专利权是政府和法律允许的一种垄断形式。专利权是为促进发明创造,发展新产品和新技术,而以法律的形式赋予发明人的一种权利。

专利权禁止其他人生产某种产品或使用某项技术,除非得到发明人的许可。一家厂商可能因为拥有专利权而成为某种商品的垄断者。不过专利权带来的垄断地位是暂时的,因为专利权有法律时效。在我国专利权的法律时效为 15 年,美国为 17 年。

(4)政府特许权。某些情况下,政府通过颁发执照的方式限制进入某一行业的人数,如大城市出租车驾驶执照等。很多情况下,一家厂商可能获得政府的特权,而成为某种产品的惟一供给者,如邮政、公用事业等。执照特权使某行业内现有厂商免受竞争,从而具有垄断的特点。作为政府给予企业特许权的前提,企业同意政府对其经营活动进行管理和控制。

二、垄断厂商的需求曲线和收益曲线

由于市场中只有一家厂商,垄断者所面临的需求曲线就是整个市场的需求曲线即一条向右下方倾斜的曲线,完全垄断的厂商是市场价格的决定者,市场价格随着自己供应量的变化而反方向变动。图 6-6 中的 d 曲线就是垄断厂商所面临的需求曲线。

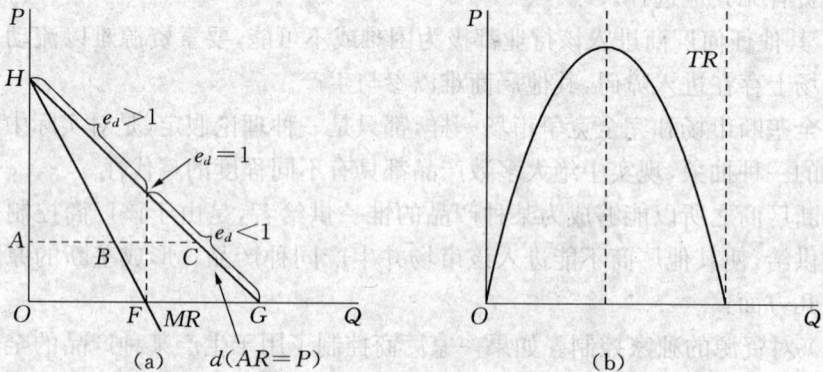

图 6-6 垄断厂商的收益曲线

厂商所面临的需求状况直接影响厂商的收益。在完全垄断市场中,厂商所面临的需求曲线与平均收益曲线重合,这表示在每一个销售量上厂商的平均收益都等于商品的价格。厂商的平均收益曲线与边际收益曲线并不是重合在一起的,边际收益曲线始终在平均收益曲线的下方。这是因为,厂商增加销量必然导致市场价格的下降,即最后销售的那个单位的产品价格必然低于其前面所售产品的价格,也就必然低于已销售的所有产品的平均价格。也就是说,厂商从每增加一个单位产品销售中所得到的边际收益 MR 是递减的,且在每一个销量下,都小于平均收益 AR。

三、垄断厂商的短期均衡

垄断厂商为了获得最大的利润,也必须遵循 $MR = MC$ 的原则。在短期内,垄断厂商无法改变不变要素投入量,垄断厂商是在既定的生产规模下通过对产量和价格的同时调整,来实现 $MR = SMC$ 的利润最大化的原则的。如图 6-7。

图中的 SMC 曲线和 SAC 曲线代表垄断厂商的既定的生产规模,d 曲线和 MR 曲线代表垄断厂商的需求和收益状况。垄断厂商根据 $MR = SMC$ 的利润最大化的均衡条件,将产量和价格分别调整到 Q_1 和 P_1 的水平。在短期均衡点至上,垄断厂商的平均收益为 FQ_1,平均成本为 GQ_1,平均收益大于平均成本,垄断厂商获得利润。单位产品的平均利润为 FG,总利润量相当于图中的阴影部分的矩形面积。

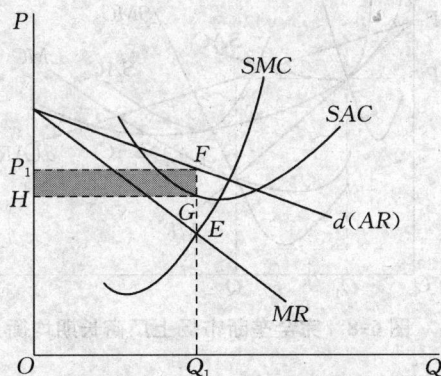

图 6-7　垄断厂商的短期均衡

完全垄断厂商尽管在生产上垄断了一个产品的供给,但在它实现短期均衡时,并不一定总能够获得超额利润,它也可能是亏损或者是不盈不亏的,这要取决于当 $MR = SMC$ 时的平均收益 AR 与平均成本 SAC 的关系。如果在短期既定的生产规模下成本过高,或厂商面对的市场规模过小,就会出现当 $MR = SMC$ 时,$AR \leqslant SAC$ 的状况,此时厂商无超额利润,或只获得正常利润或出现亏损。

与完全竞争的厂商相同,完全垄断的亏损厂商是否应继续生产,还要根据达到均衡时的平均收益曲线 AR 与平均变动成本曲线 AVC 的关系来确定,如果 $AR > AVC$,厂商可以继续生产,如果 $AR \leqslant AVC$,厂商应该停产。

由以上分析可知,完全垄断厂商短期均衡的条件为边际收益等于短期边际成本,公式为:

$$MR = SMC$$

四、完全垄断市场上的长期均衡

1. 垄断厂商的长期均衡

由于垄断产业只有一家厂商经营该产业的全部产品,不存在第二家企业,所以,即使垄断者存在超额利润(经济利润),在长期也不可能像完全竞争产业那样通过厂商间的竞争消除超额利润。因此垄断者的长期均衡是指垄断者在长期自己进行调整而达到的利润最大化的均衡。

2. 长期均衡的形成分析

在长期中,垄断厂商可以通过调节产量与价格来实现利润最大化。这时厂商均衡的条件是: $MR = LMC$ 和 $MR = SMC$,即 $MR = LMC = SMC$。可以用图 6-8 来说明这一点。

在图 6-8 中,假设垄断厂商现有设备的短期平均成本曲线为 SAC_1,为了赚得最大利润,他销售的产量是(MR 与 SMC_1 相交之点相应的)Q_1,销售价格为 P_1。因为在产量为 Q_1 时,$SMC_1 \neq LMC$,所以这样的均衡是短期均衡,而不是长期均衡。在长期内,他将扩大其厂房设备的规模,使产品产量增加。厂

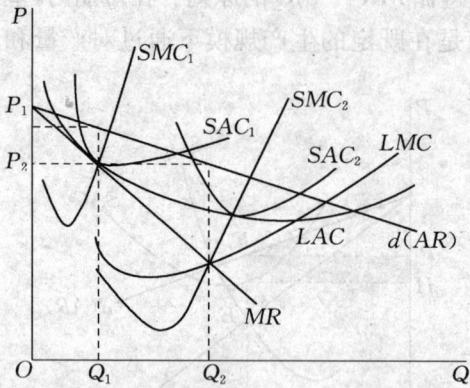

图 6-8 完全垄断市场上厂商长期均衡

商通过调整厂房设备增加产品产量,当产量增加到 Q_2 时,其短期平均成本曲线为 SAC_2,短期边际成本曲线 SMC_2 与 MR 相交,销售价格为 P_2,这时 $MR = LMC = SMC_2$,实现了长期均衡。完全垄断厂商短期均衡的条件是: $MR = SMC$,长期均衡的条件是: $MR = LMC = SMC$。长期均衡与短期均衡的区别是,后者不要求长期边际成本 LMC 与边际收益 MR 相等,而前者则要求它们相等。

通过上述图形分析说明,在短期中,垄断厂商无法调整全部生产要素,因此不一定能实现利润最大化。但在长期中,厂商可以调整全部生产要素,因此可以实现利润最大化,这时就可以产生垄断利润。

五、完全垄断厂商的价格歧视

价格歧视又称价格差别,是指完全垄断厂商对成本基本相同的同种商品在不同的市场上以不同的价格出售。由于同种商品的成本基本相同,这种价格差别并不是因为产品本身成本存在差别,因而带有歧视的性质。例如,供电部门根据不同时刻的需求确定不同的电价;医生根据病人的富有程度差异收取不同费用;公交公司对公共汽车的盈利线路和亏损线路实行不同的价格;航空公司根据旅游旺季和淡季实行不同的客运价;出口商品实行出口价和内销价等等,都可视为价格歧视。

实行价格歧视的目的是要获得经济利润(或称垄断利润)。要使价格歧视得以实行,一般须具备三个条件:

(1) 市场存在不完善性

当市场存在竞争信息不通畅,或者由于种种原因被分隔时,垄断者就可以利用这一点实行价格歧视。例如,美国图书出版商通常使图书在美国的销售价高于在

国外的销售价,这是因为国外的图书市场竞争更激烈,并且存在盗版复制问题。

(2)市场需求弹性不同

当购买者分别属于对某种产品的需求价格弹性差别较大的不同市场,而且垄断厂商又能以较小的成本把这些市场区分开来,垄断厂商就可以对需求弹性小的市场实行高价格,以获得垄断利润。国外航空公司将顾客分类为商务人员、游客等,以执行不同的票价。

(3)市场之间的有效分割

它是指垄断厂商能够根据某些特征把不同市场或同一市场的各部分有效地分开。比如公司可以根据国籍、肤色、语言的不同来区分中国人和外国人,对他们实行差别工资。市场有效分割的实质就是厂商能够防止其他人从差别价格中套利。

很明显,完全垄断市场具备上述条件,所以完全垄断厂商可以实行价格歧视。

第四节　垄断竞争市场上的厂商均衡

◆ **案例导入 6-4**

曼昆的《经济学原理》为何畅销

在国内外的教科书市场上,经济学教科书可谓品种繁多。然而,1998 年当美国哈佛大学教授曼昆推出《经济学原理》之后在美国初次印刷发行即达 20 万册,1999 年该书中文版问世后不到半年内也销售了 8 万册。在竞争激烈的经济学教科书市场上,曼昆的《经济学原理》为什么能一枝独秀? 这是因为经济学教科书市场是垄断竞争市场结构。

经济学教科书之所以是垄断竞争市场就在于这些教科书是有产品差别的市场。就国外比较流行的经济学教科书来说,有的以历史悠久和内容全面而著称,比如萨缪尔森和诺德豪森写的《经济学》。该书 1948 年出版第一版,以后的同类教科书均以其结构为范本;有的以理论体系严谨、内容有一定深度而受到欢迎,比如迈克尔·帕金的《经济学》;有的以通俗易懂,与电脑运用密切配合而畅销,比如奥沙利文和谢夫林的《经济学》等等。这类书的品种很多,但每一种都有自己的特色,并以这种特色占有一定份额市场,受到一部分消费者的欢迎。但由于这些教科书属同类产品,它们之间的竞争也十分激烈。曼昆的《经济学原理》能在这竞争激烈的市场上获得成功就在于他创造出了自己产品的特色。他注意到一些经济学教科书求全求严谨的缺点,因此在书中以通俗的事例、故事、政策分析来介绍深奥的经济学原理,使沉闷的经济学让人读起来轻松、愉快。与其他同类经济学教科书相比,《经济学原理》具有简明性、通俗性和趣味性的特色,曼昆以他那幽默风趣、流畅简练的文风写出了这样一本书,也就创造了自己的产品差别,出版后很快得到读者的认可,并在经济学教科书市场上大获成功。

在现实中符合完全竞争或垄断的严格条件的市场是极为罕见的,现实中的市场则主要是介于完全竞争和完全垄断之间的市场结构,我们称之为垄断竞争和寡头垄断的市场。

一、垄断竞争市场的含义及条件

垄断竞争是一种介于完全竞争和完全垄断之间的市场组织形式,在这种市场中,既存在着激烈的竞争,又具有垄断的因素。具体地讲,垄断竞争市场的条件主要有以下三点:

第一,产品差别。引起这种垄断竞争的基本条件是产品之间存在着差别性。这里所说的差别不是指不同产品之间的差别,而是指同种产品之间在质量、包装、牌号、销售条件甚至服务质量上的差别。这些差别使每个厂商都享有一部分顾客的偏爱和信任,从而,它们对产品价格起一定的影响作用。如果它们提高价格,不会失掉所有顾客。这与完全竞争不同。完全竞争厂商只要提高价格,就会失掉所有顾客。从这种意义上说,垄断竞争厂商是自己产品的垄断者。

但有差别的产品往往是由不同的厂商生产的,这些厂商的产品具有一定程度的替代性。这样,厂商之间为争夺更大利润而相互竞争。这与完全垄断不同。完全垄断厂商就是一个行业,因而,行业内不存在竞争。从这个意义上说,垄断竞争厂商又是竞争者。

第二,厂商数目较多。市场中存在着较多数目的厂商,彼此之间存在着较为激烈的竞争。由于每个厂商都认为自己的产量在整个市场中只占有一个很小的比例,因而厂商会认为自己改变产量和价格,不会招致其竞争对手们相应行动的报复。

第三,厂商进入或退出该行业都比较容易。资源流动性较强。

二、垄断竞争厂商的需求曲线和收益曲线

(一)需求曲线

由于在垄断竞争行业中厂商生产的产品都是有差别的替代品,因而市场对某一厂商产品的需求不仅取决于该厂商的价格——产量决策,而且取决于其他厂商对该厂商的价格——产量决策是否采取对应的措施。比如一个厂商采取降价行动,如果其他厂商不降价,则该厂商的需求量可能上升很多,但如其他厂商也采取降价措施,则该厂商的需求量不会增加很多。这样在分析垄断竞争厂商的需求曲线时,就要分两种情况进行讨论。

1. d 曲线

d 曲线表示:在垄断竞争生产集团中的单个厂商改变产品价格,而其他厂商的产品价格保持不变时,该厂商的产品价格与销售量之间的对应关系。因为在市场中有大量的企业存在,因而单个厂商会认为自己的行动不会引起其他厂商的反应,于是它便认为自己可以像垄断厂商那样,独自决定价格。这样,单个厂商在主观上就有一条斜率较小的需求曲线,称为主观需求曲线。

2. D 曲线

D 曲线表示:在垄断竞争生产集团中的单个厂商改变产品价格,而其他所有厂商也使产品价格发生相同变化时,该厂商的产品价格和销售量之间的关系。在现实中,一个垄断竞争厂商降低价格时,其他厂商为了保持自己的市场,势必也会跟着降价,该厂商因而会失去一部分顾客,需求量的上升不会如厂商想象的那么多,因而还存在着另外一条需求曲线,称之为客观需求曲线或实际需求曲线。

在图 6-9 中,垄断竞争厂商的主观需求曲线为 d_1,厂商最初的产量为 Q_1,最初的价格为 P_1,因而位于主观需求曲线上的 A 点。当该厂商将产品的价格由 P_1 下调至 P_2 后,按照其主观需求曲线 d_1,厂商预期其销售量将提高至 Q_2。但是,由于该厂商降价时,其他厂商也将采取同样的措施,以维护自己的市场占有率,因此,该厂商的销售量实际只有 Q_3,即介于 Q_1 和 Q_2 之间,厂商实际只能移动到 B 点。当厂商意识到这点之后,厂商的主观需求曲线就会做出相应的调整,改为通过 B 点的 d_2。相反,如果厂商将它的价格由 P_1 提高至 P_3,厂商按照主观需求曲线 d_1 会预期自己的需求量将降低至 Q_4,但由于其他厂商也同样采取提价措施,该厂商需求量的下降并不像预期的那么多,实际的需求量为 Q_5,即厂商实际移动到 C 点,厂商的主观需求曲线也将随之调整至通过 C 点的 d_3。根据客观需求曲线的定义,连结 A、B、C 三点的曲线 D 即是客观需求曲线。

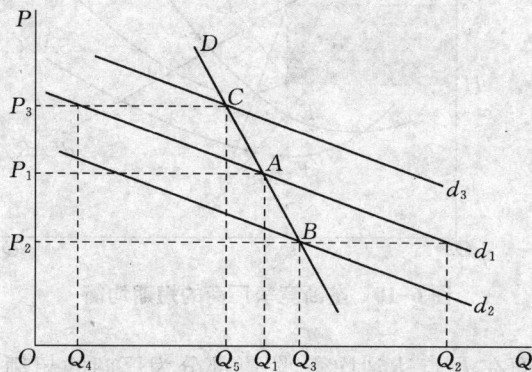

图 6-9　垄断竞争厂商所面临的需求曲线

3. d 曲线与 D 曲线的关系

当所有厂商同样调整价格时,整个市场价格的变化会使单个垄断竞争厂商 d 曲线沿着 D 曲线上下移动。

d 曲线表示单个改变价格时预期的产量,而 D 曲线表示单个厂商在每一价格水平实际面临的市场需求量或销售量,所以 d 曲线与 D 曲线相交,意味着垄断竞争市场的供求平衡状态。

客观需求曲线 D,更缺乏弹性,所以更陡峭一些,主观需求曲线弹性较大,较平坦些。

(二)收益曲线

由于厂商的平均收益 AR 总是等于该销售量时的价格 P,因此平均收益曲线就是厂商的需求曲线。需求曲线向右下方倾斜,则平均收益曲线也是向右下方倾斜的,且两线重合。平均收益递减,则边际收益必定也是递减的,并且小于平均收益。所以与垄断厂商类似,垄断竞争厂商的边际收益(MR)曲线也是位于平均收益 AR 曲线之下且较 AR 曲线更为陡峭。

三、垄断竞争厂商的短期均衡

每一个垄断竞争厂商在主观上,都想根据期望的需求曲线 d 决定其价格和销售量。但实际上,他们所能做到的还是由实际需求曲线 D 来决定的价格和销售量。而每一个厂商在制定价格和产量决策时,并不确切地知道自己所面临的实际需求曲线 D 的位置。只能依据期望的需求曲线 d 及与它对应的边际收益 MR 曲线来决定产量和价格,然后,经过不断调整使 $d = D$ 时达到均衡,如图 6-10 所示:

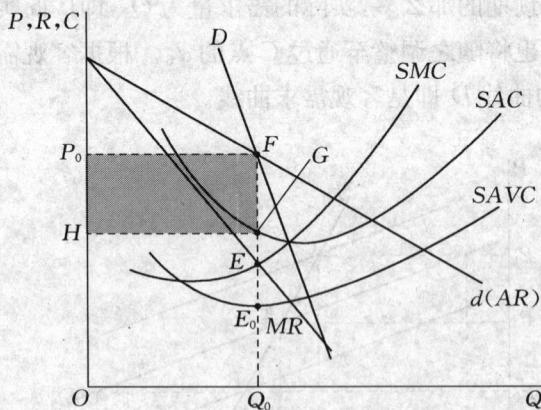

图 6-10　垄断竞争厂商的短期均衡

图 6-10 中,厂商在 E 点达到均衡,阴影部分为厂商的超额利润。厂商在实现短期均衡时,并非一定有超额利润,也可能只是实现了最小亏损,或只获得了正常

利润。

由以上分析可知,垄断竞争厂商短期均衡的条件是:边际收益等于短期边际成本,同时,期望需求等于实际需求,用公式表示为:

$$MR = SMC$$

$$d = D$$

四、垄断竞争市场上厂商的长期均衡

在长期中,垄断竞争的市场上也存在着激烈的竞争。各厂商可以仿照别人有特色的产品,可以创造自己有特色的产品,也可以通过广告来创造自己的需求,形成自己产品的垄断地位。当在短期内超额利润存在时,竞争的结果是存在替代性的各种差别产品的价格下降,可以通过图 6-11 来说明这种变动过程和结果。在图 6-11 中,厂商决定产量的原则仍然是边际收益等于边际成本,因此,由长期边际成本曲线(LMC)与边际收益曲线(MR)的交点 E 所决定产量是 OQ_0,由 Q_0 作一条垂线,这就是产量为 OQ_0 时的供给曲线。这条供给曲线与需求曲线 d 相交于 M,决定价格水平为 OP_0。这时的总收益是平均收益(价格)和产量的乘积,即图中 P_0MQ_0O 的面积。总成本等于平均成本与产量的乘积,实际也是图中的 P_0MQ_0O 的面积,总收益等于总成本,实现了厂商的长期均衡。

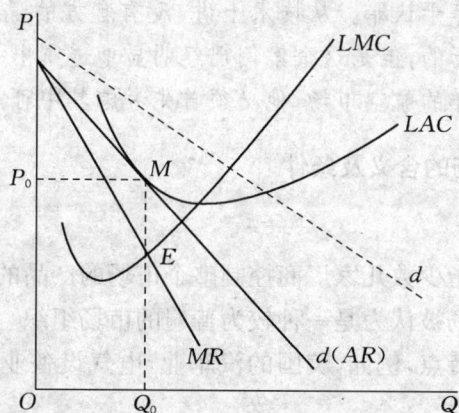

图 6-11　垄断竞争市场厂商的长期均衡

由此可见,在垄断竞争市场上,实现长期均衡时,边际收益等于边际成本,平均收益等于平均成本,在垄断竞争市场上厂商实现长期均衡的条件是:$MR = LMC$,$AR = LAC$。

第五节　寡头垄断市场上的厂商均衡

◆ **案例导入 6-5**

雷克航空公司的终结

1977 年,英国人弗雷迪·雷克开办了一家名为"雷克"的航空公司,经营从伦敦飞往纽约的航班,票价是 135 美元,远远低于当时的最低票价 382 美元。毫无疑问,其票价非常具有竞争力。事实证明,雷克公司成立后,发展非常迅速,到 1981 年,其年营业额达到 5 亿美元,连其竞争对手,一些老牌的世界知名航空公司也感受到了威胁。但是好景不长,到了 1982 年雷克公司破产,从此销声匿迹。

究竟发生了什么事? 原来包括泛美、环球、英航和其他航空公司在内的竞争对手们采取联合行动,一致大幅降低票价,甚至低于雷克,而且还达成协议,运用各自的影响力阻止各大金融机构向雷克公司贷款,使其难以筹措资金,导致了雷克公司的破产。一旦把雷克挤出市场,他们的票价马上回升到了原来的水平。

但弗雷迪并不甘心,他依照美国反垄断法提出诉讼,指责上述公司联手实施价格垄断,为了驱逐一个不愿接受其"游戏规则"的公司,不惜采用毁灭性价格来达到目的。1985 年 8 月,被告各公司以 800 万美元的代价同雷克公司达成庭外和解,雷克随即撤诉。

赔款达成和解不等于认罪。从技术上讲,没有官方的说法来认定雷克公司是被垄断价格驱逐出市场的,但是这个案例已经明显地透露出一个威胁信号,即如果谁企图加入跨越大西洋的航空市场,他必须首先考虑其中可能面临的破产威胁。

一、寡头垄断市场的含义及条件

1. 寡头垄断市场

寡头垄断市场是指少数几家厂商控制整个市场的产品的生产和销售的这样一种市场组织。寡头市场被认为是一种较为普遍的市场组织。西方国家中不少行业都表现出寡头垄断的特点,例如,美国的汽车业、电气设备业、罐头行业等,都被几家企业所控制。

2. 寡头垄断市场的条件

寡头垄断市场应该满足下列条件:

(1) 行业中厂商数量较少。因而每一个厂商在市场都有相当大的份额,当它改变自己的产量和价格时,会对市场的均衡价格和销售量产生影响,并且会影响竞争对手的利润。

108

（2）厂商所生产的产品可以是无差别的，也可以有差别。

（3）进入寡头垄断市场存在比较大的障碍，这种障碍表现在现有厂商比试图进入该市场的厂商在规模经济性、技术装备、获得政府特许、对投入要素的控制等方面中占据着优势。

寡头垄断市场的情况非常复杂，至今尚未有一套完整的理论模型。这里只介绍一下寡头垄断市场上如何决定产量和如何决定价格。

二、寡头垄断市场产量的决定

各寡头之间存在勾结与不勾结两种情况，这对产量的决定是不同的。

当各寡头之间存在勾结时，产量是由各寡头协商确定的，结果对谁更有利，则取决于各寡头实力的大小。这种协商可能是对产量的限定（如石油输出国组织对各产油国规定的限产数额），也可能是对销售市场的瓜分，即不规定具体产量的限制，而是规定各寡头的市场范围。当然，这种勾结只是暂时的，当各寡头的实力发生变化之后，就会要求重新确定产量或瓜分市场，从而引起激烈的竞争。

在不存在勾结的情况下，各寡头是根据其他寡头的产量决策来调整自己的产量，以实现其利润最大化的目的。这要根据不同的假设条件进行分析。经济学家曾作了许多不同的假设，并得出了许多不同的答案，如古诺模型，斯坦克贝模型，张伯伦模型、埃奇沃思模型、贝尔特兰模型、霍特林模型等。

三、寡头垄断市场价格的决定

在不存在勾结的情况下，价格决定的方法是价格领先制和成本加成法；在存在勾结的情况下，则是卡特尔。

1. 价格领先制

价格领先制是指一个行业的价格通常由某一寡头率先制定，其余寡头追随其后确定各自价格。领先定价者往往既不是自封的，也不是共同推选的，而是自然形成的。

作为价格领袖的寡头厂商一般有三种情况：

第一，支配型价格领袖。领先确定价格的厂商是本行业中实力最大的、具有支配地位的厂商。它在市场上占有份额最大，因此对价格的决定举足轻重。它根据自己利润最大化的原则确定产品价格及其变动，其余规模较小的寡头则根据这种价格来确定自己的价格以及产量。

第二，效率型价格领袖。在这种情况下领先确定价格的厂商是本行业中成本最低、效率最高的厂商。它对价格的确定也使其他厂商不得不随之变动。

第三，晴雨表型价格领袖。这种厂商并不一定在本行业中规模最大，也不一定效率最高,但它在掌握市场行情变化或其他信息方面明显优于其他厂商。这家厂商价格的变动实际上是首先传递了某种信息,因此,它的价格在该行业中具有晴雨表的作用,其他厂商会参照这家厂商的价格变动而变动自己的价格。

2. 成本加成法

寡头垄断厂商的定价方法通常是成本加成法。就是在核定平均成本的基础上,加上一个百分比或预期利润额来确定价格。例如,某产品的平均成本为 100 元,利润率为 10%,则此产品的价格就可以定为 110 元。平均成本可以根据长期成本变动的情况确定,而所加的利润率则要参照全行业的利润率来确定。这种定价方法是按利润最大化原则事先确定利润目标的定价,它能为市场所接受,是因为垄断组织控制着生产和市场销售的最大份额。

3. 卡特尔

卡特尔(Cartel)是生产同类产品的厂商,在划分销售市场、规定商品产量、确定商品价格等方面签订协定而成立的同盟。通过建立卡特尔,几家寡头企业,协调行动,共同确定价格,就有可能像垄断企业一样,使整个行业的利润达到最大。但由于卡特尔各成员之间的矛盾,有时达成的协议也很难兑现,或引起卡特尔解体。在不存在公开勾结的卡特尔的情况下,各寡头还能通过暗中的串通来确定价格。

四、寡头垄断市场的评价

寡头垄断市场在现实经济生活中是很重要的,它具有两个方面的优点。

1. 可以实现规模经济,从而降低成本提高经济效益。

2. 有利于科技进步。各个寡头为了在竞争中获胜,就要提高生产效率,创造新产品,这就成为寡头进行技术创新的动力。

寡头垄断市场的弊端是因为各个寡头之间进行勾结往往会抬高价格,损害消费者的利益和社会经济福利。

【复习思考题】

一、判断题

1. 产品有差别就不会有完全竞争。　　　　　　　　　　　　　　　　（　　　）

2. 在完全竞争市场上,任何一个厂商都可以成为价格的决定者。　　（　　　）

3. 在完全竞争市场上,整个行业的需求曲线是一条与横轴平行的直线。（　　　）

4. 在完全竞争市场上,个别厂商销售量的变动会影响市场价格的变动。（　　　）

5. 只有在完全竞争市场上,平均收益才等于边际收益,其他市场都不存在这

种情况。　　　　　　　　　　　　　　　　　　　　　　　（　　）

6. 在完全垄断市场上,边际收益一定大于平均收益。　　　　（　　）

7. 有差别的产品之间并不存在竞争。　　　　　　　　　　　（　　）

8. 在完全垄断市场上,一家厂商就是一个行业。　　　　　　（　　）

9. 寡头垄断市场的形成与产品是否存在差别并没有什么关系。（　　）

10. 由于寡头间可以进行勾结,所以它们之间并不存在竞争。 （　　）

11. 在完全竞争和完全垄断市场上,厂商实现长期均衡时,都可以获得经济利润。　　　　　　　　　　　　　　　　　　　　　　　（　　）

12. 完全垄断市场上,厂商短期可以获得经济利润,而长期就不能获得经济利润了。　　　　　　　　　　　　　　　　　　　　　　　（　　）

13. 完全竞争厂商的短期供给曲线是平均可变成本以上的那部分边际成本曲线。　　　　　　　　　　　　　　　　　　　　　　　　（　　）

14. 完全垄断市场短期均衡的条件是: $MR = MC$。　　　　　　（　　）

15. 垄断竞争市场上的产量高于完全垄断市场,价格却低于完全垄断市场。

　　　　　　　　　　　　　　　　　　　　　　　　　　　（　　）

二、选择题

1. 在完全竞争市场上,单个厂商的需求曲线是（　　　）。

A. 向右下方倾斜的曲线　　　　　B. 向右上方倾斜的曲线

C. 一条与价格轴平行的直线　　　D. 一条与价格轴垂直的直线

2. 假设在某厂商的平均收益曲线从水平线变为向右下方倾斜的曲线,这说明（　　　）。

A. 既有厂商进入也有厂商退出该行业　B. 完全竞争被不完全竞争所取代

C. 新的厂商进入了该行业　　　　　D. 原有厂商进入了该行业

3. 一个完全竞争厂商处于短期均衡的条件是（　　　）。

A. $AVC = MC$　　B. $AC = MC$　　C. $P = AC$　　D. $P = MC$

4. 在完全竞争市场上,超额利润存在的条件是（　　　）。

A. 市场价格高于厂商平均可变成本　B. 市场价格高于厂商的平均固定成本

C. 市场价格高于厂商平均成本　　　D. 市场价格等于厂商的平均成本

5. 假如在短期内某一完全竞争厂商的收益只能弥补它的可变成本,这表明该厂商（　　　）。

A. 继续生产将会出现更大的亏损　　B. 停止生产没有亏损

C. 退出生产　　　　　　　　　　　D. 继续生产

6. 假如一个完全竞争厂商的收益不能弥补可变成本,为了减少损失,它应该

（　　）。

    A. 减少生产   B. 增加生产   C. 提高价格   D. 停止生产

7. 在完全竞争市场上，厂商短期内继续生产的条件是（　　）。

    A. $AC = AR$ B. $AVC < AR$ 且 $AVC = AR$

    C. $AVC > AR$ 且 $AVC = AR$ D. $MC = MR$

8. 在完全竞争市场上，厂商的长期均衡条件是（　　）。

    A. $AR = LMC$ B. $AR = LAC$

    C. $MR = SMC = LMC$ D. $MR = AR = LMC = LAC$

9. 假定在某一产量水平上，某厂商的平均成本达到了最小值，这意味着（　　）。

    A. 边际成本等于平均成本   B. 厂商获得了最大利润

    C. 厂商获得了最小利润   D. 厂商的超额利润为零

10. 在完全垄断市场上，厂商的需求曲线（　　）。

    A. 与厂商的边际收益曲线重合   B. 与平行于数量轴的价格线重合

    C. 位于边际收益曲线的下方   D. 向右下方倾斜

11. 在完全垄断市场上，厂商的长期均衡条件是（　　）。

    A. $AR = LMC$ B. $MR = AR = LMC = SMC$

    C. $MR = AR = LMC$ D. $MR = LMC = SMC$

12. 形成垄断竞争市场最基本的条件是（　　）。

    A. 国家赋予特权   B. 只有几家厂商

    C. 完全信息   D. 产品差异

三、名词解释

    1. 完全垄断市场 2. 垄断竞争市场 3. 寡头垄断市场 4. 收支相抵点
5. 停止营业点

四、问答题

    1. 为什么垄断者利润最大化的产量水平是边际收益等于边际成本时？

    2. 成为垄断者的厂商可以任意定价，这种说法对吗？

    3. 比较完全竞争厂商的长期均衡与垄断厂商的长期均衡。

    4. 用图说明完全竞争厂商短期均衡的形成及其条件。

    5. 简述完全竞争市场的条件。

五、计算题

    1. 假设某完全竞争厂商的成本函数为：$TC = 2Q^3 - 5Q^2 + 10Q + 25$

（1）当价格 $P = 66$ 时，厂商的产量和利润是多少？

（2）当价格 $P = 14$ 时，厂商的产量和利润是多少？是否亏损？是否停止营业？

2. 已知某完全竞争行业的单个厂商函数为短期成本：$STC = 0.1Q^3 - 2Q^2 + 15Q + 10$，试求：

（1）当市场上产品价格为 $P = 55$ 时，厂商的短期均衡产量和利润。

（2）当市场价格下降为多少时，厂商必须停产？

（3）厂商的短期供给函数。

3. 设垄断厂商的产品的需求曲线为 $P = 12 - 0.4Q$，总成本函数 $TC = 0.6Q^2 + 4Q + 5$，求 Q 为多少时总利润最大，价格、总收益及总利润各为多少？

4. 某完全竞争厂商的成本函数为 $TC = Q^3 - 60Q^2 + 1500Q$，产品价格 $P = 975$. 求：

（1）利润为最大化时的产量、平均成本和利润。

（2）长期均衡时的价格和产量。

（3）若市场需求曲线为 $P = 9600 - 2Q$，问长期均衡时该行业中的厂商数量是多少（假设每个厂商都相同）？

5. 已知一个垄断性竞争企业的产品需求曲线是 $P = 11100 - 30Q$，该企业的生产成本函数为 $TC = 400000 + 300Q - 30Q^2 + Q^3$，决定该企业利润最大化的价格和产出是什么。

【写作训练】

试任意选择下列若干题目，进行小论文写作训练。注意：结合本章内容和经济实际，讲究文章布局结构，做到有理有据，逻辑严密，字数可掌握在 1000 字左右。

1. 浅议竞争的利弊。

2. 浅议垄断的利弊。

第七章 生产要素价格理论

生产要素的价格是各种生产要素所获得的报酬,是由生产要素的需求和供给共同决定的。本章从介绍生产要素的需求与供给开始,介绍工资、利息、地租的决定,最后说明社会收入分配的基本原则和方法。

第一节 生产要素的需求与供给

◆ **案例导入 7-1**

明星收入与经济学

明星这种特殊生产要素的高价格和高收入是由其供求关系决定的。在这种要素供给极为短缺时,决定明星价格的主要要素还是公众和厂商的支付愿望。生产要素所有者的收入是否合理取决于它的决定机制。如果这种高收入由政府人为决定,无论多少都不合理;如果这种高收入由市场决定,无论多少都合理。这是我们判断一种收入是否合理的标准。

明星的高收入公正吗?公正是平等的竞争过程的参与权。如果每一个想成为明星的人都可以从事演艺业,并参与和其他做明星梦的人竞争,结果只有极少数人成了高收入的明星,就没有啥不公平的。如果社会用各种手段限制人们进入演艺界,做明星梦的人们之间没有平等竞争权,这就不公平了。市场经济中明星们是竞争出来的,他们成功了,这就实现了公平。

明星的高收入有利于效率吗?作为一种激励制度,明星的高收入的确刺激了演艺业的效率。演艺业的效率就是充分利用资源,为社会提供更多更好的演出。高收入引起高效率的原因在于:第一,使更多人渴望成为明星,其中必有少数成功者。明星的增加会使演艺事业繁荣;第二,明星受高收入的激励,到处去表演,这就给公众带来更多的享受,给厂商带来更多的收入;第三,在竞争中,不断产生高水平的明星,明星的演艺水平不断提高。这些都繁荣了演艺事业。用经济学的语言说这就是效率的提高。

明星的高收入对社会也是有利的。他们不仅给人们带来更多更高的艺术享受,而且还会拉动经济增长。一场精彩的体育比赛或演唱会会给许多人带来就业机会,并由此拉动相关部门的经济增长。演艺业的活动被称为娱乐经济,它的产值已成为 GDP 的一个重要部分。没有明星,就没有娱乐经济的繁荣。

一、生产要素的需求

(一)生产要素需求的特征

1. 生产要素的需求是一种派生需求

厂商对要素的需求是由人们对要素所产出的产品的需求派生出来的。

对生产要素的需求来自于厂商。厂商对要素的需求不同于一般居民户对消费品的需求。居民户对消费品的需求是一种直接需求,是为了直接满足自己的消费欲望。厂商购买生产要素是为了用来生产产品以供应市场。所以,同居民户对产品的需求是取决于产品的效用不同,厂商对生产要素的需求取决于生产要素所具有的生产产品的能力。所以,经济学中把厂商对生产要素的需求称为派生的需求。派生需求在经济学上也称之为中间需求。

2. 生产要素的需求是一种联合需求

任何生产行为所需要的都不是一种生产要素,而是多种生产要素,各种生产要素之间在生产过程中是功能互补的。如果只增加一种生产要素而不增加另一种,就会出现边际收益递减现象。而且,在一定的范围内,各种生产要素也可以互相替代。生产要素之间是相互依存的,也就是说厂商必须同时购买多种生产要素才能满足生产需要。

(二)影响生产要素需求的因素

1. 生产要素的价格

在产品的需求中,产品自身的价格是影响其需求的主要因素。在生产要素需求中也不例外,因其价格的高低将直接决定着生产成本的高低与企业利润的多少。由于生产要素需求具有联合性,以及它们之间通常具有一定程度的替代性,厂商为了降低成本,必然会根据各生产要素的价格,在他们的合理替代范围内,选择一个最佳的生产要素配合比例。

2. 市场对产品的需求以及产品的价格

由于生产要素的需求具有派生性,是一种引致需求,所以从某种程度上,影响生产要素需求的一个主要因素就是市场上对该生产要素所能生产的产品的需求状况。如果市场上对某种产品的需求量大,而且该产品的价格高,那么市场上对生产该产品所需的生产要素的需求就要大。反之则小。

3. 生产技术状况

生产技术的状况决定着生产的方式与手段。在劳动密集型的技术条件下,必然要求生产中要投入更多的劳动,这样就会使市场上对劳动的需求增加;如果在资本密集型的技术条件下,在生产中对资本的要求就要多一些,而对劳动的需求就会少一些,由此市场上就会表现出对资本的强烈需求。所以生产技术的状况会影响生产要素需求的多少。

（三）完全竞争市场上厂商生产要素的需求

完全竞争厂商的生产要素需求量取决于要素的边际收益和边际成本，即 $MR = MC$。这一原则不仅适用于最优产品数量决定，也适用于最优生产要素使用量的决定，但由于生产要素价格形成特点，在生产要素决定中的边际收益和边际成本含义也有自己的特点。

1. 生产要素的边际收益——边际产品价值。

为了分析生产要素的边际产品价值，首先要引出边际生产力的概念。边际生产力是指厂商每增加一单位生产要素投入所增加的生产力。生产要素的边际生产力可用边际产品价值（简称 VMP）来表示。边际产品价值 VMP 是生产要素的边际产品 MP 和产品价格 P 的乘积，可用下式表示：$VMP = MP \cdot P$

式中，边际产品 MP 是指增加使用一单位生产要素所增加的产品，即 $MP = \Delta Q / \Delta L$。

表7-1是某个只使用劳动要素的厂商的边际产品价值的数据，表中第二列边际产品是根据边际收益递减规律假定的。图7-1是根据表7-1绘制的。

表 7-1 厂商的边际产品和边际产品价值

要素数量 L	边际产品 MP	产品价格 P	边际产品价值 VMP
1	10	2	20
2	9	2	18
3	8	2	16
4	7	2	14
5	6	2	12
6	5	2	10
7	4	2	8
8	3	2	6
9	2	2	4
10	1	2	2

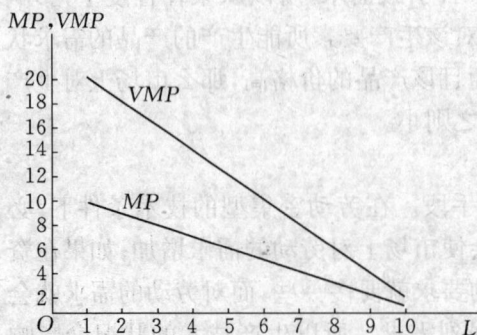

图 7-1 厂商的边际产品和边际产品价值

图 7-1 中，两条向右下方倾斜的曲线表明，边际产品和边际产品价值都随生产要素增加而不断下降。边际产品价值曲线的位置取决于边际产品和价格的变动。如果 $P > 1$，边际产品价值曲线在边际产品曲线上边；如果 $P < 1$，则边际产品价值曲线在边际产品曲线下面。

2. 生产要素的边际成本——要素

价格。

设所使用的劳动要素的价格即工资为 W，则使用要素的成本就可表示为：

$$C = W \cdot L$$

即成本等于要素价格和要素数量的乘积。其中，要素价格 W 是既定不变的常数。这是因为，在完全竞争条件下，要素买卖双方数量很多且要素毫无区别，任何一家厂商单独增加或减少其要素购买量都不会影响要素价格。换句话说，要素价格与单个厂商的要素使用量没有关系。由于要素价格为既定常数，使用要素的边际成本即成本方程对要素的导数恰好就等于劳动价格：

$$\frac{dC(L)}{dL} = W$$

它表示完全竞争厂商增加使用一单位生产要素所增加的成本。

3. 完全竞争厂商使用要素的原则

厂商使用要素的原则可以简单地表述为：使用要素的边际成本和相应的边际收益相等。根据上面的讨论，在完全竞争条件下，厂商使用要素的边际成本等于要素价格 W，而使用要素的边际收益是所谓边际产品价值 VMP，因此，完全竞争厂商使用要素的原则可以表示为：

$$VMP = W$$

或者

$$MP \cdot P = W$$

当上述原则或条件被满足时，完全竞争厂商达到了利润最大化，此时使用的要素数量为最优要素数量。

（四）不完全竞争市场上厂商生产要素的需求

不完全竞争市场上，对一个厂商来说，价格是变动的。因此，边际收益不等于价格。边际收益取决于生产要素的边际生产力与价格水平。这时，生产要素需求仍要取决于 $MR = MC$，因此，生产要素的需求曲线仍然是一条向下方倾斜的曲线。

完全竞争市场与不完全竞争市场的差别在于生产要素需求曲线的斜率不同，从而在同一生产要素价格下，对生产要素的需求量不同。一般而言，价格相同时完全竞争市场上的生产要素需求量大于不完全竞争市场。

二、生产要素的供给

生产要素的供给由要素的生产成本决定，更确切地说，是由要素的边际生产成本决定的。由于不同种类的生产要素各有自己的特点,性质差异很大,因而无法对其供给作一般的、普遍的说明。

生产要素的供给与产品的供给一样,由于各种生产要素来源和自然属性不同,其供给特点也各不相同,可以将其分为三类:第一类是自然资源,其市场价格高低只与需求大小有关,和供给相对无关。比如像土地这类生产要素。第二类是资本品,它是利用其他生产资源生产出来的,也和其他产品一样,这一行业的产品可能是另一行业的生产要素,比如汽车轴承,是轴承厂的产品,但它是制造汽车的部件。这种要素的供给与其他产品一样,供给量与其价格之间同方向变动,供给曲线向右上方倾斜。第三类是劳动,这类生产要素的供给有其特殊性,供给曲线是向后弯曲的曲线。

三、生产要素价格的决定

生产要素的价格与物品的价格一样,在完全竞争市场上是由要素的供求所决定的。根据以上对生产要素供求的分析,一般而言,生产要素的需求曲线向右下方倾斜,供给曲线向右上方倾斜,这样,就可以用图 7-2 说明生产要素价格的决定。

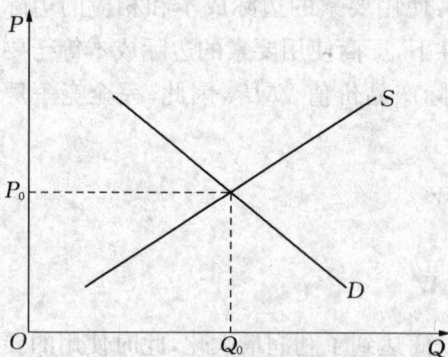

在图 7-2 中,生产要素的需求曲线 D 与供给曲线 S 相交,决定了生产要素的价格为 P_0,数量为 Q_0。这与物品价格和数量的决定完全一样。

但各种要素有不同的需求与供给特征,也有不同的市场结构。因此,各种要素价格与收入的决定亦有不同。以下介绍生产要素收入的决定。

图 7-2 生产要素价格的决定

第二节 工资、地租、利息的决定

◆ 案例导入 7-2

黑死病的经济学

14 世纪的欧洲,鼠疫的流行在短短几年内夺去了大约 1/3 人口的生命。这个被称为黑死病的事件为检验我们刚刚提出的要素市场理论提供了一个可怕的自然试验。我们来看看黑死病对那些幸运地活下来的人的影响。你认为工人赚到的工资和地主赚到的租金会有什么变动呢?

为了回答这个问题,我们来考察人口减少对劳动的边际产量和土地的边际产量的影响。在工人供给减少时,劳动的边际产量增加了。(这只是边际产量递减在相反方向起作用。)因此,我们估计黑死病提高了工资。

由于土地和劳动共同用于生产,工人供给减少也影响土地市场,土地是中世纪欧洲另一种主要生产要素。由于可用于耕种土地的工人少了,增加一单位土地所生产的额外产量少了。换句话说,土地的边际产量减少了。因此,我们可以认为黑死病降低了租金。

实际上,这两种预言都与历史证据相一致。在这一时期,工资将近翻了一番,而租金减少了50%,甚至更多。黑死病给农民阶级带来了经济繁荣,而减少了有土地阶级的收入。

一、劳动的供求曲线和工资的决定

劳动的供给曲线和劳动的需求曲线的交点决定了劳动的价格——工资。

1. 劳动的市场需求曲线

在完全竞争市场上,劳动的市场需求曲线取决于劳动的边际产品价值,劳动的市场需求曲线就是劳动的市场边际产品价值曲线。如图7-3所示:

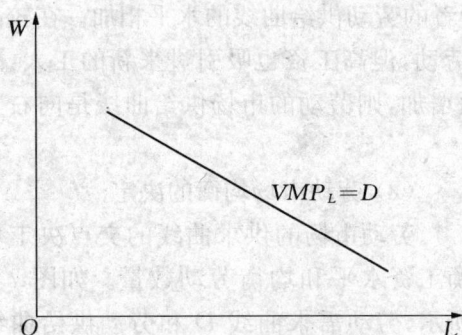

图7-3 劳动边际产品价值曲线

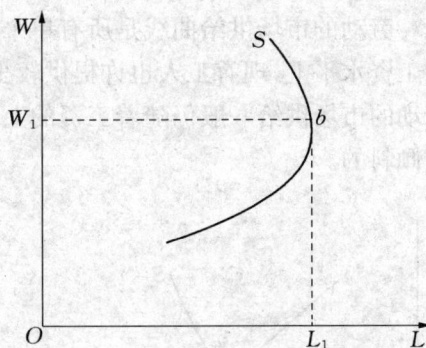

图7-4 单个劳动者的供给曲线

2. 单个劳动者的供给曲线

劳动的供给曲线是一条向后弯曲的曲线。这是因为在工资率较低时,闲暇的效用较小,工资率的提高对人们的诱惑很大,人们愿意放弃闲暇去工作,以提高生活水平,在这一阶段,劳动的供给量会随着工资率的上升而增加。但是,当工资率提高到一定程度后,闲暇的效用增加,闲暇的诱惑变大,而工资率的连续增加导致工资率的诱惑不断下降,工资率的增加会使得劳动者放弃部分工作时间以维持原有生活水平而去享受闲暇,在这一阶段,劳动的供给量会随着工资率的上升而减少。

如图 7-4 所示,在 S 曲线的 b 点以下部分表示工资较低时,随着工资的增长,消费者愿意提供的劳动量也增加,这段供给曲线斜率是正的,劳动供给曲线向右上方倾斜。当工资涨到 W_1 时,消费者的劳动供给量达到最大值 L_1。S 曲线的 b 点以上部分表示工资进一步提高,劳动供给量不仅不会增加,反而会减少,这段供给曲线的斜率是负的,劳动供给曲线从工资 W_1 处起向后弯曲。

劳动供给曲线向后弯曲的程度取决于工资率提高的替代效应和收入效应。

替代效应是指工资率越高,对牺牲闲暇的补偿越大,劳动者越愿意增加劳动供给以替代闲暇。收入效应是指工资率越高,个人的经济实力得以增强,包括闲暇在内的正常需要相应增加。当替代效应大于收入效应,劳动供给量随工资率的提高而增加,劳动供给曲线为正斜率,即向右上方倾斜。当收入效应大于替代效应,劳动供给量随工资率的提高而减少,劳动供给曲线为负斜率,即向左上方倾斜。

以上分析的是单个劳动者的供给曲线,整个劳动力市场的供给曲线是由各个劳动力的供给曲线汇总得到的。

3. 劳动的市场供给曲线和劳动市场均衡的决定

(1) 劳动的市场供给曲线

劳动的市场供给曲线是所有单个消费者的劳动供给曲线的水平相加。在较高的工资水平上,现有工人也许提供较少的劳动,但高工资也吸引进来新的工人,故劳动的市场供给一般仍随着工资的上升而增加,则劳动的市场供给曲线是向右上方倾斜的。

(2) 劳动市场均衡的决定

劳动市场的供求曲线的交点决定均衡工资水平和均衡劳动数量。如图 7-5 所示,劳动需求曲线 D 和劳动供给曲线 S 的交点是劳动市场的均衡点,决定了均衡工资水平为 W_0,均衡劳动数量为 L_0。

一般认为,在完全竞争市场上,当劳动的需求大于供给时,工资会上升,从而增加劳动的供给,减少劳动的需求;反之会增加劳动的需求。这正如价格的调节

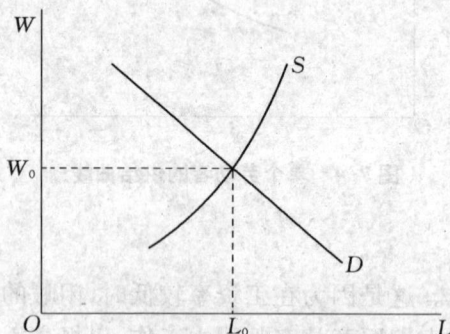

图 7-5　劳动市场均衡的决定

使物品市场实现供求相等一样,工资的调节也使劳动市场实现供求相等。

二、土地的供求曲线和地租的决定

土地的供给曲线和土地的需求曲线的交点决定了土地的价格——地租。

1. 土地供给曲线

经济学上的土地泛指一切自然资源,具体讲包括地面、矿藏和水域等。其特点为土地不能增加,也不会减少。土地不同于其他生产要素的最重要特点是土地供给量是固定的,完全无弹性,因此,土地供给曲线为一条垂线,如图 7-6 所示:

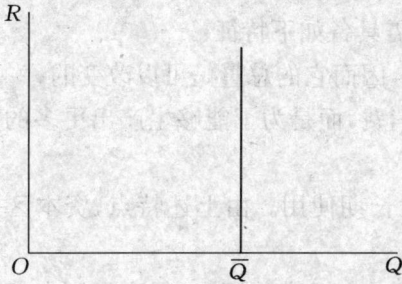

图 7-6　土地供给曲线　　　　　　图 7-7　土地需求曲线

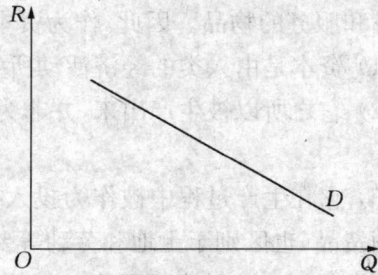

2. 土地需求曲线

地租由土地的需求与供给决定。土地的需求取决于土地的边际生产力,土地的边际生产力也是递减的。所以,土地的需求曲线是一条向右下方倾斜的曲线。如图 7-7 所示。

3. 地租的决定

在图 7-8 中,向右下方倾斜的土地需求曲线 D_{L0} 和垂直的土地供给曲线 S_L 交于点 E_0, E_0 就是土地市场的均衡点,它决定的土地均衡价格即均衡地租为 L_{P0}。因为土地供给量为既定常数,与地租水平的高低无关。因此,土地这一生产要素的价格只决定于土地需求曲线,即地租与土地需求同方向变化:土地需求增加,地租上涨;土地需求下降,地租下降。

4. 地租的发展趋势

随着经济的发展,人口数量的迅速增加,对农产品需求的增加,对土地的需求也不断增加,而土地的供给不能增加,这样,地租就有不断上升的趋势。这一点可用图 7-8 来说明:在图 7-8 中,土地的需

图 7-8　地租的决定

求曲线由 D_{L0} 移动到 D_{L1} 就表明土地的需求增加了,但土地的供给仍为 S_L, S_L 与 D_{L1} 相交于 E_1,决定了地租为 L_{P1}, L_{P1} 高于原来的地租 L_{P0},说明由于土地的需求增加,地租上升了。

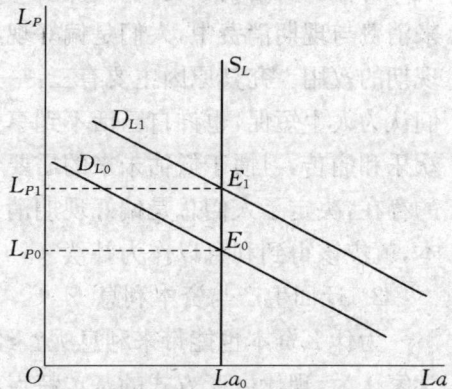

三、资本的供求曲线和利息的决定

资本的供给曲线和资本的需求曲线的交点决定了资本的价格——利息。

（一）资本与利息

资本是由经济制度本身所生产出来的并被用作投入要素以便进一步生产更多的商品和服务的物品。因此，作为资本必需具备如下特征：

（1）资本是由人类的经济活动所生产，因而它的总量是可以改变的；

（2）它之所以被生产出来，并非为了消费，而是为了能够生产出更多的商品和劳务；

（3）它在生产过程中被作为投入要素长期使用。由上述特点，资本区别于一般的消费品，也区别于土地和劳动等要素。

利息是资本这种生产要素的价格。资本家提供了资本，得到了利息。利息是用利息率来表示，利息率是利息在每一单位时间内（例如一年内）在货币资本中所占的比率。例如，货币资本为 1 000 元，利息为一年 100 元，则利息率为 10％，或称年息 10％。这 10％就是货币资本在一年内提供生产性服务的报酬，即这一定量货币资本的价格。

（二）利息的性质

经济学家从两个方面解释了为何资本要支付利息以及为何资本能够带来利息。

1. 时间偏好与资本利息

为什么要给资本支付利息呢？经济学家认为，人们具有一种时间偏好，即在未来消费与现期消费中，人们是偏好现期消费的，从而同一物品未来的效用总是低于现期的效用。究其原因主要有三：一是人们预期未来的物品稀缺性会减弱；二是人们认为人生短促，也许自己活不到享受未来物品的时候；三是人们不太重视未来的欢乐和痛苦，习惯于低估未来的需要、低估满足未来需要的物品的效用。时间偏好的存在，决定了人们总是偏好现期消费的。一旦人们放弃现期消费而把它变成资本，就应该得到利息以作为补偿。

2. 迂回生产与资本利息

为什么资本也能带来利息呢？经济学家用迂回生产理论来解释这一点。经济学家认为，现代生产方式的基本特点就在于迂回生产，即人们先生产机器设备和生产工具等资本品，然后再利用这些资本品去生产消费品。迂回生产能够提高生产效率，而且迂回的过程越长、生产效率越高。比如，人们最初直接依靠人力和畜力种植粮食，生产效率很低。现在，人们先发明了生产农用机械的机器设备，然后再使用这些设备去制造联合收割机等农用机械，最后用这些农用机械去种植农作物，生产效率大大提高。迂回生产的高效率,使得资本使用者获得的收益,除了补偿资本价值外,还能获得一个额外的余额。这个余额与资本原值的比,就是资本净生产力,又称为资本净生产率。因此,资本净生产力是资本利息的源泉。

(三)均衡利率的决定

在资本市场上,利息率取决于对资本的需求与供给。

资本的需求主要来自于企业,主要是指企业的投资需求。因此,可以用投资来代表资本的需求。资本市场上,对资本的需求来自厂商,即投资需求。资本的需求取决于资本的边际生产力,根据前述,生产要素的边际生产力递减,因此资本的需求曲线也向右下方倾斜。也可从投资的角度解释。企业的资本需求主要是企业的投资需求。企业借入资本进行投资,是为了实现利润最大化,这样投资就取决于利润率与利息率之间的差额。利润率越是高于利息率,纯利润就越大,企业也就越愿意投资。反之,利润率与利息率的差额越小,纯利润就越小,企业也就越不愿意投资。这样,在利润率既定时,利息率就与投资呈反方向变动,从而资本的需求曲线是一条向右下方倾斜的曲线。如图 7-9 中的 D 曲线所示。

资本的供给主要来自于消费者的储蓄,因此,可以用储蓄来代表资本的供给。资本供给来自于资本所有者牺牲的现期消费。人们进行储蓄,放弃限期消费目的是为了获得利息,增加预期的未来收入。利率越高,预期的未来收入越大,人们就越愿意储蓄;利率越低,预期的未来收入越小,人们就越要减少储蓄。这样,利率与储蓄之间呈同向变动,从而资本的供给曲线是一条向右上方倾斜的曲线。如图 7-9 中的 S 曲线所示。

利息率是由资本的需求与供给双方共同决定的。

如图 7-9 所示,可说明利息率的决定。

如图 7-9 所示,横轴 OK 代表资本量,纵轴 OI 代表利息率,D 为资本的需求曲线,S 为资本的供给曲线,这两条曲线相交于 E_0,决定了利息率水平为 I_0,资本量为 K_0。

应该指出的是,这里由资本的供求所决定的利率是"纯利率",它反映了资本的净生产力。但在资本市场上债权人对债务人所收取的利息中还包括了贷款时的风险收入。如不能偿还的风险,或者通货膨胀使货币贬值的风险等。这种包括风险收入在内的实际收取的利息称为借贷利息。这两种利息在量上是有差别的。

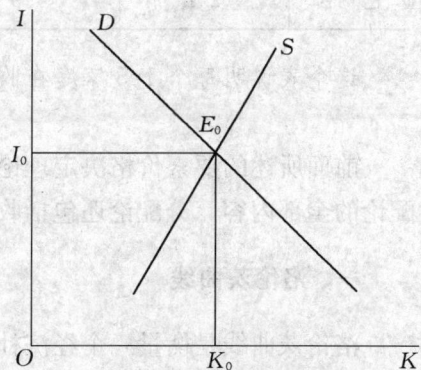

图 7-9　利息率的决定

第三节　社会收入分配平等程度的衡量

◆ 案例导入 7-3

世界各国的收入不平等

下表比较了美国和其他 6 个主要国家的收入分配。这些国家的排序从最平等到最不平等。该表的最上端是日本,最富的 1/5 人的收入只是最穷的 1/5 人的 4 倍左右。该表的最下端是巴西,最富的 1/5 人的收入是最穷的 1/5 人的 30 多倍。虽然所有国家都有相当大的收入不平等,但各国的不平等程度并不一样。

当各国根据不平等排序时,美国大约排在中间。美国最穷的 1/5 人赚到了总收入的 4.7%,相比之下日本为 8.7%,巴西为 2.1%。美国的收入分配几乎和英国的收入分配相同。这两个国家经济制度的相似性反映在收入分配的相似性上。

世界各国的收入不平等

国　别	最低 1/5	第二个 1/5	中间 1/5	第四个 1/5	最高 1/5
日　本	8.7	13.2	17.5	23.1	37.5
韩　国	7.4	12.3	16.3	21.8	42.2
中　国	6.4	11.0	16.4	24.4	41.8
美　国	4.7	11.0	17.4	25.0	41.9
英　国	4.6	10.0	16.8	24.3	44.3
墨西哥	4.1	7.8	12.3	19.9	55.9
巴　西	2.1	4.9	8.9	16.8	67.5

这个表说明每个 1/5 家庭在收入分配中得到的税前收入的百分比。

前面所述的要素价格决定理论是分配论的一个重要组成部分,但并不构成分配论的全部内容。分配论还包括收入分配的不平等程度的研究。

一、洛伦茨曲线

洛伦茨曲线是衡量一个经济社会收入分配和财产分配平等程度的方法,是由美国统计学家 M. O. 洛伦茨于 1905 年提出来的。它是根据大量的统计资料,通过对经济社会各阶层人的收入占国民收入的份额进行测定而得出的。具体做法是:

1. 根据年收入由低到高对所有人口进行排队,并把人口分为 5 个集团,各占人口总数的 20%。

2. 计算每个集团所占的收入份额。

3. 将人口累计百分比与收入累计百分比的对应关系,描述在图形上,便得到洛伦茨曲线。

表 7-2　某国国民收入分配统计资料

人口累积	收入累积
0%	0%
20%	3%
40%	7.5%
60%	29%
80%	49%
100%	100%

由表 7-2 可作图 7-10

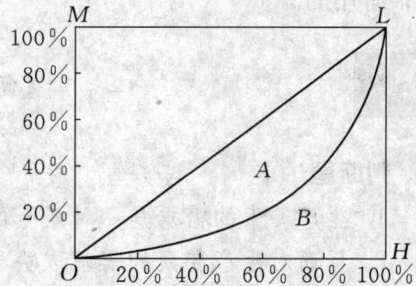

图 7-10　该国的洛伦茨曲线

在图 7-10 中,横轴 OH 代表人口百分比,纵轴 OM 代表收入百分比。OL 为 45 度线,在这条线上,每 20% 的人口得到 20% 的收入,表明收入分配绝对平等,称为绝对平等线。OHL 表示收入分配绝对不平等,是绝对不平等线。根据上表所作的反映实际收入分配状况的洛伦茨曲线介于这两条线之间。洛伦茨曲线与 OL 越接近,收入分配愈平等。洛伦茨曲线与 OHL 越接近,收入分配愈不平等。如果把收入改为财产,洛伦茨曲线反映的就是财产分配的平均程度。

洛伦茨曲线的弯曲程度反映了收入分配的不平等程度。弯曲程度越大,收入分配越不平等,绝对不平等线为折线 OHL;弯曲程度越小,收入分配越平等,完全平等线为对角线 OL。

二、基尼系数

基尼系数是意大利统计学家基尼根据洛伦茨曲线提出的一个衡量收入分配不平等程度的指标。

如果我们把图 7-10 中实际收入线与绝对平均线之间的面积用 A 来表示,把实际收入线与绝对不平均线之间的面积用 B 来表示,则基尼系数的公式为:

$$基尼系数 = A/(A+B)$$

当 $A=0$ 时,基尼系数等于零,这时收入绝对平均。

当 $B=0$ 时,基尼系数等于一,这时收入绝对不平均。

实际基尼系数总是大于零而小于一。基尼系数越小,收入分配越平均;基尼系数越大,收入分配越不平均。

按国际上通用的标准,基尼系数小于 0.2 表示绝对平均,0.2～0.3 表示比较平均,0.3～0.4 表示基本合理,0.4～0.5 表示差距较大,0.5 以上表示收入差距悬殊。

运用洛伦茨曲线与基尼系数可以对各国收入分配的平均程度进行对比,也可以对各种政策的收入效应进行比较。作为一种分析工具,洛伦茨曲线与基尼系数是很有用的。

【复习思考题】

一、判断题

1. 生产要素的需求是一种派生的需求和联合需求。　　　　　　　(　)

2. 厂商对生产要素的需求取决于生产要素的边际生产力。　　　(　)

3. 在竞争的要素市场中,对于单个厂商来说,要素价格是常数。　(　)

4. 边际产品价值等于边际收益乘以边际产量。　　　　　　　　(　)

5. 工资上升,劳动供给量总是增加。　　　　　　　　　　　　(　)

6. 在市场经济中,收入分配不平等具有一定的必然性。　　　　(　)

7. 洛伦茨曲线的位置可以说明收入分配的不平均程度。　　　　(　)

8. 基尼系数越大,收入分配越平均。　　　　　　　　　　　　(　)

9. 基尼系数等于 0 时,洛伦茨曲线变成了一条直线。　　　　　(　)

10. 土地供给量随着地租增加而增加,因而土地供给曲线是一条向右上方倾斜的曲线。　　　　　　　　　　　　　　　　　　　　　　　　(　)

11. 甲乙两国的基尼系数分别为 0.1 和 0.2,那么甲国的收入分配要比乙国平等。　　　　　　　　　　　　　　　　　　　　　　　　　　(　)

12. 某项政策实施前,基尼系数为 0.68,该政策实施后,基尼系数为 0.72,则该政策实施的目的有助于分配平等化。　　　　　　　　　　　　(　)

二、选择题

1. 某一时期科技进步很快,人们越来越倾向于资本密集型生产方式,这将导致(　)。

A. 劳动的供给曲线向右移动　　　　B. 劳动的需求曲线向右移动

C. 劳动的供给曲线向左移动　　　　D. 劳动的需求曲线向左移动

2. 在市场经济中(　)。

A. 劳动得到工资　B. 资本得到利息　C. 土地得到地租　D. 都对

3. 洛伦茨曲线代表了(　)。

A. 贫困的程度　　　　　　　　　　B. 税收体制的效率

C. 收入不平等的程度　　　　　　　D. 税收体制的透明度

4. 如果收入是平等分配的,则洛伦茨曲线与( )。

A. 横轴重合　　　　　　　　　　B. 45°对角线重合

C. 纵横重合　　　　　　　　　　D. 难以确定

5. 如果收入是完全平等分配的,基尼系数将等于( )。

A. 1.0　　　　　B. 0.5　　　　　C. 0.25　　　　　D. 0

6. 在完全竞争市场上,生产要素的边际收益取决于( )。

A. 该要素的边际生产力　　　　　B. 该要素的平均收益

C. 该要素的平均水平　　　　　　D. 该要素的边际成本

7. 随着工资水平的提高( )。

A. 劳动的供给量会一直增加

B. 劳动的供给量会一直减少

C. 劳动的供给量先增加,但工资提高到一定水平后,劳动的供给量不仅不增加,反而会减少

D. 劳动的供给量增加到一定程度后就不会增加也不会减少了

8. 厂商对劳动的需求主要取决于( )。

A. 工资率　　　　　　　　　　　B. 劳动的边际收益产品

C. 劳动在生产中的重要性　　　　D. 劳动的供给量

9. 劳动供给曲线最终向后弯曲的原因是( )。

A. 人们最终厌恶劳动　　　　　　B. 人们本来是喜爱劳动的

C. 工资上升的收入效应　　　　　D. 工资上升的替代效应

10. 使地租不断上升的原因是( )。

A. 土地的供给与需求共同增加　　B. 土地的供给不断减少,而需求不变

C. 土地的需求日益增加,而供给不变　D. 土地的需求和供给共同减少

三、名词解释

1. 要素的边际生产力　2. 边际产品价值　3. 劳动的供给曲线　4. 洛伦茨曲线　5. 基尼系数

四、问答题

1. 简述生产要素需求的特征。

2. 什么是资本? 作为生产要素它有什么特点?

3. 劳动的供给曲线是如何确定的? 为什么?

4. 简述洛伦茨曲线和基尼系数的关系。

五、计算题

假定劳动的市场需求曲线为 $D_L = -10W + 150$,劳动的供给曲线为 $S_L = 20W$,其中 S_L、D_L 分别为劳动市场供给、需求的人数,W 为每日工资,问:在这一市场中,劳动与工资的均衡水平是多少?

第八章　市场失灵与政府调节

前面各章中,我们主要分析了市场机制在调解社会资源配置与产品产量中的作用。这些分析表明,市场机制能够使资源得到最有效的配置。但是,市场机制不是万能的,它不可能调节人们经济生活的所有领域。对于市场机制在某些领域不能有效起作用的情况,我们称为市场失灵。本章将分析市场失灵的几种情况:垄断、外部性、公共物品和非对称信息,以及相应的微观经济政策。

第一节　垄　　断

◆ **案例导入 8-1**

政府对垄断的干预

美国联邦法官 2002 年 4 月 3 日宣判微软违反反垄断法罪名成立,在此之后关于微软命运的猜测一直是业界的热门话题之一。美国司法部和 17 个州政府 4 月28 日正式向法庭要求,将电脑软件巨无霸微软一分为二。这是美国政府 1982 年通过法律程序成功分拆电话公司 AT&T(被判要求在 1984 年退出市话市场)以来,对涉嫌垄断的公司采取的最严厉惩罚。在处罚建议方案中,控方建议把微软分拆成两家公司,一家经营操作系统(包括视窗 95、视窗 98、视窗 2000、视窗 NT 等产品),另一家则经营微软的应用软件业务(包括微软办公室、OutlookExpress、Frontpage、微软网络浏览器等产品),他们还同时要求禁止这两家公司在 10 年内进行合并。美国司法部之所以要拆分微软,目的是要打破微软在电脑软件方面的垄断坚冰。

一、垄断存在的原因

垄断是一家厂商控制了一个行业的全部供给的市场结构。从垄断产生的原因来分析,垄断的存在主要有以下几个方面内容:

第一,规模经济的需要。规模经济(economy of scale)是指平均成本随着产量的增加趋于下降的情形。由规模经济引起的垄断,一般称为"自然垄断"。如自来水、煤气、电力供应和污水处理等,在这些行业内,很容易形成自然垄断。

第二,控制某些稀缺资源。如某一企业控制了某种原料的供应或者拥有受专利保护的知识产权,就会使其他企业无法与之竞争。

第三,拥有商品的专卖权。分为两种情况:一是政府垄断,即国家享有对某几种商品的专卖权,如邮政业务、电信业务、铁路运输业务等;二是私人垄断,即私人拥有对某种商品的专卖权,如独家经营的烟、酒业等。

二、垄断导致低效率

垄断尽管会带来规模经济,降低产品成本,促进科学研究和采用新技术,从而有助于生产力的发展,但同时又会产生以下四个问题:

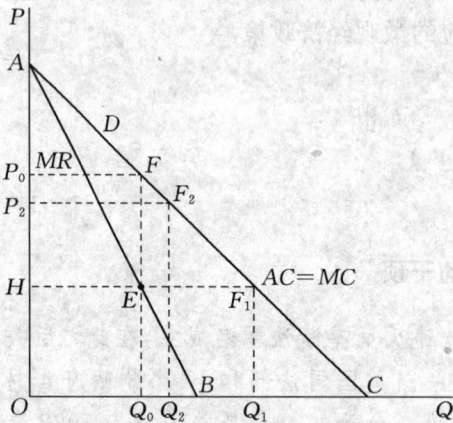

图 8-1 垄断与低效率

第一,生产资源的浪费。图 8-1 中,AC 为需求曲线 D,AB 为边际收益线 MR,为分析简单起见,假定平均成本等于边际成本且固定不变,即水平直线 HF_1 为边际成本线 MC 和平均成本线 AC。按垄断厂商均衡条件,最大利润产量应为 Q_0。产量较低且价格较高,即 $Q_1 > Q_0$,$P_0 > H$。垄断厂商可以通过限制产量来抬高商品的价格,造成生产资源的浪费。

第二,社会福利的损失。垄断厂商实行价格歧视,消费者付出的价格高,使消费者剩余减少,这种减少则是社会福利的损失。

第三,收入分配的不平等。垄断者凭借其垄断地位就可以获得超额利润,这种垄断利润的获得,不仅阻碍了垄断行业科学技术的进步,也加剧了社会收入分配的不平等。

第四,寻租行为的产生。寻租就是用各种方法得到获得租金的特权。租金原来是指地租,以后泛指各种生产要素的租金。当某种生产要素需求增加而供给难以增加时,产生的差价就是租金。例如,人们更愿意看精彩的足球赛,但优秀足球运动员有限,这时他们获得的高收入中有一部分就是租金。在现代经济学中当供给被人为限制时,所产生的额外收入称为租金。引起租金的供给限制来自政府的权力,所以,寻租就是我们通常所说的"钱权交易"。例如,垄断能带来超额利润。这种超额利润来自于垄断者对供给的限制,可称为租金。垄断的形成是由于进入限制。这种限制或来自于自然条件或来自于立法。法律是人制定的,通过游说或贿赂立法者而获得垄断的权力就是一种寻租活动。

寻租活动并不创造财富，它不提供任何物品或劳务，也没有增加 GDP。所以，寻租也称为"直接非生产性营利活动"，它的后果是浪费了资源，这种资源的浪费不仅无利反而有害。

寻租妨碍了正常的市场竞争，有损于经济效率。而且，寻租败坏了社会风气，甚至会引起政治动乱。

三、反垄断政策和反垄断法

为了矫正垄断造成的市场失灵，政府可以采取反垄断政策。

1. 行业的重新组合。政府可以分解原有的垄断厂商，可以扫除进入垄断行业的障碍，可以为进入厂商提供优惠的入行条件。

2. 对垄断行为的限制。对垄断行为的限制，重点在于消除进入壁垒，鼓励更多的厂商参与竞争。对不执行反垄断规定的厂商，政府采取为受害者支付赔偿金或采取向垄断厂商实行经济处罚等手段进行制裁，对情节严重者可移交司法部门惩处。

3. 反垄断法（又称反托拉斯法）。政府对垄断的干预通常主要是通过法律形式，制定反垄断法来控制垄断价格，限制垄断产量。

西方很多国家都不同程度地制定了反托拉斯法，其中，最为突出的是美国。从 1890 年到 1950 年，美国国会通过一系列法案，反对垄断。其他西方国家中也先后出现了类似的法律规定。美国的这些反托拉斯法规定，限制贸易的协议或共谋、垄断或企图垄断市场、兼并、排他性规定、价格歧视、不正当的竞争或欺诈行为等，都是非法的。美国反托拉斯法的执行机构是联邦贸易委员会和司法部反托拉斯局。前者主要反对不正当的贸易行为，后者主要反对垄断活动。

第二节　外　部　性

一、外部性的定义及分类

在微观经济学的分析中，一般都假定单个厂商或家庭的经济行为不影响其他厂商或家庭的经济行为，即不存在外部性。然而，在现实中，外部性几乎存在于经济生活的各个方面。

所谓外部性，也称外部效应或溢出效应，是单个家庭或厂商的经济活动对其他家庭或厂商所带来的外部影响。外部性问题最早是由著名福利经济学家庇古发现并提出的。萨谬尔森和诺德豪斯给外部性下的定义是："当生产或消费对其他人产生附带的成本或收益时，外部经济效果便发生了"，"外部经济效果是一个经济主体的行为对另一个经济主体的福利所产生的效果,而这种效果并没有从货币或市场交易中反映出来。"

1. 外部经济和外部不经济

根据外部性的影响,可以分为外部经济和外部不经济。

外部经济也称"内权外溢",是一个经济主体的经济活动导致其他经济主体无偿地获得额外经济利益。例如,一个农家为保护其田地不受风害,建了一条防护林带,此防护林带不但保护了自己的田地,也保护了别人的田地,这种内权外溢的现象就是外部经济。

外部不经济也称"嫁祸于人",是一个经济主体的经济活动导致其他经济主体蒙受的额外经济损失。一个工厂不按规定排放废水,节省了自己的成本,但危害了别人的权益,这种嫁祸于人的现象就是外部不经济。

外部性与私人成本和私人收益之间存在密切的联系。私人成本和私人收益是指,一种经济活动给活动者自己带来的损失和好处;社会成本和社会收益是指,一种经济活动给社会带来的损失和好处。如果一种经济活动的社会收益大于私人收益,产生了外部经济;如果一种经济活动的社会成本大于私人成本,产生了外部不经济。

2. 生产的外部性和消费的外部性

根据外部性产生的原因,可以分为生产的外部性和消费的外部性。

生产的外部经济。当一个生产者采取的经济行动对他人产生了有利的影响,而自己却不能从中得到报酬时,便产生了生产的外部经济。

消费的外部经济。当一个消费者采取的行动对他人产生了有利的影响,而自己却不能从中得到补偿时,便产生了消费的外部经济。

生产的外部不经济。当一个生产者采取的行动使他人付出了代价而又未给他人以补偿时,便产生了生产的外部不经济。

消费的外部不经济。当一个消费者采取的行动使他人付出了代价而又未给他人以补偿时,便产生了消费的外部不经济。

上面的分析可以看出:外部性是一种人为的活动;外部性应该是在某项活动以外派生出来的影响。不包括故意行为,例如,抢劫就不能算作是外部性。外部性包括对生态环境等与社会福利有关的一切的影响。

二、外部性对资源配置的影响

外部性的存在造成社会脱离最有效的生产和消费状态,使市场经济机制不能很好地实现其优化资源配置的基本功能。

(一)生产中的外部性

1. 外部经济对资源配置的影响

当存在外部经济时,生产者和消费者没有获得全部的社会收益,产量和消费量就会低于社会的最优水平,使得潜在的生产和消费能力不能充分发挥出来,造成资源配置的低效率。下面以种植花草为例讨论生产中的外部性及影响:

图 8-2 中,横坐标表示美化的数量,纵坐标表示美化的价格。MPB(marginal private benefit)表示种花人的边际私人收益,MEB(marginal external benefit)表示种花给邻居带来的边际外部收益,MSB(marginal social benefit)表示种花的边际社会收益,并且 $MSB = MPB + MEB$。当种花人没有考虑到自己的行动给邻居带来正的外部性时,根据 $MC = MPB$ 的个人福利最大化原则,他选择的数量为 Q_1。由于种花人的产量为 Q_1,而最大社会福利产量

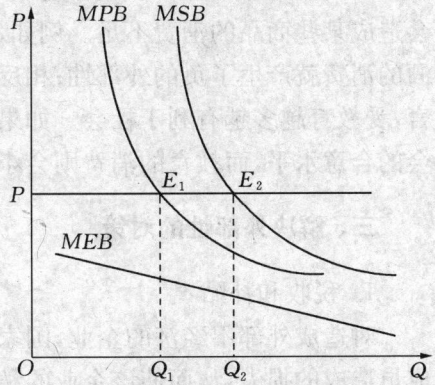

图 8-2　种植花草的外部经济

为 Q_2,即 $Q_1 < Q_2$,故当经济行为有外部经济时,将引起生产不足,造成资源配置的低效率。

2. 外部不经济对资源配置的影响

当存在外部不经济时,生产者和消费者没有偿付生产和消费行为过程中的全部成本,就会过多地生产和消费产品,使产量和消费量超过社会要求的最优水平。即外部性使竞争市场资源配置的效率受到损失。

下面以生产中的外部性为例讨论外部性问题及后果:

假设一个化工厂向附近的河里排放污水,损害了河流下游的农田,使农民遭受损失。图 8-3 中,横坐标表示化工厂产品产量,纵坐标表示成本与化工厂产品的价格,该厂商处在完全竞争的市场中。设化工厂生产的边际成本为 MC,化工厂向河里倾倒污水给农民造成损失的边际外部成本为 MEC,因此化工厂的边际社会成本为 $MSC = MC + MEC$。当化工的市场价格为 P 时,在不考虑企业所造成的外部性的情况下,其利润最大化的产出水平为 Q_1;但从企业造成的社会边际成本 MSC 来看,最优的产出水平应为 Q_2。由于 $Q_1 > Q_2$,即 Q_1 造成的污染大于 Q_2。故当经济行为有外部不经济时,将引起生产过多,造成资源配置的低效率。

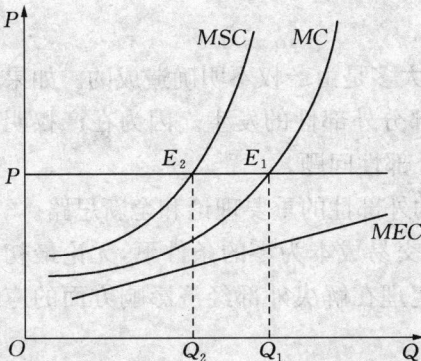

图 8-3　化工厂生产的外部不经济

综上所述,无论是外部经济还是外部不经济,均使产量水准偏离最适产量,而使经济效率降低,资源配置不当。

(二)消费中的外部性

消费行为的外部不经济会造成某些商品的消费过度,而消费行为的外部经济会造成某些商品的消费不足。例如,如果消费者喜爱酒后开车并危及别人的性命,酒的消费就产生了负的外部性;相反,教育的消费会产生正的外部性,因为通常而言,受教育越多越有利于社会。如果完全由市场来引导消费,酒的消费就会超过社会的合意水平,而教育的消费则会小于社会的合意水平。

三、解决外部性的对策

1. 税收和补贴

对造成外部不经济的企业,国家应该征税,其数额应该等于该企业给社会其他成员造成的损失,从而使该企业的私人成本恰好等于社会成本。例如,在生产污染情况下,政府向污染者收税,其税额等于治理污染所需要的费用。反之,对造成外部经济的企业,国家则可以采取补贴的办法,使得企业的私人利益与社会利益相等。无论是何种情况,只要政府采取措施使得私人成本和私人利益与相应的社会成本和社会利益相等,则资源配置便可达到帕累托最优状态。

2. 企业合并

当一个厂商生产影响另一厂商,如果影响是外部经济,则前一个厂商会由于给其他厂商增添效益而自己无法收回,使自己的生产低于社会最优水平;如果影响是外部不经济,则第一厂商的生产就会高于社会最优水平。但是,如果把这两个企业合并为一个企业,则此时的外部影响就"消失"了,即被"内部化"了。合并后的单个企业为了自己的利益将使自己的生产确定在其边际成本等于边际收益的水平上。而由于此时不存在外部影响,故合并企业的成本与收益就等于社会的成本与收益。于是资源配置达到相对的帕累托最优状态。

3. 产权界定与科斯定理

在许多情况下,外部性导致资源配置失当,大多是由产权不明确造成的。如果产权完全确定并能得到充分保障,就可杜绝一部分外部性的发生。因为在产权明确的条件下,通过市场交易就可以解决一部分外部性问题。

科斯定理是一种产权理论,是解决经济活动外部性的重要理论和全新思路。

科斯定理指出,只要产权是明确的,那么在交易成本为零的条件下,无论最初的产权赋予谁,最终结果都是有效率的。科斯定理在解决外部经济影响方面的应用可以由下面的例子加以说明。

甲和乙是大学同学住同一间宿舍,甲喜欢安静,而乙则喜欢收听迪斯科音乐。

显然,乙给甲施加了外部成本。第一种可能,如果甲忍受或者乙不听音乐,他们都无法忍受,比如说损失是 100 元;另一种可能是乙购买耳机,价格为 10 元。根据科斯定理,假如学校规定甲有权保持安静,他可以要求乙不要干扰他。这时,乙为了能继续收听音乐,只好花 10 元买一个耳机。

科斯定理进一步指出,最初权利的规定对最终结果并不是至关重要的。如果学校规定,乙有权听音乐,那么甲在不堪忍受迪斯科音乐(噪音)的情况下,要么忍受,要么与乙谈判,给乙出钱买一个耳机。如果甲是理性的,他会选择花费 10 元给乙买耳机。可见,最终的结果仍然是乙戴上耳机听音乐,噪音污染由此得到消除。

科斯定理在解决外部经济影响问题上的政策含义是,政府无须对外部经济影响进行直接的调节,只要明确施加和接受外部成本或利益的当事人双方的产权,就可以通过市场谈判加以解决。

需要说明的是,科斯定理隐含的条件却限制了其在实践中的应用。首先,谈判必须是公开的、无成本的,这在大多数外部经济影响的情况下是很难做到的。例如,在上面的例子中,如果乙有权听音乐而又非常不愿意合作,结果未必就是乙戴耳机收听音乐。其次,与外部经济影响有关的当事人只能是少数几个人。在涉及多个当事人的条件下,不仅谈判成本增加,而且"免费搭便车"又会出现。因此,科斯定理并不能完全解决外部经济的影响问题。

第三节 公 共 物 品

一、公共物品的性质

产品按其在市场表现分为私人物品和公共物品。私人物品是指那些具有竞争性和排他性,能够通过市场达到资源有效配置的产品。公共物品是指具有非竞争性和非排他性,不能依靠市场力量实现有效配置的产品。

(一)公共物品的特点

公共物品的非竞争性是指,对于任何一给定的公共品的产出水平,增加额外一个人的消费,不会引起生产成本的任何增加,即消费者人数的增加所引起的边际成本趋于零。如对于航行的指路灯塔来说,多增加一艘来往的船只一般不会增加灯塔成本。公共物品的消费之间,不存在竞争关系。

公共物品的非排他性是指,不论一个人是否支付这种产品的价格,他都可以使用这种产品。这种产品提供给全社会所有人,任何人都可以从中收益。即一个人消费产品的同时不排斥其他人对同一种产品的共同消费。诸如环境、国防、警察、公交运输、广播电视、灯塔等，不管人们是否对环境工程做出贡献，每个人都得益于清洁的空气。公共物品的消费之间，不存在排斥关系。

（二）公共物品的分类

根据非竞争性与非排他性的程度，公共品可以划分为纯公共品、准公共品和公共资源三类。

1. 纯公共品是指同时具有非排他性和非竞争性，或由于技术原因排他成本过高，因而事实上无法排他的公共品，例如国防、法治与环境等。

2. 准公共品是在一定程度上具有非竞争性，但可以排他的物品，如观众未坐满的电影院、不拥挤的火车等。

3. 公共资源是指有竞争性但无排他性的产品。这些产品的特点是无排他性，甚至在使用者不多的情况下也不存在竞争性，只有使用者数量充分多时才具有竞争性，例如有过多人放牧的草场、公共绿地等。

另外，有些产品具有混合特性，其性质因情况而异。例如，报纸在家里就是私人品，在办公室就是准公共品，而在街头的读报栏又成了公共品。此外，不同的国家对公共品的界定标准也有不同。如教育，不同国家对于义务教育的实施阶段有不同的界定。

二、公共物品与市场失灵

微观经济学相关知识告诉我们，有效的生产水平必须满足边际成本等于边际收益这一利润最大化的条件。公共物品的非竞争性意味着边际成本几乎等于零，那么边际收益也应为零，如果边际收益为零，那意味着产品应该免费提供，显然这在私人品市场上是不可能发生的。公共物品的非排他性，决定公共物品不适宜由私人生产，因为不能排他，使收费变得十分困难，"免费搭车"在所难免，生产者的收益难以保证。因此，公共品的特性，使其较难通过市场由私人提供。

所谓搭便车（free rider），即"免费搭车"，是指某人不进行购买，完全依赖他人对公共物品生产成本的支付就可以消费某种物品。搭便车问题的产生，源于公共产品的非排他性和非竞争性，因为如果一个人支付的费用与他的消费无关或关系很小，那么，这个人就不会为这种物品支付任何费用。换言之，如果一个人不用购买就可以消费某物品，他就决不会去购买。

由于搭便车问题的存在，产生了市场失灵，即市场无法使公共产品的供给和分配达到最优状态。

公共产品的非排他性，使得通过市场交换获得公共产品的消费权力机制失灵。(1)对厂商而言，必须把那些不付钱的人排斥在消费品之外，否则，他就很难弥补生产成本。(2)对消费者而言，公共产品一旦被生产出来，每一个消费者都可以不支付就获得消费权力,每一个消费者都可以"搭便车"。消费者的这种行为意味着生产公共产品的厂商很有可能得不到抵补生产成本的收益,在长期,厂商不会提供这种物品,这使公共产品很难由私人提供。

公共产品的非竞争性说明,尽管有些公共产品的排他性可以很容易做到,如在桥头设立收费站,但这样做并不一定有效率。依照有效率的条件,厂商的定价原则应该是价格等于边际成本,如果桥梁由私人部门提供,它们会索要等于边际成本的费用,既然每辆车花费厂商的边际成本接近于零,那么厂商的价格也应该等于零,结果私人不可能供给这些产品。

显然,公共物品的存在是市场失灵的又一个重要原因,很多靠市场无法生产的公共物品,只能由政府通过税收提供给社会的所有成员。

三、公共资源的保护

(一)过度捕捞的治理

对许多产权比较模糊的公共资源来说,外部性往往带来资源不恰当的、过度的使用。公共资源是指那些无排他性,但使用者数量充分多时就具有竞争性的物品。如空气、鱼类、土地、森林、野生动物、矿藏开发等。在现实生活中,我们常常可以看到公海里的鱼类被过度捕捞,森林被过度砍伐,野生动物被毁灭性地猎杀,矿产资源被掠夺性地开发……这些都是公共资源的悲剧。

假设有一个适合捕鱼的公共湖泊,附近渔民都可以进入该湖捕鱼,于是每个渔民都会捕到他的边际收入与边际成本相等时才停止。但捕鱼是有外部影响的,因为过多的捕捞会减少整个湖中鱼的存量,其他人可以捕到的数量就会减少。然而,由于湖泊是公共资源,大家都不考虑自己捕鱼对其他人的影响,随着捕鱼人数越来越多,就会导致湖中鱼类的过量捕捞。

产生这一结果的原因是公共资源具有产权不明晰的特点。

对这一问题最简单的解决办法,就是让这些资源有一个明确的所有者。所有者为了避免资源的耗竭,就会限定使用资源的数量或征收资源使用费。其结果,资源被过度使用的现象就可能减少。然而,在公共资源领域,最可行的措施是政府的硬性管制,以及有效的法律法规的实施。如,禁猎、封山、划定自然保护区等等。

(二)环境污染的治理

对于环境污染,除了已经谈到的处理外部性的各种方法外,政府还可以采取下列措施:

1. 制订排放标准和征收排放费

排放标准是对企业可以排放多少污染物的法定限制,若超过限制,就会面临经济惩罚甚至刑事惩罚。征收排放费是对企业排放每单位污染物的收费。

一般来说,对超过排放标准规定的处罚和对污染的收费是相似的,它们都增加了污染者的排污成本,因而有助于抑制污染。两者的区别在于:处罚倾向于"非黑即白"的管制方式,而收费对其间的灰色区域处理得更好些。处罚对超过某个特定水平的污染所实施的惩罚非常高,但是对于维持在污染线以下的行为却没有任何奖励,收费制度则为企业提供减少污染的边际激励,导致那些治理污染成本低的企业会比治理污染成本高的企业更努力地去治理污染。

2. 可转让的排放许可证

政府还可以利用可转让的排放许可证来实现减少废气排放这个目标。在这一制度下,每家企业都必须有许可证才能排放污染物,每张许可证都明确规定了企业可以排放的污染物名称和数量,而许可证是可以买卖的。在可转让排放许可证的制度下,购买许可证的往往是那些没有能力减少排放的企业。

可转让的排放许可证制度,把制订排放标准制度下的某些优点和收费制度下的某些优点结合起来,而政府机构决定总的许可证数目,从而决定了总的排放量。如果条件允许,一个竞争性的许可证市场,就会使污染得以减少。那些污染边际成本相对较低的企业,会尽量地减少排放;而那些减污边际成本相对较高企业,会购买较多的许可证,并相对少地减少排放。在市场均衡时,许可证的价格等于所有企业减污的边际成本,政府选择的排放水平会以最低成本实现。

(三) 政府提供公共物品

对于大部分准公共物品,政府常常通过预算或政策安排给企业甚至私人企业进行生产,主要有以下几种方式:

1. 签订合同

适用于这一形式的准公共物品主要有:(1)具有规模经济的自然垄断性产品,如大部分基础设施,一部分公共服务行业;(2)建设—经营—转让即 BOT 方式,即政府允许私人企业投资建设公共基础设施,并通过若干年的特许独家经营,等到收回自己的投资并获得利润后,再由政府接收该项公共基础设施。

2. 授予经营权

在发达国家,政府将现有的公共基础设施以授予经营权的方式,委托给私人公司经营,如自来水公司、电话、供电等。此外,还有很多公共服务项目也是由这种方式经营,如电视台、广播电台、航海灯塔、电影制作、报纸、杂志等。

3. 政府参股

政府参股的方式主要有四种:收益风险债券、收购股权、国有企业经营权转让、公共参与基金。政府参股方法主要应用于桥梁、水坝、发电站、高速公路、铁路和港口等。

第四节 信息不对称

一、信息不完全与信息不对称

市场经济有效运行的一个前提假设是市场上的经济主体具有完全信息,即市场的供求双方对于所交换的商品具有充分的信息。然而,完全信息只是一种理想化的假设。通常,决策者所面对的信息都是不完全的。

在现实生活中,信息的不完全又往往表现为信息的不对称,即信息在市场参与者之间的分布是不对称的。一方掌握的信息多一些,另一方掌握的信息少一些。当市场卖方所掌握的信息多于买方,而另一些市场买方所掌握的信息多于卖方,或者无法获知另一方行动的信息时,就产生了信息不对称的情形。比如,销售者对产品质量的了解会比消费者多;雇员对其自身的技术和生产能力比他们的雇主更了解;而受雇于各大公司的经理们对企业外部和内部条件的知识显然比公司所有者们更丰富。所以,我们通常所说的不完全信息并不是指某个人获得信息量的多少,而是强调这种信息分布的不对称性。

产生信息不对称的原因是获取信息需要成本。如企业要知道在哪里找到合格的工人或者在哪里以最高价格销出自己的产品,工人要知道在哪里找到合适的工作,家庭要知道在哪里以最低价格买到所需要的产品,都必须花费人、财、物力去搜寻有关的信息,即获取任何信息都是要付出代价的,这个代价就是信息的成本。如果寻找信息的成本过于高昂,或者有些人不愿意为获取信息支付成本,而另一些人能够以低成本获取信息,或者愿意支付较高的信息成本,就会形成一方对另一方的信息优势,从而导致了信息不对称的格局。

信息不对称会导致逆向选择、败德行为、委托人—代理人等问题,这些问题的出现会带来一定程度的效率损失。

二、逆向选择

逆向选择(adverse selection),是指在买卖双方信息不对称的情况下,差的商品总是将好的商品驱逐出市场,即所谓"劣品驱逐良品"。当交易双方的其中一方对于交易可能出现的风险状况比另一方知道得多时,便会产生逆向选择问题。

典型的逆向选择的例子是旧车市场。旧车的卖方对车的质量比买方要知道得多。其结果是,质量较好的旧车,其质量高于价格,车主不愿意进入这个市场;而质量较差的旧车,其质量低于价格,卖主愿意出售其旧车。这样,在信息不对称的旧车市场上,交易的品种只能是低质量的车,高质量的车被驱除出市场,需要高质量旧车的消费者和想出售高质量旧车的卖主的利益都受到了损害,市场的有效性因为信息的不对称而遭到破坏,这就是旧车市场的逆向选择。

在商品市场上,卖方能够利用多于消费者的信息使伪劣产品比高质量产品更容易卖掉;在劳动市场上,雇主不了解应聘者的能力,只能根据平均能力给出招聘工资,结果能力高者不来应聘,应聘者都是能力低于、等于平均能力的工人;在保险市场上,保险费用是根据平均的医疗费确定的,那些经常生病的人很愿意加入保险,而不常生病的人不太愿意加入保险,这样保险公司只能根据多数经常看病的医疗费用提高保险费用,结果,也是将不常生病者全部逐出医疗保险等等。

三、败德行为

（一）败德行为及表现

败德行为也称道德风险,指在协议签订后,其中一方利用多于另一方的信息,有目的地损害另一方的利益而增加自己利益的行为。在信息不对称情况下,达成协议的另一方无法准确地核实对方是否按照协议办事。败德行为会破坏市场的运行,严重的情况下会使某些服务的私人市场难以建立。

败德行为在保险业表现最为明显。以火灾保险为例,家庭和企业本来都很重视安全防火,但火灾仍然时有发生。为了挽回损失,他们纷纷加入火灾保险。保险公司根据过去"平均"的火灾损失与火灾概率,确定不同层次的不同费率。但是,一旦合同签订以后,代理人认为自己已经进入保险箱,防火意识就大大减少。这就会大大提高了火灾发生的概率,使保险公司实际支付的保险金远远超过原定预算。当保险金额超过实际资产损失时,有的人甚至会故意纵火。

败德行为在其他行业也屡见不鲜。例如,有的装修公司在收费以后,施工就会敷衍了事等等。败德行为与逆向选择一样,也会严重降低市场配置资源的效率。

（二）机制设计

为了解决事后的败德行为问题,委托人总是在事前设计种种机制,激励代理人去实现委托人的利益,并将委托人的风险在不同程度上转变为代理人的风险。通常有以下几种办法:

1. 市场解决法

通过市场价格来解决道德风险的办法,就是根据代理人事后的实际行为结果,决定最终支付价格。

2. 合同解决法

消除或减少败德行为的办法,就是制定相对完善的合同,即根据《合同法》签订具有法律效力的合同,详细规定事后双方在各种可能情况下的利益安排。

3. 信誉解决法

代理人的信誉,也具有良好的激励机制。在市场竞争日趋激烈的今天,谁拥有良好的信誉,谁就能获得顾客的选票。因此,代理人不愿意以败德行为——暂时利益来破坏长远利益。职业道德,企业精神,也属于信誉解决法之列。

四、委托人—代理人问题

如果一方自愿委托另一方从事某种行为并签订合同,委托—代理关系即告产生。授权人就是委托人(principal),而获得授权者就是代理人或称被委托人(agent)。通常,委托人和代理人之间的合同,明确规定了双方的权利和义务,其中约定在委托范围内,代理人行为的后果由委托人承担。当代理人为委托人工作,而工作的成果同时取决于他的努力和不由主观意志决定的各种客观因素,且两种因素对委托人来说无法完全区分时,代理人就有可能追求他们的目标,甚至不惜牺牲委托人的利益,这就是"委托—代理问题"(principal-agent problem)。"委托—代理问题"在本质上又是一个信息不对称的问题,因为代理人信息明显要多于委托人的信息,委托人无法有效地监督代理人的行为。

由于信息不对称,使代理人拥有委托人不掌握的私人信息,并用以损害委托人利益、追求代理人利益。由于信息不对称,委托人无法全面通过企业绩效考核代理人行为,所有者委托代理者的契约也往往是不全面的,会产生一些纠纷。

上述由于信息非对称引起的委托代理问题,不仅使企业所有者利益受损,不能实现利润最大化,而且也使社会资源效率受损失,不能实现帕累托最优。解决委托代理问题可从企业外部规范竞争、内部加强约束等方面加以解决,也可以精心设计一种对代理人的科学激励机制,来激励代理人选择对委托人最有利的行为。

【复习思考题】

一、判断题

1. 公共物品的生产决策与私人物品的生产决策由市场经济的运行规则决定。
（　　）

2. 正外部性说明私人边际效益低于社会边际效益。（　　）

3. 由于垄断会使效率下降,因此任何垄断都是要不得的。（　　）

4. 科斯主张用产权明确化的办法来解决外部性问题。（　　）

5. 政府干预可以完全解决市场失灵问题。（　　）

6. 公共物品就是共有物品。（　　）

7. 公共物品是具有非排他性和非竞争性的物品。（　　）

8. 灯塔是公共物品。（　　）

9. 一种物品的排他性就是有办法阻止某个人使用这种物品。　　（　　）

10. 一种物品的竞争性指一个人使用了这种物品会减少其他人使用它的效用。　　（　　）

11. 一般来说，关于产品的质量，卖者比买者知道得更多。　　（　　）

12. 外部影响就是对他人的影响。　　（　　）

13. 正的外部影响是给他人造成的有利外部影响。　　（　　）

14. 负的外部影响是给他人造成的不利的外部影响。　　（　　）

二、选择题

1. 市场失灵是指（　　）。

A. 在私人部门和政府部门之间资源配置不均

B. 不能产生任何有用成果的市场过程

C. 以市场为基础对资源的低效率配置

D. 收入分配不平等

2. 为了提高资源配置效率，政府对竞争性行业厂商的垄断行为是（　　）。

A. 限制的　　　　　　　　　B. 支持的

C. 有条件的加以限制　　　　D. 放松不管的

3. 公共产品具有（　　）特征。

A. 外部性　　　B. 非排他性　　　C. 非竞争性　　　D. 以上都是

4. 解决外部不经济可采取（　　）方法。

A. 通过征税的方法或补贴来使外部性内在化

B. 通过税收使原有外部不经济的产品减少需求

C. 通过补贴使原有外部经济产品增加供给

D. 通过补贴使原有外部经济的产品减少需求

5. 当人们无偿地享有了额外收益时，称为（　　）。

A. 正外部经济效果　　　　　B. 信息不完全

C. 交易成本负　　　　　　　D. 外部经济效果

6. 如果一种产品的社会边际收益大于私人边际收益时，则（　　）。

A. 价格低于有效率的价格

B. 社会应较少产品的生产

C. 私人有效率的结果也是社会有效率的

D. 社会应增加产品的生产

7. 市场不能提供纯粹的公共物品，是因为（　　）。

A. 公共物品具有排他性　　　　B. 公共物品不具有竞争性

C. 消费者都想"免费搭车"　　　　　　D. 以上三种情况都是

8. 下面哪种情况会导致市场失灵(　　)。

A. 完全竞争　　　　　　　　　　　　B. 垄断

C. 广告竞争太激烈　　　　　　　　　D. 不断地创新活动

9. 为了提高资源的配置的效率,对于自然垄断部门,政府应该(　　)。

A. 放任不管　　　B. 加以管制　　　C. 坚决反对　　　D. 大力支持

10. 某项公共物品是否值得生产,主要取决于(　　)。

A. 政府的意志　　　　　　　　　　　B. 公众的意见

C. 需求的大小　　　　　　　　　　　D. 成本与收益的对比

11. 如果一个人只在自己家里抽烟且不在外人面前抽烟,那么,他抽烟(　　)。

A. 有负的外部影响　　　　　　　　　B. 有正的外部影响

C. 属于消费中的正的外部影响　　　　D. 没有外部影响

12. 科斯定理的基本意思是(　　)。

A. 人们的贪心可能阻止市场发挥作用

B. 交易成本的存在有可能阻止市场发挥作用

C. 只要产权明晰,市场就能够保证效率;

D. 只有负的外部影响有可能导致市场失灵

13. 下列物品最有可能是公共物品的是(　　)。

A. 公海上的一个灯塔　　　　　　　　B. 国家森林公园内树上的果子

C. 故宫博物院内的国宝　　　　　　　D. 大熊猫

14. 信息不对称导致市场失灵是因为(　　)。

A. 消费者无法识别好的产品或服务

B. 劣质产品对优质产品有负的外部影响

C. 一块臭肉坏了一锅汤

D. 上述说法都说得过去

三、名词解释

1. 外部性　2. 外部经济　3. 外部不经济　4. 生产的外部经济　5. 消费的外部经济　6. 生产的外部不经济　7. 消费的外部不经济　8. 公共物品　9. 逆向选择　10. 败德风险

四、问答题

1. 政府对公共资源如何进行有效的保护?

2. 简述解决外部性的对策有哪些?

信息不对称的医疗行业

2005 年 11 月,哈尔滨的一位年逾古稀的老人在医院住院治疗两个月的时间里,先后共支付了 550 万元的医疗费。收费的账单显示,他最多一天输血 94 次、注射盐水 106 瓶。而输血的最小单位是 100 毫升,94 次意味着至少每天输进 9 400 毫升血液,一名成人的全身血液总量只有 4 500 毫升左右,这就相当于一天给老人全身置换血液两次多。这可能吗?

医疗行业是一个信息高度不对称的行业。由于缺乏足够的医学知识,患者往往处于弱势地位。用什么药做何种检查,都由医生决定,患者只能被动服从。550万元天价的医疗费的出现,说明了什么?

试用信息不对称原理分析发生 550 万元天价医疗费现象的原因。

【单元实训】

1. 当毕业生求职应聘时,是否存在信息不对称情况?

2. 对周围的污染企业进行调查,了解他们治理污染的实施方案和采取的应对措施。

下 篇
宏观经济学

第九章 国民收入核算理论

宏观经济学是通过分析和研究以国民收入为核心的总量指标,来揭示国民经济总体的运行规律的。因此,如何衡量国民收入,即国民收入核算,就成为宏观经济学最基本、最基础的问题。本章阐述国内生产总值的含义,国民收入核算中的总量指标,国民收入的计算方法和国民收入流量循环模型等问题。

第一节 国民收入的总量及其相互关系

◆ **案例导入 9-1**

我国 GDP 总量已位居世界第四,但人均 GDP 只处于世界 110 位

改革开放以来,我国保持了年均 9.6% 的经济增长速度,经济总量增长了 11 倍。到 2005 年,我国 GDP 达到 22 350 亿美元,占世界经济的份额,从 1978 年的 1.8% 提高到 2005 年的约 5%,仅次于美国、日本和德国,位居世界第四。但是,我们应该清醒地认识到,中国虽然已是全球的一个经济大国,但还不是一个经济强国。2005 年我国人均 GDP 仅为 1 700 美元,位居世界第 110 位,仅相当于美国的 1/25,日本的 1/21 和世界平均水平的 1/4,大体上与刚果、乌克兰、摩洛哥相当。

一、国内生产总值(GDP)

(一)国内生产总值

国内生产总值(gross domestic products,简称 GDP)是指一国一年内在本国领土上所生产的全部最终产品和劳务的市场价值总和。

在理解这一定义时,需要注意四个方面的问题:

第一,国内生产总值是指当年内生产出来的产品的总值,因此,在计算时不应包括以前所生产的产品的价值。即以前所生产而在该年所售出的存货,或以前所建成而在该年转手出售的房屋等,均不计入当年的 GDP。例如,某企业一年生产了 100 万元产品,只卖掉 70 万元,所剩的 30 万元产品可以看作是企业自己买下来的存货投资,应计入 GDP。相反,虽然企业只生产了 100 万元产品,却卖掉 130 万元产品,则计入 GDP 的仍然是 100 万元产品,只是库存减少了 30 万元而已;用

10万元购入一套二手房,这10万元不能计入当年的GDP,因为在以前的生产年份已经计算过了,但是在本年买卖过程中发生的经纪人中介费用或律师费用等则可以计入本年的GDP。

第二,国内生产总值是指最终产品价值,因此,在计算时不应包括中间产品产值,以避免重复计算。最终产品(final goods)是卖给消费者的产品,中间产品(Intermediate goods)则是用来生产其他产品的产品。例如当一台电脑卖4 000元时,这4 000元里有一部分一定是这台电脑的零部件的价值,这时如果把这些零部件的价值再单独计入国内生产总值,显然就会造成重复计算。同样,我们如果计算了衬衫的产值就不能再计算做衬衫的布料和织布的纱线的产值。否则就会发生重复计算,夸大了当年实际进行的生产活动。

第三,国内生产总值中的最终产品不仅包括有形的产品,而且包括无形的产品——劳务,即要把旅游、服务、卫生、教育等行业提供的劳务,按其所获得的报酬计入国内生产总值中。

第四,国内生产总值指的是最终产品市场价值的总和,这就是要按这些产品的现期价格来计算。这样就引出两个值得注意的问题:其一,不经过市场销售的最终产品(如自给性产品,自我服务性劳务等),由于没有进行商品交换,所以没有价值,也就无法计入国内生产总值中;其二,价格是变动的,为了消除价格变动对国内生产总值的影响,应以某年为基数,即以该年的价格为不变价格,然后用物价指数来调整按当年价格计算国内生产总值。

(二) 国民生产总值(GNP)

国民生产总值(gross national products,简称GNP)是按国民原则来计算的,即凡是本国国民(包括境内公民及境外具有本国国籍国民)在一年内所生产的最终产品价值,不管是否发生在国内,都应计入国民生产总值,它以人口为统计标准。而国内生产总值是一国一年内在本国领土上所生产的最终产品市场价值的总和。它以领土为统计标准,即只要在一国领土之内无论是本国企业还是外国企业生产的都属于本国的GDP。

国内生产总值与国民生产总值虽一字之差,但有不同的含义。在用GNP时,强调的是民族工业,即本国人办的工业;在用GDP时,强调的是境内工业,即在本国领土范围之内的工业。在全球经济一体化的当代,各国经济更多地融合,很难找出原来意义上的民族工业。联合国统计司1993年要求各国在国民收入统计中用GDP代替GNP正反映了这种趋势。现在各国也都采用了GDP这一指标。

国内生产总值和国民生产总值的关系,用公式来表示就是:

国民生产总值＝国内生产总值＋本国公民在国外生产的最终产品的市场价值总和
－外国公民在本国所生产的最终产品的市场价值总和

如果本国公民在外国生产的最终产品的价值总和小于外国公民在本国生产的最终产品的价值总和,则国民生产总值小于国内生产总值;反之,如果本国公民在外国生产的最终产品的价值总和大于外国公民在本国生产的最终产品的价值总和,则国民生产总值大于国内生产总值。

二、国民收入核算中的五个基本总量及其相互关系

在国民收入核算中,除了国内生产总值之外还有另外四个重要的总量:国内生产净值、国民收入、个人收入、个人可支配收入。这些指标从不同的侧面反映了一国经济活动的总体规模和水平。下面就国内生产总值与其他四个总量指标以及相互关系进行分析。

1. 国内生产总值与国内生产净值

国内生产总值(gross domestic products,简称 GDP)是衡量一个国家的最终产品与劳务的市场总值的综合性指标。

$$国内生产总值 = 消费 + 投资 + 政府支出 + (出口 - 进口)$$

国内生产净值(net domestic products,简称 NDP)是指一国一年内最终产品与劳务扣除了在生产过程中的资本耗费(折旧)后的价值,即新增加的价值。GDP与 NDP 之间的关系可表示为:

$$国内生产净值 = 国内生产总值 - 固定资产折旧$$

国内生产总值与国内生产净值之间最显著的差别是,前者包括总投资,后者包括净投资。

2. 国内生产净值与国民收入

这里所说的国民收入是狭义的国民收入(national income,简称 NI),即一国在一定时期内(通常为一年)用于生产产品和劳务的各种生产要素所得到的全部收入,即工资、利润、利息和地租的总和。国民收入在数量上等于国民生产净值减去企业间接税,用公式表示为:

$$国民收入 = 国内生产净值 - 企业间接税 + 政府补贴$$
$$= 工资 + 利息 + 租金 + 利润 + 补贴$$

由于按收入法计算的国内生产净值包括要素收入和间接税,而企业间接税夸大了国内生产净值,故须从国内生产净值中减去,由此得出国民收入。

政府补助金的给付抵消了一部分的间接税,在计算国民收入的过程中,减去间接税再加补助金,等于减去"间接税净额"。

3. 国民收入与个人收入

个人收入(personal income,简称 NI)是指个人在一年内从各种来源所得到的收入总和。包括工资和薪金收入、租金收入、利息和股息收入、政府转移支付和企业转移支付。个人收入的构成用公式可表示为:

$$个人收入 = 国民收入 - 公司未分配利润 - 企业所得税$$
$$+ 政府给居民户转移支付 + 政府向居民支付的利息$$

以成本法计算的国民收入是各生产要素的总收入,但并非全部国民收入都分配给个人。如,一方面公司未分配利润和公司所得税是包括在国民收入之内的,但并没有分配给个人;另一方面,一些转移支付(政府公债利息、救济金)并未计入国民收入,但却属于取得这类收入者的个人收入。

4. 个人可支配收入

个人可支配收入(personal disposal income,简称 PDI)是指一个国家的所有个人在一定时期内实际可以支配的用于消费和储蓄的那部分收入。个人可支配收入的构成可用公式表示为:

$$个人可支配收入 = 个人收入 - 个人所得税$$
$$= 个人消费支出 + 个人储蓄$$

个人收入是人们从事对国民生产总值有贡献的工作获得的收入。但个人收入并不是个人可自由支配的收入,因为还需要缴纳个人所得税。个人可支配收入可用于个人消费,也可以储蓄起来,所以个人可支配收入用于消费后的余额便是储蓄,即个人可支配收入=个人消费支出+个人储蓄

可见,上述五个概念都是相互联系并可彼此依存的,在经济学中常用广义的国民收入来表示这几个概念。

三、与 GDP 有关的几个重要概念

(一) 名义 GDP 与实际 GDP

名义 GDP(nominal GDP)指按当年市场价格计算的某一年的 GDP。用公式表示为:

$$某年名义 GDP = \sum_{i=1}^{n}(Q_i \times P_i)$$

实际 GDP(real GDP)是指按不变价格计算的某一年的 GDP。不变价格是指统计时确定的某一年(称为基年)的价格。用公式表示为:

$$某年实际 GDP = \sum_{i=1}^{n}(Q_i \times P_i)$$

而名义 GDP 与实际 GDP 之间的比率,被称为国内生产总值折算数。国内生

产总值折算数是重要的物价指数之一,它是用来衡量一国在基年和本年之间的通货膨胀程度。因此,它是 GDP 所有组成部分(消费、投资、政府购买、净出口)的价格水平。其计算公式如下:

$$国内生产总值折算数或平减指数 = 当年名义 GDP \div 当年实际 GDP$$
$$\doteq P_t \times Q_t \div P_o \times Q_t \times 100\%$$

式中,P_t 为当年价格,P_o 为不变价格即为选定之基期的实际价格,Q_t 为当年产量。

【例题】

名义 GDP 与实际 GDP 的计算:

例如,2001 年生产苹果 15 万单位,每单位 1 元,衣服 5 万单位,每单位 40 元,则 2001 年的名义 GDP 为 $15 \times 1 + 5 \times 40 = 215$ 万元

2002 年生产苹果 20 万单位,每单位 1.5 元,衣服 6 万单位,每单位 50 元,则 2002 年的名义 GDP 为 $20 \times 1.5 + 6 \times 50 = 330$ 万元

而 2002 年的实际 GDP 则是 $20 \times 1 + 6 \times 40 = 260$ 万元

GDP 名义上从 215 万增加到 330 万,实际只增加到 260 万,即如果扣除物价变动因素,GDP 只增长了 20.9%[$(260-215) \div 215 = 20.9\%$],而名义上却增长了 53.5%[$(330-215) \div 215 = 53.5\%$]

(二)人均 GDP

GDP 反映一国的经济实力和市场规模。而人均 GDP 是一国或地区的 GDP 与其人口数量的比值,它反映一国的富裕程度和生活水平。下表是中国 2003 年人均 GDP 与其他国家人均 GDP 的比较情况。

表 9-1 世界部分国家 2003 年的 GDP

单位:亿美元、美元

国 家	GDP	人均GDP	国 家	GDP	人均GDP	国 家	GDP	人均GDP
瑞 士	3 140	42 148	德 国	238 620	28 952	韩 国	5 209	10 718
日 本	494 870	38 865	法 国	17 316	28 655	墨西哥	6 006	5 827
美 国	108 572	37 051	加拿大	8 505	26 161	俄罗斯	4 288	2 982
瑞 典	2 975	33 092	澳大利亚	5 082	25 525	巴 西	5 070	2 754
荷 兰	5 093	31 207	意大利	14 540	25 067	中 国	13 720	1 090
英 国	17 750	29 451	西班牙	8 272	20 536	印 度	5 661	522
比利时	3 008	29 023						

资料来源:根据 U. S Census Bureau and DOC-ITA-TPIS 的数据整理。

（三）绿色 GDP

GDP 作为国民经济核算体系中总量核算的核心指标，没有把资源和环境成本计算在内，只能反映一个地区、一个国家经济增长与否，而不能说明资源消耗的状况和环境质量的变化情况。尽管近年来我国 GDP 的年均增长量超过 8％，最高达到 10％，但由于实施的是高消耗、低效率、高排放的粗放型增长模式，造成了资源的惊人消耗和数量巨大的污染物排放。GDP 核算的缺陷和负效应业已暴露无遗。

绿色 GDP 核算即绿色国民经济核算体系，它综合了经济与环境核算，是一种全新的国民经济核算体系。广义的绿色 GDP ＝（传统 GDP）－（自然环境部分的虚数）－（人文部分的虚数）；狭义的 GDP 是指扣除自然资产（包括资源环境）损失之后的新创造真实国民财富的总量核算指标。绿色 GDP 可以理解为"真实GDP"，不但反映了经济增长的数量，更反映了经济增长的质量，能更加科学地衡量一个国家和区域的真实发展水平和社会进步情况。绿色 GDP 的提出，就从政策导向上鼓励全社会走可持续发展道路，是落实科学发展观的必然选择。

【链接】

挪威是世界上最早开始进行自然资源核算的国家，1981 年政府首次公布并出版了"自然资源核算"数据、报告和刊物，1987 年公布了"挪威自然资源核算"的研究报告，建立起详尽的资源环境统计制度，为绿色 GDP 核算体系奠定了重要基础。

联合国统计署于 1989 年和 1993 年先后发布了《综合环境与经济核算体系(SEEA)》，为建立绿色国民经济核算总量、自然资源账户和污染账户提供了一个共同的框架。以美国为代表的发达国家根据联合国及世界银行的基本思路，在1991 年对国家基本资源进行了核算。日本从 1993 年起对本国的环境经济综合核算体系进行了系统的构造性研究，估计出较为完整的环境经济综合核算实例体系，给出 1985—1990 年日本的绿色 GDP。在发展中国家中，墨西哥率先开展绿色GDP 核算。印尼、泰国、巴布亚新几内亚等国纷纷仿效，并已开始实施。

【资料】

从 2001 年开始，中国的 GDP 呈现一个上升态势，2001 年是 7.3％，2002 年是8％，2003 年是 9.1％，2004 年是 9.5％，2005 年是 9.9％。

特别是 2003 年，全年 GDP 达到人民币 11.669 万亿元(1 美元＝人民币 8.28元)，人均 GDP 则达到 1 090 美元，这是中国人均 GDP 首次突破 1 000 美元。2005年，按可比价格计算，中国 GDP 达到 182 321 亿元，人均 GDP 为 1 700 美元。

自改革开放以来，中国经济一直持续保持着较高的增长，按 2005 年修订后的GDP 数据计算，1979 年至 2004 年 GDP 年均增长 9.6％，近三年，在以科学发展观为指导转变经济增长方式的背景下,仍连续保持10%左右的增长。因而,从 GDP 总量看,在世界排名中的跃升,当属正常的"晋升"。假以时日,中国的 GDP 总量占到世界数一数二的地位,也并非是超常规的预期。

但中国 GDP 总量与世界的发达国家"平起平坐",并不代表中国已跻身发达国家行列。正如温家宝总理所言,再大的数字,除以 13 亿人,就很小了。2005 年,中国人均 GDP 仅 1 700 美元。而据世界银行对 2004 年人均 GDP 的排位,排名第一的卢森堡为 43 940 美元,美国和日本分别为 37 610 美元和 34 510 美元,法国和英国人均 GDP 也分别为 24 770 美元和 28 350 美元。在这一排序中,按中国修订后的数据计,中国人均 GDP 仍在世界第 110 位,人均 GDP 还只有世界平均水平的 1/5。中国还有近 1 亿农村贫困人口,城市还有 2 000 多万需要政府给予最低保障补贴的人口。城乡加起来,全国还有 1.2 亿生活困难人口。从这些情况来看,在一个较长的时期内,中国仍然需要经济增长。

第二节　国民收入核算的基本方法

在国民经济核算体系中,最重要的是计算国内生产总值这个指标。因此,我们从国内生产总值出发来介绍国民收入核算的基本方法。

国内生产总值核算的基本方法主要有三种:支出法、收入法和生产法。

一、支出法

支出法又称产品流动法或最终产品法。这种方法是从产品的使用出发,把一年内购买的产品和劳务所支出的货币加总起来,计算出该年内生产的国内生产总值的数额。即把购买各种最终产品所支出的货币加在一起,得出社会最终产品的流动量的货币价值的总和。

如果用 Q_1、Q_2、$\cdots Q_n$ 代表购买的产品和劳务,用 P_1、$P_2 \cdots P_n$ 代表购买各种产品和劳务的价格,就可以用以下公式计算国内生产总值:

$$国内生产总值(GDP) = Q_1 \cdot P_1 + Q_2 \cdot P_2 + Q_3 \cdot P_3 \cdots Q_n \cdot P_n$$

按照支出法计算国内生产总值,可将全社会的总支出分为以下几类:

1. 个人消费支出(C)。包括一年内居民户除了购买住房以外的一切满足消费者欲望的消费品和劳务的购买,如耐用品、非耐用品、住房租金、劳务等。

2. 私人国内总投资(I)。指厂商和居民户不是为了现期消费而是为了扩大再生产所添置的新厂房、耐久性生产设备(包括居民住宅)和企业存货变动的净增加额。

3. 政府购买支出(G)。包括各级政府购买物品和劳务的支出,政府要生产为居民户服务的公共物品,必须向居民户购买劳务和向企业购买物品和劳务。政府购买支出不包括政府给居民户的转移支付。

这样,就得出封闭条件下的国内生产总值,即 GDP $= C+I+G$。但是现实中,任何国家都必然参与国际分工,即与其他国家发生对外经济往来,因此在开放经济条件下,国民收入还必须考虑进口与出口因素。

4. 净出口($X-M$)。由于一个国家的国内生产总值是指该国在一年中生产的全部最终品的价值。因此用支出法计算开放经济的 GDP 时,首先,必须从总支出中减去用于购买进口商品的价值,才能得到实际用于购买本国国内生产的物品和劳务的价值。若进口物品的价值用 M 来表示,这样,国内用于购买国内生产的物品和劳务的支出为:$C+I+G-M$。其次,是在 $C+I+G-M$ 的基础上加上出口物品和劳务的价值,因为出口商品是本国所生产的物品和劳务。若用 X 表示出口物品的价值,则开放经济条件下的国内生产总值是:

$$GDP = C+I+G-M+X = C+I+G+(X-M)$$

$(X-M)$ 称为净出口,它可能是正值,也可能是负值。

因此,用支出法计算的国内生产总值是:

$$GDP = C+I+G+(X-M)$$

把以上项目加总就是国内生产总值(GDP)。

运用支出法计算的某年美国的国内生产总值见表9-2。

表9-2 美国的 GDP 计算

单位:10 亿美元

项　　目	数　　额	占 GDP 的百分比
个人消费支出	2 966.0	66.1
耐用品	413.9	9.2
非耐用品	980.4	21.9
其他劳务	1 571.6	35.0
私人投资总额	716.4	16.0
非居民的投资	442.1	9.9
居民的投资	228.5	5.1
企业存货的变动	45.7	1.0
政府购买商品和劳务支出	923.8	20.6
联邦政府支出	380.6	8.5
州与地方政府支出	543.2	12.1

项　目	数　额	占 GDP 的百分比
净出口额	−119.9	−2.7
出口额	426.7	9.5
进口额	546.7	12.2
国内生产总值	4 486.2	100.0

注：表中数据源自（美）K. E. 凯斯、R. C. 费尔著《经济学原理》（下），中国人民大学出版社，1994 年，第 42 页。

二、收入法

收入法又称所得法，它是从收入的角度出发，把投入生产的各种生产要素（劳动、工资、土地、企业家才能）所获得的各种收入相加来计算国内生产总值，因此也称为要素收入法。

按收入法计算的国内生产总值大致包括以下几个项目：

1. 雇员报酬

雇员报酬是雇主支付给工人的全部报酬，包括用现金和实物支付的工资和薪金，以及支付给雇员的社会保险、养老金、家庭资助费等。

2. 租金收入

租金收入包括出租土地、建筑物所有者得到的租金，自用土地、房屋的估计价以及转让专利权和版权的收入。

3. 净利息

净利息是指居民户过去的储蓄在本期内的利息收入扣除付出的利息的余额。但政府的公债被当作转移支付而不计入。

4. 公司利润

公司利润是公司股东名下的全部收人。其中，股息是股东实际分得的，公司所得税是上交政府的，未分配的公司利润是保留在公司中作为扩大投资之用，其余是用来调整存货和折旧数量的。

5. 独立业主的收入

独立业主的收入是独立业主和非公司企业所有人的收入。

6. 间接税

间接税指企业缴纳的营业税和国内货物税等。企业间接税并不包括在所有者的收入之中，之所以计入国民生产总值之中是因为间接税可以通过产品加价转给买者。

7. 资本折旧

资本折旧是指为维持原有资本存量完整的支出。即为了到原有资本寿终正寝时进行更新而提取的支出。

8. 误差调整

误差调整包括减去政府对企业的补助津贴,加上政府企业的盈余,再加上企业的转移支付,再加上(或减去)企业存货价值的调整,最后再对统计误差进行调整。它表示对经济中资本存量折旧的估算。

以上项目之和,便是国内生产总值。即:

GDP = 雇员报酬＋利息＋利润＋租金＋独立业主收入＋间接税＋折旧＋误差调整
　　 = 要素所得＋间接税＋折旧＋误差调整

运用收入法计算的某年美国的国内生产总值见表 9-3。

表 9-3　美国的 GDP 计算

单位:10 亿美元

项　　　目	数　　额	占 GDP 的百分比
雇员报酬	2 647.5	59.0
业主收入	327.8	7.3
租金收入	18.5	0.4
公司利润	305.3	6.8
利息净额	336.7	7.5
折旧费	479.4	10.7
减去补贴后的间接税	370.9	8.3
国民生产总值	4 486.2	100.0

注:表中数据源自 K. E. 凯斯、R. C. 费尔著《经济学原理》(下),中国人民大学出版社,1994年,第 42 页。

三、部门法

部门法是按提供物质产品和劳务的各个部门的产值来计算国内生产总值。这种计算方法反映了国内生产总值的来源,所以又称生产法。运用这种方法计算国内生产总值,各部门要把所使用的中间产品的产值扣除,仅计算各部门所增加的价值。物质生产部门、商业、服务等部门都用附加价值法(增值法)进行,卫生、教育、行政等部门按职工的工资收入来进行,以避免重复计算。

用公式表示:

国内生产总值 = 各部门的增值的总和
　　　　　　 = 农业和采矿业的增值＋建筑业和制造业的增值＋交通和公用
　　　　　　　　事业、批发和零售商业、金融保险和不动产、劳务、政府的增值

按照部门法计算的 1983 年美国的国内生产总值见表 9-4。

表 9-4　1983 年美国的 GDP

单位:10 亿美元

项　　　目	数　　　额
农业	72.7
采矿业	112.4
建筑业	130.7
制造业	685.2
交通和公用事业	306.8
批发、零售商业	536.2
金融、保险、不动产	542.5
劳务	477.5
政府	392.1
统计误差	0.4
国内生产总值	3 256.5
国外要素净收入	48.3
国内生产总值	3 304.8

注:表中数据引自罗伯特·E.霍尔、约翰·B.泰勒《宏观经济学》,中国经济出版社,1988年,第 34 页。

采用生产法进行核算,国内生产总值是由第一、第二和第三产业提供的增值构成的,一、二、三产业都是生产部门。因此,国内生产总值中不仅包括属于第一产业的农业、采掘业和属于第二产业的建筑业、制造业创造的价值,而且还包括第三产业即运输、商业、文化教育、信息传播、医疗卫生和生活旅游等新创造的价值。

国外要素净收入等于本国在国外的要素收入减去外国在本国的要素收入。前者包括本国工人在国外挣得的工资和本国在国外的资产所获得的利润和利息;后者包括外籍工人在本国挣得的工资和在本国的外国资产的收入。把这一项计入GDP,使 GDP 成为能够衡量本国拥有的所有生产要素的产出水平的尺度。

按以上三种方法计算所得出的结果,从理论上讲应该是一致的,因为它们是从不同角度计算同一国内生产总值。但在实际中,三种核算方法所得出的结果并不必然一致。当结果不一致时,国民经济核算体系应以支出法所计算的国内生产总值为标准,即支出法是核算中最基本的方法。若按收入法与部门法计算出的结果与此不一,则要通过误差调整来进行调整,使其达到一致。

在研究宏观经济中,GDP 是一个极为有用而重要的指标。但正如罗伯特·肯尼迪的话所说明的,GDP 并不是一个完美的指标,也有许多缺点:第一,GDP 的计算中有一些遗漏。GDP 按市场价值计算,但经济中有一些活动并不通过市场。例如,非法的贩毒活动,为偷税而进行的地下经济活动,消费者为自己服务的家务劳动,等等,这些活动也提供物品与劳务,应该是 GDP 的一部分,但由于不通过市场而无法计入 GDP。在不同的国家,这部分未计入 GDP 的活动差别很大,高者达1/3,低者也有 10% 左右。第二,GDP 计算的是经济活动,但并不是经济福利。因为 GDP 并不等于经济上能给人们带来好处。例如,用于战争的军火生产是 GDP 的一部分,但并不能给人们带来福利等。第三,由于各国的汇率与价格差别,以及各国的市场化程度不同,很难把各国的 GDP 进行比较。

尽管 GDP 有一些缺陷,但到目前为止,它仍然是分析和反映一国经济总量活动的最重要的单个指标。

第三节　国民收入的流量循环模型

国民经济总体是由很多经济系统构成的,各系统的运动及其互相联系,形成了国民经济的循环流转。国民经济收入流量的循环模型就是要说明各部门之间是如何联系的,它是宏观经济分析的框架,也为国民收入核算提供了理论基础。国民经济收入循环模型有三种:两部门模型、三部门模型和四部门模型。

一、两部门经济收入流量循环模型

(一) 两部门经济的假设条件

两部门经济是由厂商和居民户这两种经济单位所组成的经济,也是一种最简单的经济。它是在一定的假设条件下才存在的,假设:

1. 一国经济只有两个部门:厂商和居民户;

2. 居民户收入的全部用于消费支出,没有储蓄,厂商的全部收入用于对生产要素的支出;

3. 产品和劳务的价格不变;

4. 经济的循环流动是畅通的,没有任何阻碍。

(二) 两部门经济的收入流量循环模型

两部门经济的收入流量循环模型可以用图 9-1 来表示。图中曲线的箭头代表

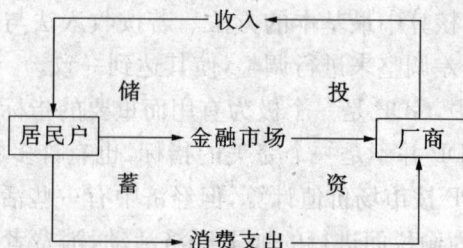

图 9-1　两部门循环

158

货币的流向。与此同时,还存在着与货币数量相应的实物(包括产品、劳务与生产要素)流动。

它们之间的关系可表述为:

(1) 居民户向厂商提供各种生产要素,同时从厂商那里得到相应的货币收入,并运用这些收入向厂商购买消费品。

(2) 厂商购买居民户提供的各种生产要素进行生产,并向居民户提供各种产品和劳务。

这样,两部门经济中的货币收入的流向就是:厂商购买居民户的各种生产要素,向居民户支付报酬,居民户得到货币收入。因此,上方的箭头指向居民户,居民户购买厂商生产出来的各种产品与劳务,向厂商支付货款,厂商得到收入;下方的箭头指向厂商。只要居民户把他们出卖各种生产要素所获得的全部收入用于消费,即居民户出卖各种生产要素所得到的收入与厂商出卖各种产品与劳务所获得的收入相等,这个经济就可以以不变的规模循环运行。

(3) 如果居民户不把所有的收入都用于消费,那么就会发生储蓄。这些储蓄流入金融市场。厂商则从金融市场得到贷款,进行投资。与货币投资相应的实物形态的资本品市场流动则发生在厂商部门的内部。

以上三方面的流动,形成一个完整的收入流量循环。

如果居民户不把储蓄存入银行(或其他金融机构),或者不去购买企业的有价证券;或者银行(或其他金融机构)不把这些储蓄贷给企业,那么这些储蓄便找不到回到循环流转之路,即发生了漏出。这时,除非企业能从其他方面取得注入,否则生产就不可能按照原有的规模进行。漏出和注入是西方经济学关于经济流程的两个术语。所谓漏出,指居民的收入中没有作为支出付给企业的那部分或者企业得到的收入中没有付给居民的那部分,如储蓄、税收和进口。所谓注入,指居民或企业得到的收入中,不是相互由对方付给的那部分收入,如投资、政府支出和出口;显然,注入的来源是漏出,如果只有漏出无注入或反之,或者漏出的速度大于注入的速度或反之,经济将处于非均衡状态,而只有在注入与漏出的变化率相等即总量变化为零时,经济才处于均衡状态。

(三) 两部门经济中国民收入的构成

关于国民收入的构成,可以从总需求与总供给两个方面进行分析。

从总需求看,一国的国民收入是由消费需求和投资需求组成的,国民收入就是消费与投资之和。所以:

$$国民收入(Y) = 总需求(AD)$$
$$= 消费需求 + 投资需求$$
$$= 消费(C) + 投资(I)$$

即:总需求:$Y = C + I$

从总收入也就是总供给看,一国的国民收入是由全部各种生产要素所生产出来的,是各种生产要素供给的总和,也就等于这些生产要素相应地取得的各项收入(工资、利息、地租和利润)的总和。这些收入的一部分用于消费,其余就是储蓄了。所以,

$$
\begin{aligned}
国民收入(Y) &= 总供给(AS) \\
&= 各种要素收入的总和 \\
&= 工资 + 利息 + 地租 + 利润 \\
&= 消费(C) + 储蓄(S)
\end{aligned}
$$

即:总供给:$Y = C + S$

由于均衡的国民经济和国民收入就是指总供给和总需求相一致的国民经济和国民收入,所以国民收入实现均衡的条件就可以表示为:

$$国民收入 = 总供给 = 总需求$$

$$Y = AD = AS$$

所以 $C + I = C + S$,两边减去等量的 C,即得:

$$I = S$$

所以,在两部门经济中,国民收入均衡的条件是 $I = S$,即当投资等于储蓄时的国民收入就是均衡的国民收入。

如果当 $I > S$ 时,总需求大于总供给,表明社会上产品供给不足,于是价格必然上升,生产扩张从而国民收入是增加的;当 $I < S$ 时,总需求小于总供给,表明社会上需求不足,产品销售困难,这样价格下降,生产必然收缩,从而国民收入减少。可见,只有在 $I = S$ 时,总供给等于总需求,国民收入既不增加也不减少,处于均衡状态。

$$即:I = S(总需求 = 总供给)经济增长均衡$$

$$I > S(总需求 > 总供给)经济增长扩张$$

$$I < S(总需求 < 总供给)经济增长收缩$$

应该指出的是,投资概念有不同的口径。某一时期的全部投资称为总投资(gross investment)。其中,相当于资本存量折旧的投资被称为重置投资(replacement investment),它被用来补偿陈旧的资本设备。由于资本设备的价格在不同时期可能会变动,因而用于更新某一设备的重置投资额可能与原有设备的买价不

160

一致。总投资减去重置投资后的余额称为净投资（net investment）。净投资是资本存量的新增加部分。

由于国内生产总值中包括了折旧，所以与之相对应的投资是总投资。但在流量循环模型中，我们通常不考虑折旧。因而在这里（以及本书以下的论述中），我们使用的投资概念是与国内生产净值或国民收入相对应的净投资。

二、三部门经济收入流量循环模型

（一）三部门经济的条件

三部门经济是指由厂商、居民户与政府这三种经济单位所组成的经济。在这种经济中，政府作为一个非营利的社会管理部门，其经济职能是通过税收与政府支出来实现的。一方面，政府通过税收来取得收入。税收的增加就是对收入的扣减，意味着社会居民消费和企业投资的减少，因而税收应属于漏出量。另一方面，政府作为最大的消费者拥有极大的购买力，政府支出的增加意味着消费的增加，因而政府支出应属于注入量。政府作为宏观经济的调节者，可以运用税收和政府支出这两种方式来影响国民经济循环流程。

（二）三部门经济中的国民收入流量循环模型

由于三部门经济循环模型中加入了政府部门，政府通过税收与支出和居民户及厂商发生关系，这时的收入流量循环模型可以用图 9-2 来说明。政府要向厂商和消费者征税。同时也向厂商购买产品，向居民户购买劳务。因而政府与居民户、政府与厂商之间的货币流动是双向的。

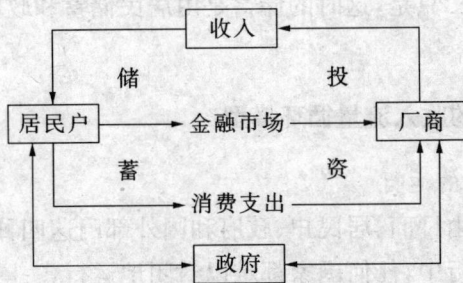

图 9-2　三部门循环

（三）三部门经济中国民收入的构成

在三部门经济中，国民收入的构成仍然从总需求和总供给角度进行分析。

从总需求看，国民收入是由消费需求、投资需求和政府购买的需求组成的，国民收入就是消费、投资与政府支出的总和。即：

$$国民收入(Y) = 总需求(AD)$$
$$= 消费需求＋投资需求＋政府需求$$
$$= 消费(C)＋投资(I)＋政府支出(G)$$

即:总需求:$Y = AD = C+I+G$

从总供给看,除了生产要素的供给,又加上政府供给,国民收入就是各种生产要素的收入以及体现政府供给的税收收入之和。

$$国民收入(Y) = 总供给(AS)$$
$$= 各种生产要素的供给＋政府的供给$$
$$= 工资＋利息＋地租＋利润＋税收$$
$$= 消费(C)＋储蓄(S)＋税收(T)$$

即:总供给:$Y = AS = C+S+T$

所以:$I+G = S+T$(总需求 = 总供给)

如果 $I+G < S+T$(总需求 < 总供给)国民收入就会下降;

如果 $I+G > S+T$(总需求 > 总供给)国民收入就会增加。

只有在 $I+G = S+T$(总需求 = 总供给)国民收入才处于均衡状态。

$$I+G = S+T \text{ 也就是 } I-S = T-G \text{ 或 } I = S+(T-G)$$

其中,$T-G$ 是政府的储蓄。$T > G$ 时,差额为预算盈余;$T < G$ 时,差额为预算赤字。

这说明,三部门国民经济的循环能否顺利完成,也可以从考察社会储蓄能否转化为投资的问题来看。只是,这时的储蓄是由居民储蓄和政府储蓄($T-G$)两部分组成的。

三、四部门经济的收入流量循环模型

(一) 四部门经济的运行

四部门经济是指由厂商、居民户、政府和国外部门这四种经济单位所组成的经济。现代国民经济运行中,任何国家都难以封闭地运行,一国经济必然与他国经济发生或多或少地联系,在将理论由抽象上升到具体的过程中,还需考虑到涉外经济关系,需要增加对国外部门的分析。

国外部门向国内厂商购买产品。这是本国的出口,它会增加对本国产出的需求,相应的货款流入国内。这对本国的国民经济环境来说就是一种"注入"。因而出口属于注入量。本国的政府、厂商和居民户也向国外购买产品。这是本国的进口,相应的货款就要流入国外,这对本国的国民经济循环来说是一种"漏出",因而进口属于漏出量。四部门经济的收入流量循环模型可以用图 9-3 来表示。

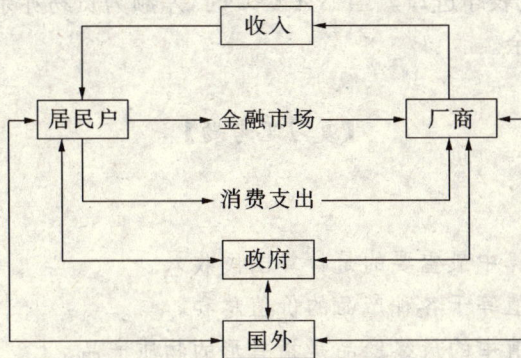

图 9-3　四部门循环

从总需求角度看,又增加了来自国外的购买需求,来自国外的购买需求对本国来说就是出口。因而国民收入就是消费、投资、政府支出和国外支出的总和。所以,

$$国民收入 = 消费需求＋投资需求＋政府需求＋国外对本国产出需求$$
$$= 消费＋投资＋政府购买＋出口(X)$$
$$总需求:Y = C＋I＋G＋X$$

从总供给角度看,又增加了来自国外的供给,来自国外的供给对本国来说就是进口。所以,国民收入就是各生产要素的收入、政府供给的收入和国外供给的收入的总和。

$$国民收入(Y) = 要素收入总和$$
$$= 对本国产出的消费＋储蓄＋税收＋进口(M)$$
$$总供给:Y = C＋S＋T＋M$$

所以:(总需求)$I＋G＋X = S＋T＋M$(总供给)

$$I＋G＋X = S＋T＋M(总需求 = 总供给)经济增长均衡$$
$$I＋G＋X < S＋T＋M(总需求 < 总供给)经济增长收缩$$
$$I＋G＋X > S＋T＋M(总需求 > 总供给)经济增长扩张$$

如果我们把上式左边的$(G＋X)$移至等式右边,则有:

$$I = S＋(T－G)＋(M－X)$$

需要指出的是,在三部门和四部门经济中,储蓄 S 等于消费者的储蓄加上厂商未分配利润和折旧。政府的税收 T 是税收净额,即各级政府的总税收减去政府

无偿支付给消费者和厂商的转移支付,再减去政府的利息支付和津贴。$M-X=NX$。其中的 NX 代表净进口。当 $NX>0$ 时,差额为贸易赤余;当差额为 $NX<0$ 时,差额为贸易盈余。

【复习思考题】

一、判断题

1. 国民收入核算中最重要的是计算国民收入。　　　　　　　　　（　　）

2. 国内生产总值等于各种产品的价值总和。　　　　　　　　　　（　　）

3. 国内生产总值中的最终产品是指有形的物质产品。　　　　　　（　　）

4. 今年建成并出售的房屋的价值和去年建成而在今年出售的房屋价值都应计入今年的国内生产总值。　　　　　　　　　　　　　　　　　（　　）

5. 用作钢铁厂炼钢用的煤和居民烧火用的煤都应计入国内生产总值中。

　　　　　　　　　　　　　　　　　　　　　　　　　　　　　（　　）

6. 同样的服装,在生产中作为工作服穿就是中间产品,而在日常生活中穿就是最终产品。　　　　　　　　　　　　　　　　　　　　　　　（　　）

7. 居民购买住房属于个人消费支出。　　　　　　　　　　　　　（　　）

8. 从理论上讲,按支出法、收入法和部门法所计算出的国内生产总值是一致的。　　　　　　　　　　　　　　　　　　　　　　　　　　　（　　）

9. 国内生产总值减去折旧就是国内生产净值。　　　　　　　　　（　　）

10. 个人收入等于消费与储蓄之和。　　　　　　　　　　　　　（　　）

二、选择题

1. 下列哪一项不列入国内生产总值的核算(　　　)。

A. 出口到国外的一批货物

B. 房产经纪人从房屋买卖双方收取的一笔佣金

C. 政府给贫困家庭发放的一笔救济金

D. 保险公司收到一笔家庭财产保险费

2. 今年的名义国内生产总值大于去年的名义国内生产总值,说明(　　　)。

A. 今年的物价水平一定比去年高了

B. 今年生产的物品和劳务的总量一定比去年增加了

C. 今年的物价水平和产量水平一定都比去年提高了

D. 以上说法都不一定正确

3. 国民生产总值中的最终产品是指(　　　)。

164

A. 有形的产品

B. 无形的产品

C. 既包括有形产品也包括无形的产品

D. 供以后的生产阶段作为投入的产品

4. 下列哪一项计入 GDP(　　)。

A. 购买一辆用过的旧自行车　　　　B. 购买普通股票

C. 汽车制造厂买进 10 吨钢板　　　　D. 银行向某企业收取一笔贷款利息

5. 按计算国内生产总值的支出法,应计入私人国内总投资的项目是(　　)。

A. 个人购买的轿车　　　　　　　　B. 个人购买的住房

C. 个人购买的冰箱　　　　　　　　D. 个人的住房租金

6. 国民生产总值与国民生产净值的差别是(　　)。

A. 直接税　　　　　　　　　　　　B. 间接税

C. 公司未分配利润　　　　　　　　D. 折旧

7. 下列哪一项属于经济学上的投资(　　)。

A. 企业增加一笔存货　　　　　　　B. 建造一座住宅

C. 企业购买一台计算机　　　　　　D. 以上都是

8. 在四部门经济中,GDP 是(　　)的总和。

A. 工资、地租、利息、利润和折旧　　B. 消费、净投资、政府购买和净出口

C. 消费、总投资、政府购买和净出口　D. 消费、总投资、政府购买和总出口

9. 在下列项目中,(　　)不属于政府购买。

A. 地方政府办三所小学　　　　　　B. 政府给低收入者提供一笔住房补贴

C. 政府购买一笔军火　　　　　　　D. 政府给公务员增加薪水

10. 三部门经济中,国民收入核算的恒等关系可表示为(　　)。

A. $I+S=G+T$　　　　　　　　　　B. $I+G=S+T$

C. $I+G+X=S+T+M$　　　　　　　D. $I=S$

三、名词解释

1. 国民生产总值　2. 国内生产总值　3. 国民生产净值　4. 国内生产净值
5. 国民收入　6. 个人收入　7. 个人可支配收入　8. 中间产品　9. 最终产品
10. 生产法　11. 支出法　12. 收入法　13. 名义国内生产总值　14. 实际国内生产总值

四、问答题

1. 在计算 GDP 时,需要注意哪几个问题?

2. 简述国内生产总值的含义。

3. 试比较国内生产总值核算的三种方法。

4. 简述国民收入核算中五个总量指标的含义及其相互关系。

五、计算题

1. 假定国内生产总值是 5 000,个人可支配收入是 4 100,政府预算赤字是 200,消费是 3 800,贸易赤字是 100(单位:亿美元)。

试计算:(1) 储蓄;

(2) 投资;

(3) 政府支出。

2. 假如某国企业在本国的收入为 200 亿元,在国外的收入为 50 亿元;该国国民在本国的劳动收入为 120 亿元,在国外的劳动收入为 10 亿元;外国企业在该国的收入为 80 亿元,外国人在该国的劳动收入为 12 亿元,试求:该国的国民生产总值和国内生产总值。

第十章　国民收入决定理论

上一章提供了一套核算某一时期国民收入多少的方法,但这种方法并不能解释决定国民收入水平的具体因素。为了说明社会经济均衡的形成及变化,就需要分析国民收入的决定问题。国民收入决定理论是宏观经济学的基础,也是宏观经济学的核心问题,它回答国民收入水平取决于什么因素,如何根据这些因素决定国民收入水平。本章主要研究封闭条件下的国民收入决定(简单国民收入决定模型),利率与国民收入决定(IS—LM 模型)以及价格水平与国民收入决定(总供给和总需求模型)等问题。

第一节　消费函数与储蓄函数

◆ **案例导入 10-1**

中国的消费倾向为什么偏低

据估算,中国的消费倾向,即消费支出在可支配收入中占的比例是 0.48,而美国的消费倾向约为 0.68。许多人从消费观念上解释这种差别的存在,认为中国人比美国人更崇尚节俭。而经济学家则认为不能用消费观念去解释这种差别,而应该探讨不同消费观念背后的经济原因。

中国消费倾向偏低的主要原因是:首先,人们对未来预期收入的增加缺乏信心。中国是一个转型国家,市场经济的实行打破了计划经济下的"铁饭碗",人们对未来普遍存在一种不确定的心态。企业改制或者破产、机关和事业单位精简机构,也会使部分人暂时失去工作。未来会怎么样,许多人心中没底。不敢寅吃卯粮,花明天的钱来圆今天的梦。其次,整个社会的保障体系还不完善。现有的社会保障体系覆盖面窄且水平偏低,人们在考虑未来养老、医疗、子女上学等问题的情况下,会把增加的收入更多地用于增加储蓄。再次,收入分配差距较大。消费倾向与实际收入呈反方向变动,即高收入者消费倾向低,低收入者消费倾向高。这样,一个社会收入分配差距越大,消费倾向就越低。因为高收入者得到大部分社会收入,而这些收入的大部分被他们储蓄起来,低收入者消费倾向高,但收入太少,这样,整个社会消费倾向就低。在我国,改革开放后的头 7—8 年,居民的收入水平有了较大的提高,但是,在很长一段时间内,收入增长有相当一部分都落入了少数资源支配者的腰包,社会分配严重不公,居民收入增长乏力,这使我国收入分配不平等的矛盾日渐突出,2000年基尼系数已达到0.45。

所以,中国消费倾向偏低,不是中国人更崇尚节俭,而是由多方面的原因造成的。

一、消费函数与储蓄函数

1. 消费函数

消费函数(consumption function)是指消费支出与决定消费的各种因素之间的依存关系。消费支出受很多因素的影响,如价格水平、收入水平、收入分配以及消费习惯等。在影响消费支出的各种因素中,收入是影响消费支出的决定性因素。所以,消费函数一般以收入为自变量,反映收入和消费之间的依存关系,一般来说,在其他条件不变的情况下,消费随收入的变动而呈现同方向的变动,即收入增加,消费增加;收入减少、消费减少。但消费与收入并不一定按同一比例变动。

用 Y 表示收入,用 C 表示消费,则消费函数可用公式表示为:

$$C = f(Y)$$

即 C 是 Y 的函数。一般说,消费与收入是同方向变动的(一定水平的收入对应着一定水平的消费)。随着收入的增加,消费也会相应地增加,但当消费增加到一定的程度后,其增加的速度会趋于平缓,而慢于收入增加的速度。

2. 储蓄函数

储蓄函数(saving function)是指储蓄与决定储蓄大小的各种因素之间的依存关系。影响储蓄的因素很多。但收入是最主要的因素,所以,储蓄函数主要反映收入与储蓄之间的依存关系,一般而言,在其他条件不变的情况下,储蓄随收入的变动而同方向变动,即收入增加,储蓄增加;收入减少,储蓄减少。用 Y 表示收入,用 S 表示储蓄,储蓄函数用公式表示为:

$$S = f(Y)$$

即 S 是 Y 的函数,这里与 C 不同的是,S 可以是负的。

储蓄与收入也是同方向变动的,一定水平的收入对应着一定水平的储蓄。随着收入的增加,消费支出和储蓄量都会增加,但消费支出的增加越来越少,储蓄量的增加则越来越多。这里正好是与收入增加到一定程度时,消费的增加要慢于收入的增加,是相互对应的。

二、消费倾向与储蓄倾向

消费与收入之间的关系,储蓄与收入之间的关系,可以用消费倾向与储蓄倾向来说明。

1. 消费倾向

消费倾向（propensity to consume，简称 PC）是指消费在收入中所占的比例。消费倾向分为平均消费倾向（average propensity to consume，简称 APC）和边际消费倾向（marginal propensity to consume，简称 MPC）。

平均消费倾向是指在每单位的收入中，消费所占的比例。用公式表示为：

$$APC = C/Y$$

边际消费倾向是指在增加的一单位收入中，用于消费的部分所占的比例，即消费增量对收入增量之比。以 ΔC 表示消费增量，ΔY 表示收入增量，则边际消费倾向用公式表示为：

$$MPC = \Delta C/\Delta Y$$

一般来说，边际消费倾向是大于零且小于1的。这是因为，随着收入的增加，消费必然会增加，因而边际消费倾向大于零。与此同时，人们在正常的情况下不会把所有的收入全部用于消费，因而边际消费倾向要小于1。另外，随着收入的增加和生活水平的提高，边际消费倾向会趋于递减。因为在不断增加的每一单位收入中，用于消费的比重会越来越小，而用于储蓄的比重则会越来越多。

2. 储蓄倾向

储蓄倾向（propensity to save）是指储蓄在收入中所占的比例，用 PS 表示。它也分为平均储蓄倾向（average propensity to save，简称 APS）和边际储蓄倾向（marginal propensity to save，简称 MPS）。平均储蓄倾向是指每单位收入中储蓄所占的比例。平均储蓄倾向公式为：

$$APS = S/Y$$

边际储蓄倾向是指在收入的增加量中，储蓄的增加量所占的比例（或收入每一单位时所增加的储蓄）。以 ΔS 表示储蓄增量，ΔY 表示收入增量，那么边际储蓄倾向用公式可表示为：

$$MPS = \Delta S/\Delta Y$$

全部的收入分为消费与储蓄，即 $Y = C + S$，所以，

$$APC + APS = C/Y + S/Y = 1$$

这表明平均消费倾向与平均储蓄倾向之和等于1。

全部增加的收入分为增加的消费与增加的储蓄，$\Delta Y = \Delta C + \Delta S$，所以，

$$MPC + MPS = \Delta C/\Delta Y + \Delta S/\Delta Y = 1$$

这表明边际消费倾向和边际储蓄倾向之和也等于1。

三、消费曲线与储蓄曲线

1. 消费曲线

消费曲线是用来表示消费与收入之间函数关系的曲线。见图 10-1(a)。如果用 b 表示消费倾向，a 表示自发性消费。那么消费函数的公式可表示为：$C=a+bY$。

在图 10-1(a) 中，纵坐标代表消费支出水平 C，横坐标代表可支配收入水平 Y。45°线上任何一点表示收入全部用于消费的情况 $(C=Y)$，$C=a+bY$ 就是消费曲线。由于短期内存在自发性消费 a（为纵轴上的截距），所以消费曲线的起点在 C 轴上 a 点，与45°线相交，交点为 E_0。消费水平在 E_0 点时，消费等于收入。在 E_0 点的右侧，表示收入大于消费，消费有剩余，也就是有储蓄 $S(S=Y-C)$。在 E_0 点的左侧，表示收入小于消费，储蓄 $S=Y-C$ 为负值，也就是负债。

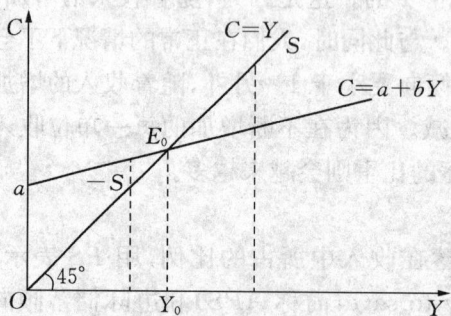

图 10-1(a)　消费曲线　　　　图 10-1(b)　储蓄曲线

2. 储蓄曲线

储蓄曲线是用来表示储蓄与收入之间函数关系的曲线。由 $Y=S+C$ 和消费函数 $C=a+bY$，可以得到储蓄函数的公式为：$S=-a+(1-b)Y$。

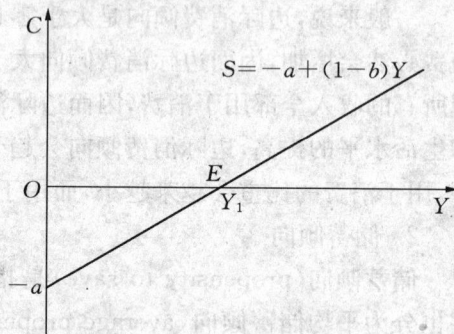

图 10-1(b) 就是储蓄曲线。其中，$-a$ 是负储蓄，对应于没有收入的自发消费，是独立于收入之外的，$(1-b)$ 是边际储蓄倾向（因为 b 是边际消费倾向）也就是储蓄曲线的斜率。

在图 10-1(b) 中，E 点为储蓄曲线与 Y 轴相交之点，表示收入为 Y_1 储蓄为零，即收入全部用于消费，E 点左侧储蓄是负值，表示收入小于消费，入不敷出；E 点之右，储蓄为正值，表示收入大于消费，且随着收入的增加而增加。

四、储蓄函数与消费函数的关系

储蓄函数与消费函数之间存在着密切的联系。

储蓄函数不是单独存在的，而是依消费函数来决定的。这是因为，储蓄是一定收入减去消费的剩余,消费多了,储蓄自然会少,如果消费少了,储蓄自然会多。所以储蓄函数可由消费函数求得。

储蓄函数与消费函数是互补的,两者之和总是等于收入。从图10-1(c)中可看出,储蓄曲线与消费曲线相加永远是45°线。

当收入为 Y_0 时,两条曲线上均反映出,消费等于收入,储蓄等于零。在 Y_0 左侧,消费曲线位于45°上方,表示消费大于收入,储蓄为负。因而储蓄曲线位于 Y 轴下方;在 Y_0 点右侧,储蓄曲线位于 Y 轴的上方,储蓄为正值,即收入大于消费,因而,消费曲线位于45°线的下方。

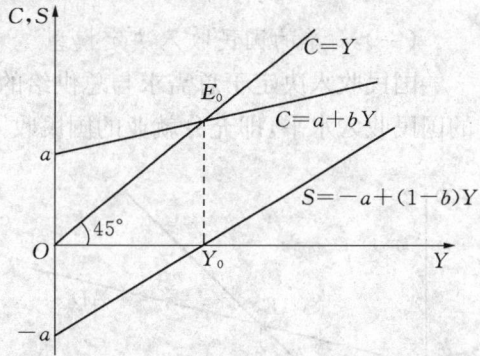

图 10-1(c)　储蓄函数与消费函数的关系

第二节　简单的国民收入决定模型

◆ 案例导入 10-2

2008 年北京奥运会将会给中国经济带来什么

许多经济学家认为,北京申奥成功将会进一步促进中国经济的发展,由奥运会带来的大规模经济建设将平均每年对 GDP 增长贡献 0.3—0.4 个百分点,申奥的成功将惠及很多产业,体现在:

1. 北京奥运会提出"绿色奥运、科技奥运、人文奥运"的主题,今后在环境治理、绿化带建设等方面都将会带来较大的投入。

2. 申奥成功将带来大规模的经济建设,直接拉动经济的增长。为举办奥运会,北京将投入 2 800 亿元,其中 64% 将用于基础建设。这样大的资金投入,对北京乃至全国的经济必将产生较大的拉动作用。这些资金如果按计划投入,北京近 10 年 GDP 的年均增长率为 10%,并创造 30 万个新的就业机会。与此同时,对全国经济的带动作用也很明显。据初步测算,平均每年 GDP 将多增长 0.3—0.4 个百分点。

3. 奥运会还将带动广告业、公共交通、房地产、旅游业、地方零售业等的发展。

北京奥运会的举办为什么会给我国经济带来巨大的推动作用?本节将从总需求入手展开有关内容的分析。

总需求等于总供给时的国民收入成为均衡的国民收入。也就是说,国民收入水平由总需求与总供给共同决定。

一、总需求与均衡的国民收入决定模型

(一)简单的国民收入决定模型

国民收入决定于总需求与总供给的共同作用,为便于讨论,我们假设:(1)潜在的国民收入水平,即充分就业的国民收入是不变的;(2)各种资源没有得到充分利用,即总供给可以随总需求的变动而变动;(3)物价水平既定;(4)利率水平既定,即不考虑利率变动对国民收入水平的影响;(5)投资水平既定。简单地说,就是假设总供给不变。这样,国民收入就决定于总需求。当不考虑总供给这一因素时,均衡的国民收入水平就是由总需求水平所决定的。如图10-2所示。

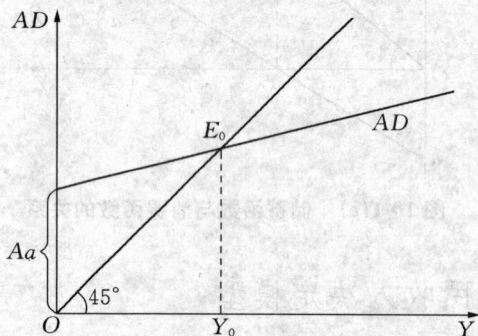

图 10-2　简单的国民收入决定模型

在图 10-2 中,横轴表示国民收入,纵轴表示总需求,45°线表示总需求等于总供给。AD 代表总需求水平,当 AD 与45°线相交于 E_0 时,决定了均衡的国民收入为 Y_0。

在 Y_0 之左,总需求大于总供给,国民收入在增加,在 Y_0 之右,总需求小于总供给,国民收入在逐步减少,只有在 Y_0 时,国民收入既不增加,也不减少,处于均衡状态。这时的国民收入 Y_0 就是均衡的国民收入。

全部消费实际上可以分为两部分,一部分是不取决于收入的自发性消费,另一部分是随收入变动而变动的引致消费。自发消费是由人的基本生存需要决定的消费,假定这部分消费是一个固定的量,不随收入而变动。引致消费是由收入而引起的消费,其大小取决于收入和边际消费倾向。以 Ca 代表自发消费,b 代表边际消费倾向,所以消费函数可写为:

$$C = Ca + b \cdot Y$$

又因为:$AD = C + I$,其中投资 I 不变,则:

$$AD = C + I = Ca + b \cdot Y + I$$

用 Aa 代表总需求中不变的自发消费与投资,将其称为自发总需求,则上式可写为:

$$AD = Ca + b \cdot Y + I = (Ca + I) + b \cdot Y = Aa + b \cdot Y$$

由图 10-2 可知,需求曲线 AD 的斜率为边际消费倾向 b,Aa 为自发总需求(图形中的截距)。AD 向右上方倾斜。E_0 点决定了国民收入的均衡点是 Y_0。所以,均衡国民收入决定的条件是总供给(国民收入)等于总需求,即:

$$Y = AD$$

$$AD = Aa + b \cdot Y$$

$$Y = Aa + b \cdot Y$$

$$Y_0 = 1/(1-b) \cdot Aa$$

上式说明了均衡的国民收入 Y_0 的决定。

(二)总需求与国民收入水平的变动

由于均衡的国民收入水平是由总需求决定的,因而总需求的变动必然引起均衡的国民收入的同方向变动。即总需求增加,均衡的国民收入增加;总需求减少,均衡的国民收入减少。我们可以用图 10-3 来说明这一点。

在图 10-3 中,当总需求为 AD_0 时,决定了均衡的国民收入水平为 Y_0。当总需求曲线向上方移动,即从 AD_0 移动到 AD_1 时,国民收入水平提高到 Y_1;当总需求曲线向下方移动,即从 AD_0 移动到 AD_2 时,就会使国民收入水平降低到 Y_2。

在图 10-3 中,总需求变动表现为总需求曲线的平行移动。这就说明总需求变动是由自发总需求的变动引起的。设自发总需求的变动量为 ΔAa,则这三条总需求曲线分别为:

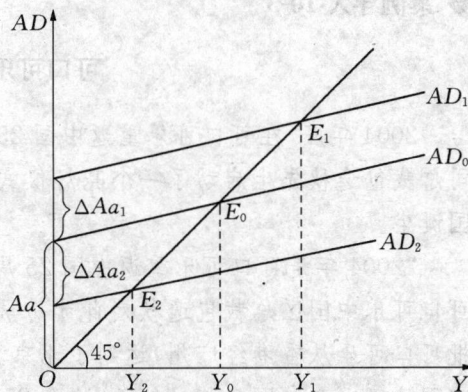

图 10-3 总需求与国民收入水平的变动

$$AD_0 = Aa + b \cdot Y$$

$$AD_1 = Aa + \Delta Aa_1 + b \cdot Y$$

$$AD_2 = Aa - \Delta Aa_2 + b \cdot Y$$

根据上述总需求与国民收入变动的关系,还可以进一步分析储蓄与国民收入变动的关系。我们知道在既定的收入中,消费与储蓄成反方向的变动,由于储蓄的缘故,使得消费减少,即总需求减少。储蓄如果不能及时地转化为投资,以弥补由于消费减少而引起的总需求减少,那么整个经济中就会出现沉淀,社会的国民经济活动就会有一种紧缩的压力。这种压力过大,就会造成通货紧缩,使整个社会呈萧条局面。具体表现为储蓄的增加使得实际国民收入减少了。如此看来,储蓄并不是什么美德,倒是导致萧条的罪魁祸首了。因为,按照传统的观念,增加储蓄是好的,减少储蓄是恶的。"蜜蜂的寓言"正是这一传统观念的具体体现,其结果也印证了储蓄导致萧条这一结论。这种由于储蓄增加引起的国民收入减少被称为节约的悖论(paradox of thrift)。

有关节约的悖论,中国也有。早在明代,就有人倡导崇奢黜俭,说道:"予每博观天下大势,大抵其地奢则其民必易为生,其地俭则其民必不易为生也。"意思是说,生活奢侈,民众容易谋生;生活节俭,民众难以谋生。节约的悖论,有其一定的道理,但它只是在萧条时期且储蓄大于投资时才成立。也就是说,节约的悖论不是真正的悖论。增加储蓄会使国民收入减少,而减少储蓄会使国民收入增加这一结论仅仅适用于各种资源没有得到充分的利用。如果各种资源得到了充分的利用,这一结论就不灵了。

◆ **案例导入 10-3**

可口可乐:乘数效应

2004 年底,在可口可乐重返中国 25 周年的庆典活动上,可口可乐中国饮料公司总裁包逸秋先生启动了一个亮灯仪式,可口可乐第 1 000 亿瓶的生产纪录在中国诞生。

"2004 年是可口可乐重返中国 25 周年,完全可以说见证了中国的改革开放。"可口可乐中国区总裁包逸秋对此十分骄傲。1979 年,中美建交的第三个星期,一批可口可乐从香港经广州,运到了北京。"我们可口可乐可以说是建国以来,重返中国的第一个跨国品牌。"然而,这个 25 年前还"洋味十足"的饮料,却在 25 年的时间里,其中国市场的排名已经迅速攀登到第五位,并且成为增长最快的主要市场之一。

"25 年了,可口可乐可以说已经非常融入中国社会。"包逸秋十分看好中国的市场:可口可乐在中国支持 40 多万个就业机会,每年为中央和地方税收部门直接或间接带来利税 16 亿元人民币。通过乘数效应,可口可乐系统每年使中国经济增加 300 亿元的产值。

二、乘数原理

乘数原理是现代西方经济学家的重要理论之一。乘数概念最早由英国经济学家卡恩在 1931 年所发表的《国内投资与失业的关系》中提出,后被凯恩斯用来说明收入与投资之间的关系,成为凯恩斯主义的一个重要思想。

(一)乘数的含义

乘数(multiplier),又称为倍数,是指总需求的增加所引起的国民收入增加的倍数,或者说是国民收入增加量与引起这种增加量的总需求增加量之间的比率。一般来说,乘数总是大于1的。这是因为国民经济各部门之间存在着密切的联系。其中一个部门的需求增加,不仅会使本部门的收入增加,而且会在其他部门引起连锁反应,从而使这些部门的需求与收入也增加,结果是使国民收入的增加量数倍于总需求的初始增加量。需要强调的是,只有在经济社会存在着闲置资源时,即当经济社会中存在着可用于增加生产的劳动力和生产资料,乘数才能发挥作用。

乘数原理应用于不同的方面,就有不同的乘数。如投资乘数、政府支出乘数、对外贸易乘数、货币创造乘数等等。为了便于进一步了解乘数,我们以投资乘数为例加以分析。

(二)投资乘数发挥作用的过程分析

投资增加会使国民收入增加,但增加一定量的投资会使国民收入增加多少?投资乘数就是说明每增加一元投资所能引起的国民收入增加的倍数。如果用 ΔY、ΔI、K 分别表示国民收入增量、投资增量和投资乘数,则投资乘数公式为:

$$K = \Delta Y \div \Delta I$$

即投资乘数是投资增量和由它引起的国民收入增量之间的比率。例如,如果投资支出增加 100 万美元,它使国民收入增加了 500 万美元,那么投资乘数等于 5。

投资乘数的大小与全社会的边际消费倾向(MPC)和边际储蓄倾向(MPS)有关。

$$K = 1 \div (1 - MPC) = 1 \div MPS$$

如果边际消费倾向用 b 来表示,那么,投资乘数也可表示为:

$$K = 1 \div (1 - MPC) = 1 \div (1 - b)$$

显然,投资乘数的大小取决于边际消费倾向,与边际消费倾向成正向关系,边际消费倾向越大,乘数越大,反之亦然。投资乘数与边际储蓄倾向成反向关系,边际储蓄倾向越大,乘数越小;边际储蓄倾向越小,乘数越大。这是因为边际消费倾向越大,收入中用于消费的部分就越多,从而使总需求和国民收入增加得也越多。

例如,某部门增加投资 100 万元,则生产资本品的部门的收入将增加 100 万元,相应人们的收入增加 100 万元。在边际消费倾向为 0.8 时,居民增加消费 80 万元,这又会引起消费品部门增加消费品 80 万元,相应地,人们的收入又增加 80 万元,如果边际消费倾向依然为 0.8,则又引起生产增加 64 万元……

当国民收入达到新的均衡时,国民收入增加量是:

$$\Delta Y = 100 + 100 \times 0.8 + 100 \times 0.8^2 + 100 \times 0.8^3 + \cdots\cdots$$
$$= 100 \div (1 - 0.8) = 500(万元)$$

即:投资乘数为:

$$K = 1 \div (1 - MPC) = 1 \div (1 - 0.8) = 5$$

因此,增加的国民收入为:

$$\Delta Y = \Delta I \div (1 - b) = 100 \div (1 - 0.8) = 500(万元)$$

或者,$\Delta Y = \Delta I \times K = 100 \times 5 = 500(万元)$

如果,边际消费倾向为 0.6,则投资乘数为

$$K = 1 \div (1 - MPC) = 1 \div (1 - 0.6) = 2.5$$

此时,国民收入则仅增加:

$$\Delta Y = \Delta I \times K = 100 \times 2.5 = 250(万元)$$

然而,正如一把双刃的剑,乘数既能从正面起作用,也能从反面起作用,当投资减少时,国民收入便会加倍地收缩。所以,通过乘数这个指标,就可判断投资的变动所引起的社会总需求的变动,即对国民收入和就业量增加或减少的影响程度。因为,当投资增加后,国民收入的增量就等于投资的增量乘以投资乘数。

(三) 投资乘数发生作用的条件

投资乘数虽有按一定倍数增加(或减小)均衡收入的效应,但其本身作用的发挥要受到许多条件的限制,这些条件主要有:

1. 边际消费倾向和边际储蓄倾向的稳定。如果储蓄和消费倾向发生变化,实际的投资乘数作用就会降低。

2. 一国经济在封闭条件下,是在未达到充分就业的条件下运行的。因此,为了使投资乘数不受限制地发挥出来,必须有闲置的生产能力和足够的消费品存货。

如果在投资品生产部门增加的收入是用来偿还债务,那么投资乘数就要缩小;如果增加的收入是用来购买消费品的存货,投资乘数也将缩小;另外,投资乘数作用的大小也受其作用时间长短的限制等。

第三节　IS—LM 模型

◆ 案例导入 10-4

战　争　与　利　率

1959 年美国卷入了越南战争。越南人民英勇作战,使美国士兵陷入热带丛林之中不能自拔,美国政府不得不增派兵力。从 1965 年初至 1965 年末,美国驻扎在越南的军队由不足 2.5 万急增到 35 万以上。军队人数的增加使得军费开支不断上升,如果按 1987 年美元计算,在 1965 年至 1966 年间,美国政府支出增加了 550 亿美元。与此同时,美国的货币供给量(M_1)几乎没有变动:1965 年为 5 910 亿美元,1966 年为 5 850 亿美元。

我们可以运用 IS—LM 曲线来分析越南战争对美国经济的影响。如下图。该图说明,政府增加军费开支将使 IS 曲线由 IS_1 向右位移到 IS_2,由于货币供给量(M_1)没有变动,经济均衡点由 E_1 移到 E_2,使得 GDP 增加,利率上升。从实际发生事实来看,美国在 1965 年至 1966 年间,GDP 从 24 710 亿美元增至 26 160 亿美元,增加了 1 450 亿美元,三个月期的国库券利率从 3.95% 上升到 4.88%。最终,过热经济导致了通货膨胀和前所未有的高利率的出现。

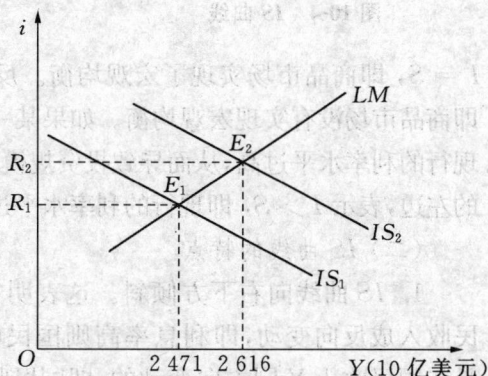

越南战争对美国利率的影响

从上一节的分析可以看出,货币存量、利率等因素似乎不起什么作用。但上述案例说明:货币在经济中起着举足轻重的作用,利率也是决定总需求的重要因素。本节将把货币、利率等因素引入到国民收入的决定中去,用 IS—LM 模型来研究商品市场和货币市场的同时均衡问题。

IS—LM 模型是说明商品市场与货币市场同时达到均衡时国民收入与利息率决定的模型。在这里,I 是指投资,S 是指储蓄,L 是指货币需求,M 是指货币供给。这一模型在理论上是对总需求分析的全面高度概括,在政策上可以用来解释财政政策与货币政策,因此,被称为整个宏观经济学的核心。

一、商品市场的均衡与 IS 曲线

（一）IS 曲线的含义

所谓 IS 曲线就是反映当商品市场达到均衡，即总供给等于总需求时，国民收入 Y 与利息率 i 之间存在着一一对应关系的曲线。在图 10-4 中，横轴 OY 代表国民收入，纵轴 OI 代表利息率。IS 曲线上任何一点都是 $I = S$，即商品市场上实现了均衡。

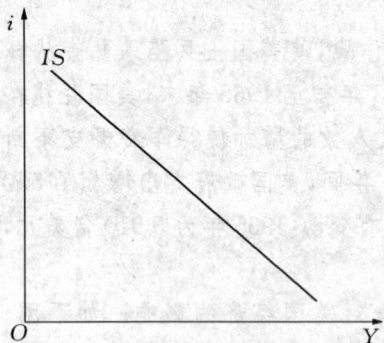

由上可知，IS 曲线的经济含义：

（1）IS 曲线是一条描述商品市场达到宏观均衡即 $I = S$ 时，总产出与利率之间关系的曲线。

（2）在商品市场上，总产出与利率之间存在着反向变化的关系，即利率提高时总产出水平趋于减少，利率降低时总产出水平趋于增加。

（3）处于 IS 曲线上的任何点位都表示 $I = S$，即商品市场实现了宏观均衡。反之，偏离 IS 曲线的任何点位都表示 $I \neq S$，即商品市场没有实现宏观均衡。如果某一点位处于 IS 曲线的右边，表示 $I < S$，即现行的利率水平过高，从而导致投资规模小于储蓄规模。如果某一点位处于 IS 曲线的左边，表示 $I > S$，即现行的利率水平过低，从而导致投资规模大于储蓄规模。

（二）IS 曲线的特点

1. IS 曲线向右下方倾斜。这表明在商品市场上实现了均衡时，利息率与国民收入成反向变动，即利息率高则国民收入低，利息率低则国民收入高。储蓄 S 是与国民收入 Y 同方向变动的，即国民收入增加，社会储蓄也会增加；国民收入减少，社会储蓄也会减少。

在商品市场上利息率与国民收入成反方向变动是因为利息率与投资成反方向变动。因为，投资的目的是为了实现利润最大化。投资者一般要用贷款来投资，而贷款必须付出利息，所以利润最大化实际是偿还利息后纯利润的最大化。这样，投资就要取决于利润率与利息率。如果利润率既定，则投资就要取决于利息率。利息率越低，纯利润就越大，从而投资就越多；反之，利息率越高，纯利润就越小，从而投资就越少。因此，利息率与投资成反方向变动。投资是总需求的一个重要组成部分，投资增加，总需求增加，投资减少，总需求减少。而总需求又与国民收入同方向变动。因此，利息率与国民收入成反方向变动。

这样，当商品市场均衡时，即 $I(i) = S(Y)$ 时，i、I、Y、S 之间存在如下序列关系：

$$i \downarrow \ \rightarrow I \uparrow \ \rightarrow Y \uparrow \ \rightarrow S \uparrow$$

图 10-4　IS 曲线

178

即利率下降,投资增加,国民收入增加,储蓄也增加并与投资相等。

2. IS 曲线的斜率,它表示利率 i 变动引起的国民收入 Y 变动的程度。如果 IS 曲线比较平坦,说明利率的变动引起的国民收入的变动较大,比如,稍微降低利率将引起国民收入较大的增加;而如果 IS 曲线比较陡峭,说明利率的变动引起的国民收入的变动较小,比如,只有大幅度提高利率才能引起国民收入减少。

(三) IS 曲线的移动

总需求的变动特别是自发总需求的变动会使 IS 曲线的位置平行移动,如图 10-5 所示。

在图 10-5 中,当自发总需求增加时,IS 曲线向右上方移动,即从 IS_0 移动到 IS_1,当自发总需求减少时,IS 曲线向左下方移动,即从 IS_0 移动到 IS_2。

IS 曲线的移动,主要受投资、储蓄、政府开支和税收等因素的影响。(1)假设储蓄不变,投资增加,则 IS 曲线向右上方移动;投资减少,则 IS 曲线向左下方移动。(2)假设投资不变,储蓄减少,则 IS 曲线向右上方移动;储蓄增加,则 IS 曲线向左下方移动。(3)政府开支增加,IS 曲线向右上方移动;政府开支减少,IS 曲线向左下方移动。(4)税收增加,IS 曲线向左下方移动;税收减少,则 IS 曲线向右上方移动。

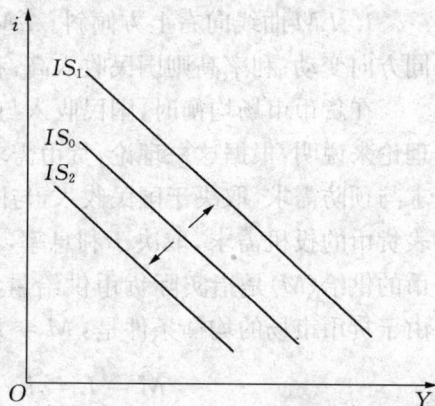

图 10-5 *IS* 曲线的移动

二、货币市场的均衡与 *LM* 曲线

(一) *LM* 曲线的定义

所谓 *LM* 曲线就是表明当货币市场均衡时,即实际货币需求量等于实际货币供给量时,国民收入 Y 与利率 i 之间相互组合的函数关系曲线。在图 10-6 中,横轴 OY 代表国民收入,纵轴 OI 代表利息率。*LM* 曲线上任何一点都是 $L = M$,即货币市场上实现了均衡。

由上可知,*LM* 曲线的经济含义:

(1) *LM* 曲线是一条描述货币市场达到宏观均衡即 $L = M$ 时,总产出与利率之间关系的曲线。

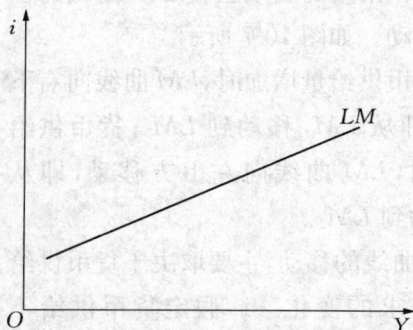

图 10-6 *LM* 曲线

（2）在货币市场上，总产出与利率之间存在着正向变化的关系，即利率提高时总产出水平趋于增加，利率降低时总产出水平趋于减少。

（3）处于 LM 曲线上的任何点都表示 $L = M$，即货币市场实现了宏观均衡。反之，偏离 LM 曲线的任何点都表示 $L \neq M$，即货币市场没有实现宏观均衡。如果某一点处于 LM 曲线的右边，表示 $L > M$，即现行的利率水平过低，从而导致货币需求大于货币供应。如果某一点处于 LM 曲线的左边，表示 $L < M$，即现行的利率水平过高，从而导致货币需求小于货币供应。

（二）LM 曲线的特点

1. LM 曲线向右上方倾斜。LM 曲线向右上方倾斜，表明利率与国民收入成同方向变动；利率高则国民收入高，利率低则国民收入低。

在货币市场均衡时，国民收入与利率成同方向变动可以用凯恩斯主义的货币理论来说明：根据这一理论，货币需求（L）由 L_1 与 L_2 组成，L_1 代表货币的交易需求与预防需求，取决于国民收入，与国民收入同方向变动，写为 $L_1 = L_1(Y)$；L_2 代表货币的投机需求，取决于利息率，与利息率成反方向变动，写为 $L_2 = L_2(i)$。货币的供给（M）是指实际货币供给量，由中央银行的名义供给量与价格水平决定。由于货币市场的均衡条件是：$M = L$，因此

$$M = L = L_1 + L_2 = L_1(Y) + L_2(i)$$

从公式中可以看出，当货币供给既定时，如果货币的交易需求与预防需求增加，为了保持货币市场的均衡，则货币的投机需求必然减少。L_1 的增加是国民收入增加的结果，而 L_2 的减少又是利息率上升的结果。因此，在货币市场上实现了均衡时，国民收入与利息率之间必然是同方向的变动关系。

2. LM 曲线的斜率。LM 曲线的斜率取决于利率变动时人们对货币的需求作出反应的程度，即货币需求的利率弹性情况。

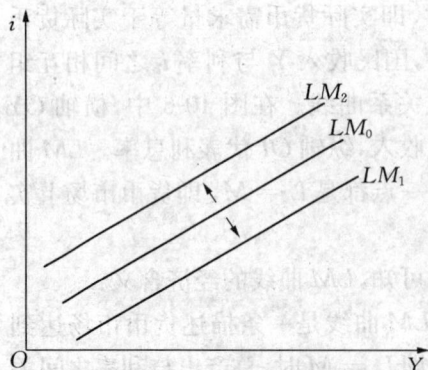

图 10-7　LM 曲线的移动

（三）LM 曲线的移动

货币供给量的变动会使 LM 曲线的位置平行移动。如图 10-7 所示。

当货币供给量增加时，LM 曲线向右下方移动，即从 LM_0 移动到 LM_1；货币供给量减少时，LM 曲线向左上方移动，即从 LM_0 移动到 LM_2。

LM 曲线的移动，主要取决于货币供给和货币需求的变化。1. 假定货币供给不变，如果货币需求增加，则货币供求均衡点

上移，LM曲线向左上方移动；如果货币需求减少，则货币供求均衡点下移，LM曲线向右下方移动。2.假定货币需求不变，如果货币供给增加，则货币供求均衡点下移，LM曲线向右下方移动；如果货币供给减少，则货币供求均衡点上移，LM曲线向左上方移动。

三、商品与货币市场的均衡与 IS—LM 模型

（一）国民收入与利息率的决定

当把 LM 曲线与 IS 曲线放在同一图中时，就可以得出商品市场与货币市场同时均衡时的国民收入与利息率决定的 IS—LM 模型。如图 10-8 所示。

在图中，IS 曲线上任意一点都表示物品市场的均衡，即 $I = S$；LM 曲线上任意一点都表示货币市场的均衡，即 $L = M$。LM 曲线与 IS 曲线相交于 E 点。在 E 点上则是两种市场的同时均衡，这时决定了均衡的国民收入水平为 Y_0，均衡的利率水平为 I_0。而且，也只有在国民收入水平为 Y_0，均衡的利率水平为 I_0 时，两种市场才能同时均衡。

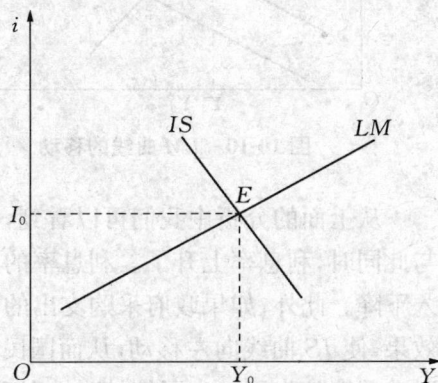

图 10-8　IS—LM 模型

（二）IS—LM 模型的具体应用

IS—LM 模型具有很强的实用价值。我们可以通过它来说明政府支出、政府收入、货币供给量如何影响利息率与国民收入的。

在 LM 曲线不变的情况下，IS_0 与 LM 相交于 E_0，决定的利息率为 I_0，国民收入为 Y_0。当政府实行扩张的财政政策，增加其采购支出时，总需求增加，即自发总需求增加，从而 IS 曲线向右移动，从 IS_0 移动到 IS_1，引起国民收入从 Y_0 增加到 Y_1，利息率从 I_0 上升到 I_1；反之，当政府财政支出减少，从而总需求减少时，IS 曲线从 IS_0 移动到 IS_2，引起国民收入减少到 Y_2，利息率下降到 I_2。图 10-9 所示。

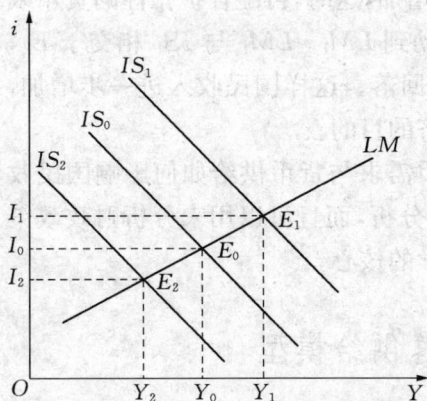

图 10-9　IS 曲线的移动

在 IS 曲线不变的情况下，LM_0 与 IS 相交于 E_0，决定的利息率为 I_0，国民收入为 Y_0。当货币供给量增加时，LM 线从 LM_0

移动到 LM_1,这就引起国民收入从 Y_0 增加到 Y_1,利息率从 I_0 下降到 I_1;反之,当货币供给量减少或不足时,LM 曲线从 LM_0 移动到 LM_2,这就引起国民收入从 Y_0 减少到 Y_2,利息率从 I_0 上升为 I_2,图 10-10 所示。

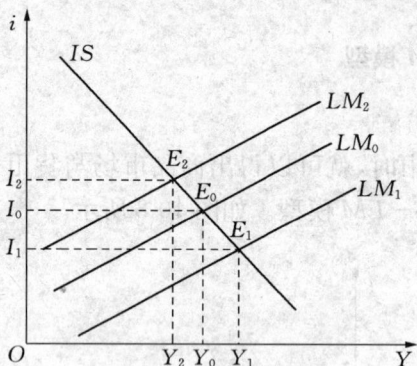

图 10-10　LM 曲线的移动　　　　　　图 10-11　IS—LM 模型

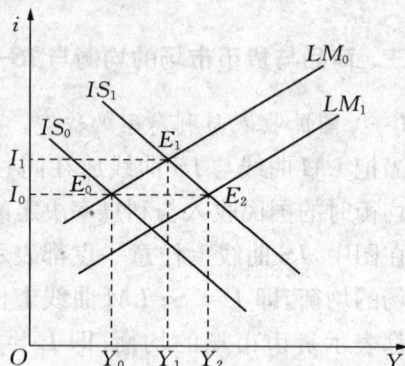

从上面的分析中我们可以看到,当政府扩大支出时,会引起国民收入的增加。与此同时,利息率上升了。利息率的上升会减少投资,减少总需求,从而使国民收入下降。此外,如果政府采购支出的资金来源于政府增加的税收,也会产生类似的效果,使 IS 曲线向左移动,从而国民收入下降。这就在一定程度上抵消了扩张性财政政策的作用。为了使扩张性财政政策在增加国民收入的同时又不至于引起利息率上升,可以在采用扩张性财政政策的同时,配合实行扩张性的货币政策。可用图 10-11 来说明这种配合。

在图 10-11 中,当政府增加购买支出时,IS 曲线从 IS_0 移动到 IS_1,IS_1 与 LM_0 相交于 E_1。这时,国民收入从原来的 Y_0 增加到 Y_1,利息率也从 I_0 上升到了 I_1。而利息率的上升不利于国民收入的进一步增加,这时,再配合扩张性的货币政策,即增加货币供给量,使 LM 曲线从 LM_0 移动到 LM_1。LM_1 与 IS_1 相交于 E_2,形成了新的均衡国民收入 Y_2,同时利息率水平回落。这样国民收入进一步增加,而利息率又不会起伏过大,达到了有效刺激经济的目的。

总之,IS—LM 模型分析了储蓄、投资、货币需求与货币供给如何影响国民收入和利率。这一模型不仅精练地概括了总需求分析,而且可以用来分析财政政策和货币政策。因此,这一模型被称为宏观经济学的核心。

第四节　总需求—总供给模型

上述 IS—LM 模型分析中,是假设商品价格和总供给不变。这种分析方法是必要的,并有一定意义。但进一步分析,必须考虑现实中价格和总供给的变化。总供给——总需求模型,就是将总供给与总需求结合起来,说明总供给与总需求如何决定国民收入与价格水平的。

◆ 案例导入 10-5

谁推动了 20 世纪 90 年代美国的总需求

克林顿总统把 1996 年美国经济的明显回升和活跃归功于自己,但分析家认为应主要归功于消费者。

在 1996 年的大部分时间里,美国人慷慨地支出于住房、汽车、电冰箱和外出吃饭,这使得在 1 月份时看来有停止危险的经济扩张又得以持续下去。在这个过程中,他们基本上没有理会过分扩大支出的信号。

经济学家说,在星期五公布的经济惊人强劲的数据中,消费者的无节制支出是主要力量。劳工部估算,经济创造了 23.9 万个工作岗位,远远大于预期的水平,使这个月成为连续第五个月强有力的就业增加。现在的失业率为 5.3%,是 6 年来的最低水平,而且,经济增长如此迅速,以至于又开始担心通货膨胀。

在各个行业中,就业增长最大的是零售业,它在 6 月份增加了 7.5 万个工作岗位,其中有将近一半是政府划归为餐饮的行业。在汽车中间商、加油站、旅馆和出售建筑材料、园艺和家具的商店中,工作岗位的增加也是强劲的。建筑业增加了2.3 万个,这部分反映了住房建设的持续性上升力量。

大多数经济学家还一致认为,1996 年支出迅速增加主要是由临时的因素引起的——包括低利率,退税高于预期水平,以及汽车制造商的回扣等。

此外,消费者对股票市场将持续上涨的预期也使消费者支出更多。

到底是谁推动了 20 世纪 90 年代美国的总需求?下面我们从总需求和总供给的两个角度共同进行分析。

一、总需求曲线

总需求曲线是表明在商品市场与货币市场同时达到均衡时,总需求与价格水平之间关系的曲线。可以用图 10-12 来说明。

在图 10-12 中,横轴 OY 代表国民收入,纵轴 OP 代表价格水平,总需求曲线 AD 是一条向右下方倾斜的曲线。这说明了总需求

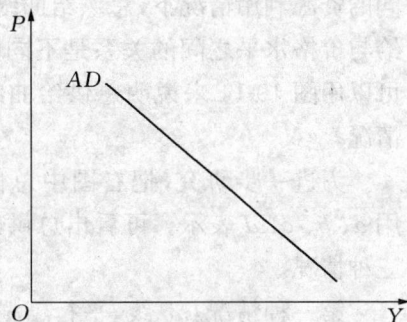

图 10-12　总需求曲线

与价格水平成反方向变动,即价格水平下降,总需求增加,价格水平上升,总需求减少。

我们可以用 $IS—LM$ 模型来解释总需求与价格水平成反方向变动的原因。在 $IS—LM$ 模型中,货币供给量是指实际货币供给量,取决于名义货币供给量与价格水平。当名义货币供给量不变时,实际货币供给量与价格水平成反方向变动,即价格水平上升,实际货币供给量减少;价格水平下降,实际货币供给量增加。在货币需求不变的情况下,实际货币供给量减少使利率上升,利息率上升又使投资减少,总需求减少;反之,实际货币供给量增加使利息率下降,利息率下降又使投资增加,总需求增加。这样,总需求与价格水平就成反方向变动。

自发总需求的变动会引起总需求曲线移动。当自发总需求增加时,总需求曲线向右上方移动,表明在价格水平既定时,自发总需求由于其他原因而增加了。当自发总需求减少时,总需求曲线向左下方移动,表明在价格水平既定时,自发总需求由于其他原因而减少了,图 10-13 表明了总需求曲线移动的情况。

在图 10-13 中,自发总需求增加使总需求曲线由 AD_0 移动到了 AD_1,而自发总需求减少使总需求曲线由 AD_0 移动到了 AD_2。

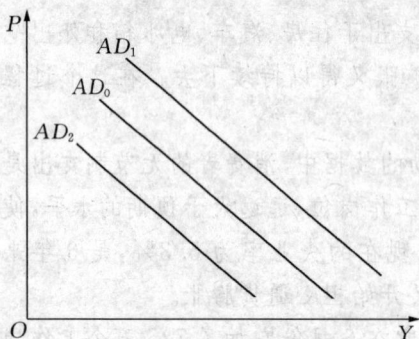

图 10-13 　总需求曲线移动

二、总供给曲线

总供给曲线是表明商品市场与货币市场同时达到均衡时,总供给与价格水平之间关系的曲线。它反映了在每一既定的价格水平时,所有厂商愿意提供的产品与劳务的总和。

总供给取决于资源利用的情况。在不同的资源利用情况下,总供给曲线,即总供给与价格水平之间的关系是不同的。我们可以用图 10-14 来说明总供给曲线的不同情况。

为进一步研究,把右图中总供给曲线用 a、b、c、d 表示。可看出总供给曲线有三种情况。

第一种情况:ab 线,平行于横轴,表明在价格水平不变,总供给可以增加。这是

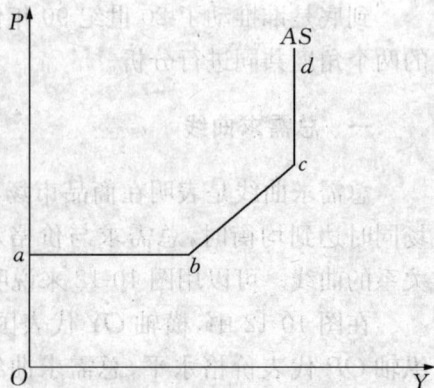

图 10-14 　总供给曲线

因为没有充分就业,资源没有得到充分利用。所以,在价格不变的情况下,可以增加总供给。这种情况是由凯恩斯提出来的,所以,这种水平的总供给曲线称为"凯恩斯主义总供给曲线"。

第二种情况:bc 线,这时总供给曲线是一条向右上方倾斜的线,这表明总供给与价格水平同方向变动。这是在充分就业前或资源接近充分利用的情况下,产量增加使生产要素的价格上升、成本增加,最终使价格水平上升。这种情况是短期的,同时又是经常出现的,所以,这条向右上方倾斜的总供给曲线称为"短期总供给曲线"。

第三种情况:cd 线,垂线于横轴或平行于纵轴。表明价格水平无论如何上升,总供给也不会增加。这是因为经济中实现了充分就业或资源得到了充分的利用。这是一种长期趋势,因此这条总供给曲线称为"长期总供给曲线"。

对于短期总供给曲线,要研究价格水平变动所引起的总供给量的变化程度,即总供给曲线的斜率。AS 的斜率越大,一定的价格水平变动所引起的国民收入变动量越小;AS 的斜率越小,一定的价格水平变动所引起的国民收入变动量越大。总供给曲线的斜率主要取决于劳动需求曲线的斜率、技术水平和资本存量的变动等。

三、总需求与总供给模型

总需求曲线表示了商品市场与货币市场同时达到均衡时的价格水平与国民收入之间的关系。总供给曲线表示了商品市场与货币市场同时达到均衡时的价格水平与国民收入之间的关系。把总供给曲线与总需求曲线放在一个以纵轴为价格水平,横轴为国民收入的坐标平面上,就得到总需求与总供给模型。如图 10-15。从总需求曲线 AD 和总供给曲线 AS 交点 E,可求得均衡的国民收入为 Y_0,均衡价格为 P_0。

四、总需求变动对国民收入与价格水平的影响

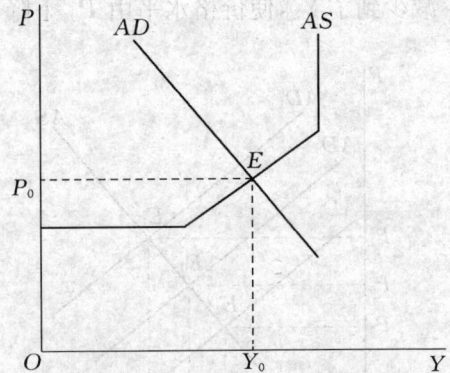

图 10-15　总需求与总供给模型

在总需求与总供给模型中,我们分析总需求变动对国民收入与价格水平的影响时,必须考虑总供给曲线的不同情况。

1. 凯恩斯主义总供给曲线。在这种总供给曲线时,总需求的增加会使国民收入增加,而价格水平不变;总需求的减少会使国民收入减少,而价格水平也不变,即总需求的变动不会引起价格水平的变动,只会引起国民收入的同方向的变动。如

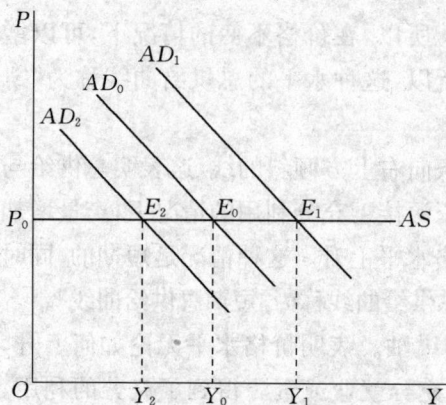

图 10-16 凯恩斯主义总供给曲线

图 10-16 所示。

图中，AS 为凯恩斯主义总供给曲线。AS 与 AD_0 相交于 E_0，决定了国民收入为 Y_0，价格水平为 P_0。总需求增加，总需求曲线由 AD_0 移动到 AD_1，这时 AD_1 与 AS 相交于 E_1，决定了国民收入为 Y_1，价格水平仍为 P_0，这就表明了总需求增加使国民收入由 Y_0 增加到 Y_1，而价格水平未变。相反，总需求减少，总需求曲线由 AD_0 移动到 AD_2，这时 AD_2 与 AS 相交于 E_2，决定了国民收入为 Y_2，价格水平仍为 P_0，这就表明了总需求减少使国民收入由 Y_0 减少到 Y_2，而价格水平未变。

2. 短期总供给曲线。当总供给受到一定约束时，总需求的增加会使国民收入增加，价格水平也上升；总需求的减少会使国民收入减少，价格水平也会下降。即总需求的变动引起国民收入与价格水平的同方向变动。可用图 10-17 来说明这种情况。

图中，AS 为短期总供给曲线，AS 与 AD_0 相交于 E_0，决定了国民收入为 Y_0，价格水平为 P_0。总需求增加时，总需求曲线由 AD_0 移动到 AD_1，这时 AD_1 与 AS 相交于 E_1，决定了国民收入为 Y_1，价格水平为 P_1，这表明，总需求增加使国民收入由 Y_0 增加到 Y_1，使价格水平由 P_0 上升为 P_1；同样，总需求减少使国民收入由 Y_0 减少到了 Y_2，使价格水平由 P_0 下降为 P_2。

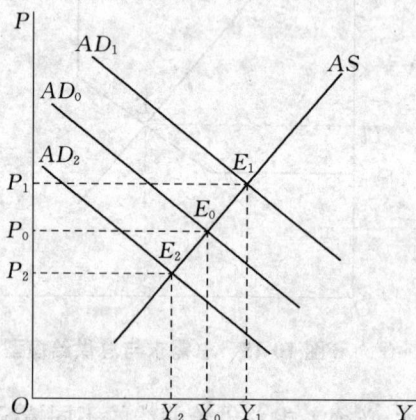

图 10-17 短期总供给曲线

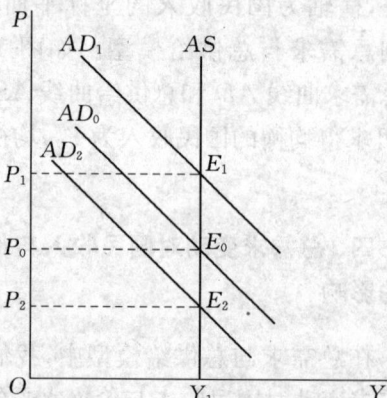

图 10-18 长期总供给曲线

3. 长期总供给曲线。当总供给不能增加时，由于资源已得到了充分的利用，所以总需求的增加只会使价格水平上升，而国民收入不会变动；同样，总需求的减

186

少也只会使价格水平下降,而国民收入不会变动。即总需求的变动会引起价格水平的同方向变动,而不会引起国民收入的变动。如图 10-18 所示。

五、短期总供给变动对国民收入和价格水平的影响

在总需求不变的情况下,若短期总供给变动也会对国民收入和价格水平有重要的影响。如图 10-19 所示。

图中,AS_0 与 AD 相交于 E_0,决定了国民收入水平为 Y_0,价格水平为 P_0。当总供给增加时,总供给曲线由 AS_0 移动到 AS_1,AS_1 与 AD 相交 E_1,决定了国民收入为 Y_1,价格水平为 P_1,这表明由于总供给的增加,国民收入由 Y_0 增加到了 Y_1,而价格水平由 P_0 下降为 P_1。当总供给减少时,总供给曲线由 AS_0 移动到 AS_2,AS_2 与 AD 相交于 E_2,决定了国民收入为 Y_2,价格水平为 P_2,

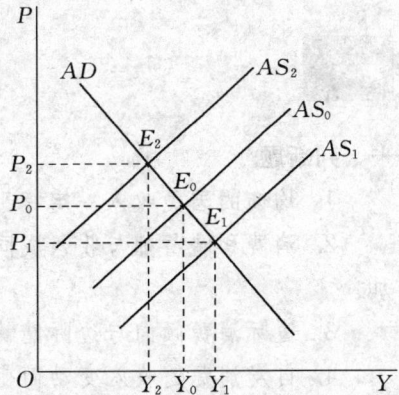

图 10-19 短期总供给变动

这表明由于总供给的减少,国民收入由 Y_0 减少到了 Y_2,而价格水平由 P_0 上升为 P_2。

可见,在总需求不变时,总供给的增加,即产量的增加会使国民收入增加,价格水平下降;而总供给的减少,即产量的减少会使国民收入减少,价格水平上升。

总需求—总供给模型是分析宏观经济情况与政策的一种很有用的工具。例如,我们可以用这一模型来分析对付通货膨胀的不同政策所产生的不同效果。我们用图 10-20 来说明这种分析。假定政策目标是要使价格水平由 P_0 下降为 P_1。从图 10-20(a)中可以看出,采取压抑总需求的方法(即减少总需求,使总需求曲线由 AD_0 移动到 AD_1)可以达到这一目的。但在采用这一政策时,不仅使价格水平下降了,而且也使国民收入由 Y_0 减少为 Y_1,从而引起经济的衰退。从图 10-20(b)

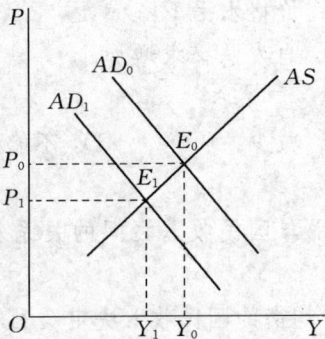

图 10-20(a)

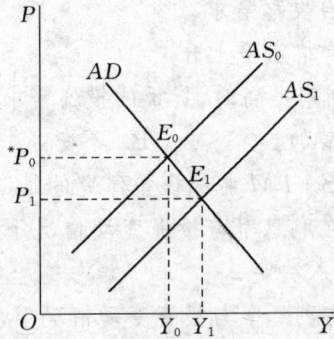

图 10-20(b)

中可以看出,采取刺激总供给的方法(即增加总供给,使总供给曲线由 AS_0 移动到 AS_1)也可以达到这一目的,在采用这一政策时,价格水平下降了,国民收入也由 Y_0 增加到 Y_1,从而促进了经济的繁荣。可见,在资源尚未充分利用的情况下,采用刺激总供给的政策来对付通货膨胀,比采用抑制总需求的政策要更为有利。

当然,在现实经济生活中,对待通货膨胀上究竟采取减少总需求的方法,还是刺激总供给的方法,则要根据当时国家的具体情况和经济发展的特点而定。

【复习思考题】

一、判断题

1. 均衡的国民收入一定等于充分就业的国民收入。　　　　　　　　　(　　　)

2. 消费和储蓄都与收入成同方向变动,所以,收入增加,消费和储蓄可以增加。　　　　　　　　　　　　　　　　　　　　　　　　　　　　　(　　　)

3. 边际消费倾向与边际储蓄倾向之和等于0。　　　　　　　　　　(　　　)

4. 自发消费随收入变动而变动,它取决于收入和边际消费倾向。　　(　　　)

5. 在资源没有得到充分利用时,增加储蓄会使国民收入减少,减少储蓄会使国民收入增加。　　　　　　　　　　　　　　　　　　　　　　　(　　　)

6. 乘数的大小取决于边际消费倾向。　　　　　　　　　　　　　　(　　　)

7. 边际消费倾向越高,乘数就越大。　　　　　　　　　　　　　　(　　　)

8. 在任何情况下,乘数原理都是适用的。　　　　　　　　　　　　(　　　)

9. 货币供给的减少会使 LM 曲线向左方移动。　　　　　　　　　(　　　)

10. 投资增加会使 IS 曲线向左移动。　　　　　　　　　　　　　(　　　)

二、选择题

1. IS 曲线向右上方移动的条件是(　　　)。

A. 自发总需求减少　　　　　　　　B. 价格水平下降

C. 价格水平上升　　　　　　　　　D. 自发总需求增加

2. 利率提高时,货币的投资需求将(　　　)。

A. 增加　　　　　B. 不变　　　　　C. 减少　　　　　D. 不能肯定

3. IS—LM 曲线模型研究的是(　　　)。

A. 在利息率与投资变动情况下,价格水平与国民收入之间的关系及总需求对国民收入决定

B. 在利息率与投资变动情况下,总需求对均衡的国民收入决定及利率与国民收入之间的关系

C. 在利息率与投资不变情况下,总需求对均衡的国民收入决定

D. 在利息率与投资不变情况下,总需求对价格水平的决定

4. 在 LM 曲线不变情况下,自发总需求增加会引起(   )。

A. 国民收入增加,利率上升   B. 国民收入增加,利率下降

C. 国民收入减少,利率上升   D. 国民收入减少,利率下降

5. 在 IS 曲线不变情况下,货币量减少会引起(   )。

A. 国民收入增加,利率下降   B. 国民收入增加,利率上升

C. 国民收入减少,利率上升   D. 国民收入减少,利率下降

6. 自发投资支出减少 10 亿元,会使 IS(   )。

A. 右移 10 亿元   B. 左移 10 亿元

C. 右移支出乘数乘以 10 亿元   D. 左移支出乘数乘以 10 亿元

7. 消费倾向与储蓄倾向的关系是(   )。

A. $APC + APS = 1$ B. $APC + APS = 2$

C. $MPC = 1 + MPS$ D. $MPC + MPS = 2$

8. 乘数公式表明(   )。

A. 边际消费倾向越高,乘数就越小   B. 边际消费倾向越低,乘数就越大

C. 边际储蓄倾向越低,乘数就越大   D. 边际储蓄倾向越低,乘数就越小

9. 根据总需求与国民收入变动的关系(   )。

A. 总需求增加,均衡国民收入增加   B. 储蓄增加,均衡国民收入不变

C. 总需求减少,均衡国民收入增加   D. 储蓄增加,均衡国民收入增加

10. 根据 $IS—LM$ 模型(   )。

A. 自发总需求增加,使国民收入减少,利率上升

B. 自发总需求增加,使国民收入增加,利率上升

C. 货币量增加,使国民收入减少,利率上升

D. 货币量增加,使国民收入减少,利率下降

三、名词解释

1. 平均消费倾向 2. 边际消费倾向 3. 平均储蓄倾向 4. 总需求 5. 总供给 6. 自发消费 7. 投资乘数 8. IS 曲线 9. LM 曲线 10. 长期总供给曲线

四、问答题

1. 凯恩斯国民收入决定理论的假定条件是什么?

2. 乘数原理的作用条件是什么?

3. 影响 IS 曲线移动的因素有哪些?

4. 影响 LM 曲线移动的因素有哪些?

5. 简述 $IS—LM$ 模型。

6. 如何理解 $AD-AS$ 模型?

五、计算题

1. 假设某经济社会的消费函数为 $C = 100 + 0.8Y$, 投资为 50, 试求:

(1) 均衡的国民收入、均衡的储蓄水平、均衡的消费。

(2) 如果由于某种原因, 实际产出为 800, 企业非自愿存货积累为多少?

(3) 如果投资增加到 100, 均衡收入为多少?

(4) 若消费函数变为 $C = 100 + 0.9Y$, 投资仍是 50, 则均衡的收入为多少?

(5) 在第(4)题中, 投资增加到 100 时收入增加多少?

(6) 上述两种消费函数在投资增加后, 乘数如何变化?

2. 在两部门经济中根据下述消费和投资函数:

$$C = 500 + 0.75Y \qquad I = 1\,500$$

(1)计算投资乘数。(2)均衡产出、消费、储蓄各为多少? (3)如果投资增加250亿元,均衡产出、消费、储蓄各为多少?

【单元实训】

20世纪90年代后期,为了拉动内需,进而促进国内经济增长,人们把希望寄托在"五一"、"十一"、春节的长假带动消费上,并称之为假日经济。调查了解最近一次黄金周的有关情况,结合有关乘数理论分析假日经济对一国国民经济增长的影响。

第十一章 失业与通货膨胀理论

自 20 世纪 30 年代的大萧条以来,失业和通货膨胀一直是困扰西方经济学的痼疾,也是西方经济学界久热不衰的重大课题。实际上,西方宏观经济学也是在对失业和通货膨胀等问题的研究过程中形成和发展起来的。本章将阐述失业理论、通货膨胀理论、菲利普斯曲线以及通货紧缩等问题。

第一节 失 业 理 论

◆ **案例导入 11-1**

欧美国家失业状况

20 世纪 50—60 年代,是西方主要市场经济国家就业的黄金时代,尤其是欧洲,失业率大幅度下降,平均在 3％的水平。美国的失业率也低于 5％。随着 70 年代的两次石油危机,欧美的失业率都有不同程度的上升。80 年代以来,美国的失业率呈现下降的趋势,保持在 5.5％左右,如果按"自然失业率"的假定,几乎到了"充分就业"的水平。到了 90 年代,美国的失业率从 1992 年的 7.4％逐步降低到 1997 年 9 月的 4.9％;欧盟各国的情况却相反,80 年代失业率除少数年份外,一直居高不下。进入 90 年代后,更是不断上升。1990 年欧盟成员国平均失业率为 8.1％,1994 年上升到 11.2％,1995 年和 1996 年略为下降,但也高达 10.8％和 10.9％。其中意大利和法国高达 12.5％左右,西班牙甚至高达 21.6％。英国的失业率从 1994 年的 9.9％降低到 1997 年的 5.7％。德国的失业率由 1992 年 6％上升到 1997 年的 12％。

一、失业与充分就业

1. 失业的含义

失业是指在社会经济中少量的劳动人口处于暂时的无工作状态。所谓失业者并非仅指没有工作的人,而是在规定的年龄范围内,愿意工作并积极寻找工作却没有找到工作的人数。在一定的年龄范围之外,已退休的、丧失工作能力的、在校学习的以及不愿寻找工作的自愿失业者都不应计入失业人数,也不计入劳动者人数。

失业率就是失业人数占劳动力总人数(是指就业人数与失业人数之和)的比率。它是衡量一个经济社会中失业状况的最基本的指标。失业率的计算公式如下:

$$失业率(\%) = 失业人数 \div 劳动力总人数 \times 100\%$$

2. 充分就业的含义

在西方经济学中,充分就业并不是指所有劳动力都找到工作的就业状态。失业可以分为由于需求不足而造成的周期性失业,由于经济中某些难以克服的原因而造成的自然失业。消灭了周期性失业时的就业状态就是充分就业。充分就业时仍然有一定的失业。这是因为,经济中有些造成失业的原因(如劳动力的流动等)是难以克服的,劳动市场总不是十分完善的。这种失业的存在不仅是必然的,而且还是必要的。因为,这种失业的存在,能作为劳动后备军随时满足经济对劳动的需求,能作为一种对就业者的"威胁"而迫使就业者提高生产效率。此外,各种福利支出(失业补助、贫困补助等)的存在,也使得这一定失业水平的存在不会成为影响社会安定的因素,是社会可以接受的。

充分就业与自然失业的存在并不矛盾,甚至可以并存。自然失业率是充分就业时的失业率,也是在维持通货膨胀率为不变时的最低失业率,即实现了"充分就业"的失业率。所以,有时也反过来说,实现了充分就业的失业率称之为自然失业率。

自然失业率的高低,取决于劳动市场的完善程度、经济状况、职业介绍与指导的完善程度、工作的可获得性与类型、最低工资法等因素。自然失业率由各国政府根据实际情况确定,各国在各个时期所确定的自然失业率都不同。从第二次世界大战后的情况看,自然失业率有不断上升的趋势。以美国为例,20世纪50—60年代的自然失业率为3.5%~4.5%,即有95.5%~96.5%的人就业就是实现了充分就业。70年代的自然失业率为4.5%~5.5%,即有94.5%~95.5%的人就业就是实现了充分就业。80年代的自然失业率为5.5%~6.5%,即有93.5%~94.5%的人就业就是实现了充分就业。

二、失业的种类及原因

按失业产生的原因可将失业分为摩擦性失业、结构性失业和周期性失业,此外,还有自愿失业和隐蔽性失业等。

1. 摩擦性失业

摩擦性失业是劳动者正常流动过程中产生的失业。这种失业是市场制度本身决定的,与劳动力供求状态无关,即使充分就业也存在摩擦性失业。这里所说的劳动者流动过程包括劳动者的新老交替,人们出于资源配置优化的原因而转移就业职位等。因为人们改变工作状态,都需要花费一定的时间寻找工作,就必然会有摩

192

擦性失业的存在,它是市场对人力资源进行配置不可缺少的条件和代价。

摩擦性失业量的大小取决于劳动力流动性的大小和寻找工作所需要的时间长短。劳动力流动性是由制度性因素、社会文化因素、经济结构和劳动力结构决定的;寻找工作所需要的时间则主要取决于供求双方获取信息的难易程度和速度,以及失业的代价和失业者的承受这种代价的能力。信息越不充分,寻找工作时间越长,摩擦性失业率越高。

2. 结构性失业

结构性失业是由于经济结构的变化,劳动力的供给和需求在职业、技能、产业、地区分布等方面的不协调所引起的失业。经济发展、技术进步、人口规模和构成的变化,以及消费者偏好的改变都会引起经济结构的变化,并引起对劳动力的需求结构改变。劳动力供给结构往往会滞后于劳动力需求结构变化,从而产生了结构性失业。结构性失业的最大特点是劳动力供求总量大体相当,但却存在着结构性的供求矛盾,即在存在失业的同时,也存在劳动力的供给不足。结构性失业也是经济发展不可缺少的必要条件和代价,结构性失业,多伴随着经济结构的升级和调整,而这又恰好是经济发展的重要前提。

3. 周期性失业

周期性失业是指因劳动力总需求不足引起的失业,因而常常又称为“需求不足型失业”,也是凯恩斯意义上的非自愿失业。在经济周期性波动中,当国民经济总需求或总产出下降时,对商品和劳务的需求也会减少,这种需求变化又会引起对劳动力这种派生性需求的变化,在工资刚性条件下,国民经济有效需求不足会排斥就业,形成周期性失业。

4. 自愿失业

自愿失业是指在现行市场工资水平下不愿意工作而失业的人。他们找不到高报酬的工作,却又宁愿赋闲,也不情愿接受低工资的工作,因而失业。

5. 隐蔽性失业

所谓隐蔽性失业,是指当经济中减少一定数量的就业人员后,产量并未因此而下降的现象。即经济中存在着有“职”无“工”,但却在照常领取工资的人,或就业人数超过实际工作所需要人数的现象。这常见于经济效率较低的发展中国家。

三、失业的经济损失

失业问题要比劳动力短缺问题更为重要,首先,失业会直接造成劳动力资源的浪费,带来社会上的损失。失业就是劳动力资源的闲置,而劳动力资源具有即时性,不能利用的劳动力资源无法移至下期使用,本期可利用的劳动力闲置是这部分资源的永久性浪费。所以,失业既与闲置的物质资源一样形成机会损失,又与物质资源不同存在着永久性实际损失。失业所造成的损失会降低国民产出水平。在1929年以来的三个高失业率时期，美国的国民经济损失如表11-1所示。

表11-1　美国失业造成的损失

时　　期	平均失业率(%)	产出的损失	
		绝对数(亿美元) (以1984年价格计)	占该时期年平均 GNP的百分比
1930—1939年	18.2	21 000	340
1954—1960年	5.2	400	2
1975—1984年	7.6	11 500	35

注：资料来自萨缪尔森《经济学》(上)，第2版，中国发展出版社，第338页。

　　美国经济学家阿瑟·奥肯通过研究，得出了失业率与实际国民生产总值增长率之间呈反方向的变动。即失业率下降，实际GNP增长率增长；失业率上升，实际GNP增长率下降。这一著名结论称为奥肯定律。根据奥肯定律，失业率每高于自然失业率1个百分点，则实际GNP便比潜在GNP减少2.5%；反之，失业率每低于自然失业率1个百分点，则实际GNP增加2.5%，实际GNP偏离潜在GNP的百分比被称为GNP缺口。例如1983年，美国经济衰退过程中，失业率高达9.5%，超过公认的自然失业率上限6%的3.5个百分点，当年的GNP缺口为3.5×2.5% = 8.75%，损失量达2 900亿美元(即当年名义GNP 33 000亿美元×8.75%)。

　　其次，从社会方面来看，失业的影响也是巨大的。失业不但使失业者及其家属的收入和消费水平下降，还会给人们的心理造成巨大的创伤，带来一系列的社会问题。失业者长期找不到工作就会悲观失望，高失业率往往伴随着高犯罪率和各种社会骚乱。西方国家普遍实行了失业保险制度和失业救济制度，在一定程度上缓解了由于失业造成的社会问题，但同时，这种政策又鼓励了失业者不提高自身能力和素质，不去积极寻找工作而依赖国家的行为，给国家造成了很大的财政负担。另外，失业率较高时，政府威信也要受到影响，产生恶劣的政治损失。

第二节　通货膨胀理论

◆ **案例导入 11-2**

美国总统赚多少钱

　　1931年，当时的美国总统胡佛年薪是7.5万美元，1995年美国总统克林顿的年薪是20万美元。他们谁赚的多呢？

如果仅仅从货币数量来看,美国总统的工资当然是增加了。但是我们在比较收入时,重要的不是看名义工资是多少,而是看这些货币的实际购买力,即实际工资是多少。

当名义工资既定时,实际工资是由物价水平决定的,即名义工资量除以物价水平为实际工资。衡量物价水平的是物价指数。要比较不同年份美国总统的工资,首先要知道这一时期物价水平的变动。

根据实际资料,以 1992 年为基年,这一年的消费物价指数为 100,则 1931 年的消费物价指数为 8.7,而 1995 年的消费物价指数为 107.6,这就是说,在这 64 年间,物价水平上升了 12.4 倍(107.6÷8.7)。我们可以用物价指数来计算以 1992 年为基年的胡佛与克林顿的工资。

先来按 1995 年美元的购买力计算 1931 年时胡佛总统的工资:

1995 年胡佛的工资 = 1931 年的名义工资 × 1995 年消费物价指数 /
1931 年消费物价指数
= 7.5 万美元 × 107.6/8.7 = 92.758 6 万美元

再来按 1931 年美元的购买力计算 1995 年时克林顿总统的工资:

1931 年克林顿的工资 = 1995 年的名义工资 × 1931 年消费物价指数 /
1995 年消费物价指数
= 20 万美元 × 8.7/107.6 = 1.617 万美元

这就是说,胡佛的工资是克林顿的 4.6 倍,克林顿的工资仅仅是胡佛的 21%。为什么克林顿的实际工资远远低于胡佛?造成这种现象的主要原因是什么?

一、通货膨胀的含义和类型

（一）通货膨胀的定义

通货膨胀(Inflation)中"通货"一词一般是指市面上流通的货币,从目前西方国家的实际情况来看,它包括铸币、纸币、超物货币(如电子货币)和活期存款等等。通货膨胀是指一般价格水平持续而以相当幅度上涨的现象。

通货膨胀常表现为纸币现象,货币供应量过多是通货膨胀的重要特征之一。通货膨胀时,流通中货币(尤其是纸币)大量增加,因为物价的上涨必然产生对通货的大量需求,但流通中货币增加并非预示着通货膨胀。没有通货膨胀时,随着社会产出的增加,人们的收入也会增加,也同样产生对货币需要量的增加,因而需要增发货币。

（二）通货膨胀的衡量

通货膨胀的衡量指标是物价指数。物价指数是表示各种商品和劳务的平均价格水平的指数。常用的有三种：

1. 消费物价指数(CPI)。消费物价指数也叫零售物价指数,该指数是一种用来衡量各个时期内城市家庭和个人消费的产品价格平均变化程度的指标。这一指数的变化表示居民货币收入购买力的下降(或增加),在一定程度上反映了产品价格变动对居民生活费用的影响,因而受到居民的广泛关注。

2. 生产者价格指数(PPI)。生产者价格指数也叫批发物价指数,该指数是反映不同时期批发市场上多种产品价格平均变动程度的指标,它以批发商品价格为依据,为厂商所关注。

3. 国民生产总值折算指数(IPD)。该指数是衡量一国经济在不同时期所生产的最终产品的价格总水平变化程度的经济指标。国民生产总值折算指数的意义在于,它包括了国民经济中所有商品,最全面而准确地反映了"一般物价"水平的变动。被认为是衡量通货膨胀的最好尺度。

（三）通货膨胀的类型

按照不同的标准,通货膨胀可有不同的分类形式和具体类型。

第一,按价格上升的速度划分,通货膨胀可分为：

(1) 温和的通货膨胀。温和的通货膨胀又称爬行式的通货膨胀,指的是年通货膨胀率在10%以下的通货膨胀。在这样较低的通货膨胀率下,实际价格不会有很显著的变动。人们感觉币值相对比较平稳,预期也就比较平稳。因此,这类通货膨胀对经济社会的影响是较"温和"的,故称之为温和的通货膨胀。其中,当通货膨胀率在3%左右时,许多经济学家称其为"有益"的通货膨胀,认为这种通货膨胀对经济发展和国民收入的增加有积极的促进作用。

(2) 奔驰(腾)的通货膨胀。奔驰的通货膨胀是指年通货膨胀率为10%以上或较低的三位数。奔驰的通货膨胀属于较严重通货膨胀,并且常常伴有继续加剧的趋势。奔驰的通货膨胀对经济以及人们的生活影响较大,这时的货币购买力明显下降,实际利率、实际收入感受到的价格水平上涨影响明显。

(3) 超级通货膨胀。超级通货膨胀又称为恶性通货膨胀,是指年通货膨胀率在较高的三位数以上。这时货币迅速贬值,物价上涨率呈加速趋势,恶性通货膨胀不仅严重地破坏了人们的正常生活,还会导致一国货币体系和国民经济的崩溃。这种现象常见于战争、动乱等非常时期。

第二,按对商品价格的影响来划分,通货膨胀可分为：

(1) 平衡的通货膨胀。即所有商品的价格几乎以同样的速度上涨。

(2) 非平衡的通货膨胀。即各种商品价格以不同的速度上涨。

第三,按人们对通货膨胀的预期程度划分,通货膨胀可分为：

(1) 预期的通货膨胀。即事先已经预料到的通货膨胀。

（2）未预期到的通货膨胀。即事先未预料到的通货膨胀。或虽预料到,但价格上涨幅度超出人们预料的通货膨胀。

第四,滞胀。滞胀即"经济停滞与通货膨胀"。是指既存在衰退和失业,又有通货膨胀的经济现象。也就是较高的失业率和较高的通货膨胀率并存。这是20世纪70年代以后才出现的。

第五,隐蔽的膨胀。有些时候,尽管经济运行中产生了通货膨胀的压力,但由于政府实行了价格管制和配给制度等,通货膨胀不会表现出来。而一旦这些限制消除,通货膨胀就会爆发,并且形成较为严重的通货膨胀。

二、通货膨胀理论

通货膨胀是一种世界性现象。不同的国家,在不同的时期都出现过不同程度的通货膨胀。根据通货膨胀形成原因的不同,可将其分成四种类型:需求拉上的通货膨胀、供给推动的通货膨胀、供求混合推动的通货膨胀、结构性通货膨胀。

（一）需求拉上的通货膨胀理论

需求拉上的通货膨胀是由于总需求过度增长造成的,总需求的增加超过了生产能力允许的范围,过度需求部分得不到满足使供小于求引起了物价的持续上涨。它表现为市场上货币数量太多,购买不到足够的东西,"太多的货币追逐太少的商品",造成需求过度,迫使商品价格上涨。

经济学家认为,需求拉动通货膨胀还可以分为两种类型,即由实际因素引起的需求拉动通货膨胀和由货币因素引起的需求拉动通货膨胀。其中的实际因素包括:政府支出增加而税收无变动;税收减少而政府支出无变动;储蓄的下降;出口的上升;进口的下降等。由货币因素引起的需求拉动通货膨胀可能是由于货币需求的减少;也可能是由于货币供给量的增加。但就货币因素而言,供给量的增加具有非常重要的作用。凯恩斯学派一般强调需求拉上通货膨胀是由实际因素引起的。货币主义者强调货币供给初始的非均衡是造成需求过度的原因。

（二）成本推动的通货膨胀

通货膨胀不仅可以从需求的角度进行解释,也可以从供给的角度作出解释。所谓成本推动的通货膨胀,就是由于企业投入品的供应价格上涨,从而引起产品成本增加,导致生产产品的企业要求提高价格,以保持生产经营不致亏损。成本推进的通货膨胀其根源在于生产成本增加使产量减少,物价上升。生产成本的提高可能是由于工资增加过快或企业追求过高的利润造成的,但更重要的是,只要经济增长的速度超过了生产要素增长的速度,使生产要素的供小于求,就必然引发成本推进的通货膨胀。

根据成本增加的原因不同,成本推动的通货膨胀又可分为工资推动的通货膨胀和利润推动的通货膨胀。

1. 工资推动的通货膨胀。工资推动通货膨胀是指不完全竞争的劳动市场造成的过高工资所导致的一般价格水平的上涨。据西方学者解释,在完全竞争的劳动市场上,工资率完全决定于劳动的供求,工资的提高不会导致通货膨胀;而在不完全竞争的劳动市场上,由于强大的工会组织的存在,工资不再是竞争的工资,而是工会和雇主集体议价的工资,并且由于工资的增长率超过生产率增长率,工资的提高就导致成本提高,从而导致一般价格水平上涨。这就是所谓工资推动通货膨胀。西方学者进而认为,工资提高和价格上涨之间存在因果关系:工资提高引起价格上涨,价格上涨又引起工资提高。这样,工资提高和价格上涨形成了螺旋式的上升运动,即所谓工资—价格螺旋。

2. 利润推动的通货膨胀。利润推动通货膨胀是指垄断企业和寡头企业利用市场势力谋取过高利润所导致的一般价格水平的上涨。西方学者认为,就像不完全竞争的劳动市场是工资推动通货膨胀的前提一样,不完全竞争市场是利润推动通货膨胀的前提。在完全竞争的产品市场上,价格完全决定于商品的供求,任何企业都不能通过控制产量来改变市场价格,而在不完全竞争的产品市场上,垄断企业和寡头企业为了追求更大的利润,可以操纵价格,把产品价格定得很高,致使价格上涨的速度超过成本增长的速度。

(三)供求混合推动的通货膨胀理论

这种理论把总需求与总供给结合起来分析通货膨胀的原因。许多经济学家认为,通货膨胀的根源不是单一的总需求或总供给,而是这两者相互影响、相互促进,共同作用的结果。如果通货膨胀是由需求拉动开始的,即过度需求的存在引起物价上升,这种物价上升又会使工资增加,从而供给成本的增加又引起了成本推动的通货膨胀。如果通货膨胀是由成本推动开始的,即成本增加引起物价上升。这时如果没有总需求的相应增加,工资上升最终会减少生产,增加失业,从而使成本推动引起的通货膨胀停止。只有在成本推动的同时,又有总需求的增加,这种通货膨胀才能持续下去。

(四)结构性通货膨胀

西方经济学家认为,在没有需求拉动和成本推动的情况下,只是由于经济结构因素的变动,也会出现一般价格水平的持续上涨。他们把这种价格水平的上涨叫作结构性通货膨胀。

结构性通货膨胀理论把通货膨胀的起因归结为经济结构本身所具有的特点。据西方学者解释,从生产率提高的速度看,社会经济结构的特点是,一些部门生产率提高的速度快,另一些部门生产率提高的速度慢;从经济发展的过程看,社会经济结构的特点是,一些部门正在迅速发展,另一些部门渐趋衰落;从同世界市场的关系看,社会经济结构的特点是,一些部门(开放部门)同世界市场的联系十分密切,另一些部门(非开放部门)同世界市场没有密切联系。现代社会经济结构不容易使生产要素从生产率低的部门转移到生产率高的部门,从渐趋衰落的部门转移到开放部门,但是,生产率提高慢的部门、正在趋向衰落的部门以及非开放部门在工资和价格问题上都要求"公平",要求向生产率提高快的部门、正在迅速发展的部门以及开放部门"看齐",要求"赶上去",结果导致一般价格水平的上涨。

西方学者通常用生产率提高快慢不同的两个部门说明结构性通货膨胀。由于生产率提高的快慢不同,两个部门的工资增长的快慢也应当有区别。但是,生产率提高慢的部门要求工资增长向生产率提高快的部门看齐,结果使全社会工资增长速度超过生产率增长速度,因而引起通货膨胀。

三、通货膨胀的影响

对于通货膨胀所产生的实际影响,需要根据具体的通货膨胀类型来进行分析。这里主要分析对收入和财富分配的影响,而且主要是指未预期的通货膨胀。

1. 通货膨胀有利于雇主而不利于雇员。由于未预期有通货膨胀,雇员的名义工资不能迅速相应地调整,因而,物价上涨使得其实际工资下降。而对雇主来说,这就意味着实际支出(成本)下降,从而利润得到增加。

2. 通货膨胀有利于债务人而不利于债权人。这是因为,如果借、贷双方没有考虑到通货膨胀的影响,而以固定利率发生借贷关系,则通货膨胀一旦发生,实际利率就要下降。结果自然是债务人所付出的实际利息减少,因而得益。受损的就是债权人了。

3. 通货膨胀有利于实物资本持有者而不利于货币持有者。因为物价上升,使得实物(商品)资本的实际价值可以基本保持不变,持有者没有损失。而手中的货币却没有哪怕是名义上的升值,相反还要贬值,即使存在银行里,因其实际利率的下降,也要蒙受一定的损失。

4. 通货膨胀有利于政府而不利于公众。因为未预期有通货膨胀,所以工资虽会有所增加(甚至是不增),但实际工资却难以保持原有水平(甚至是下降)。而名义收入的上升,却使得达到纳税起征点和更高税率者增多,从而使得政府的税收增加。如凯恩斯所言"通过一种持续不断的通货膨胀过程,政府能够秘密地和不被察觉地没收其公民的大量财富"。

第三节　失业与通货膨胀的关系

一、菲利普斯曲线

1958 年,英国经济学家菲利普斯在研究英国 1861～1957 年的失业率与货币工资变动率的统计资料后得出了一个著名的结论:失业率与货币工资增长率之间存在一种此消彼长的反方向变动关系,即失业率提高时货币工资增长率较小;失业率降低时货币工资增长率较大。尽管菲利普斯曲线只是一种统计意义上的经验关系,但因实现了对失业与货币工资增长之间关系的量化讨论而备受人们的关注。菲利普斯曲线如图 11-1 所示。

在图 11-1 中,横轴 U 代表的是失业率(%),纵轴 $\Delta W/W$ 代表的是货币工资增长率(%),$\Delta P/P$ 代表通货膨胀率,曲线 PC 即菲利普斯曲线。这是最初的菲利普斯曲线。

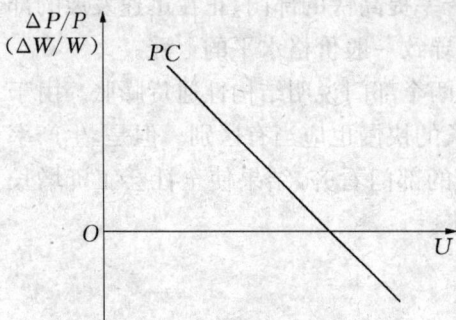

图 11-1　菲利普斯曲线

菲利普斯曲线所直接显示的就是失业率与货币工资增长率之间的量化关系。在此基础上,经济学家们进一步认为,在通货膨胀率、货币工资增长率、劳动生产增长率之间也存在一定的量化关系:通货膨胀率＝货币工资增长率－劳动生产增长率。据此,萨缪尔森等经济学家对初期的菲利普斯曲线加以修正,得到一条新的菲利普斯曲线。修正后的菲利普斯曲线是在原基础上,用通货膨胀率($\Delta P/P$)替换了货币工资增长率($\Delta W/W$),这样,菲利普斯曲线便表述为失业率与通货膨胀率之间的交替关系。

二、菲利普斯曲线的作用

修正后的菲利普斯曲线表明,失业率与通货膨胀率同样也是反方向变化的。即当失业率降低,通货膨胀率就上升;当通货膨胀率降低,失业率则上升。这就是说,可以通过失业的变动来调整通货膨胀率,也可以通过通货膨胀率的变动来调整失业率。但它的另一方面也说明,要降低失业率,就必须以更高的通货膨胀率为代价,而要降低通货膨胀率,就必须以更高的失业率为代价。

以菲利普斯曲线为理论依据,西方资本主义国家曾在经济中运用相应的措施来治理通货膨胀或经济衰退,并在一定的时期和范围内取得成效。如果失业率与通货膨胀率均在可以接受的范围内(即失业率与通货膨胀率在"临界点"以下),是不必对经济进行干预的。如果失业率与通货膨胀率超出可以承受的程度,就可以像上面所说的那样,通过对较低那一方的调整(牺牲)来换取较高一方的下降。

菲利普斯曲线还包含着一个观点是,高失业率与高通货膨胀率不会同时发生。在实践中,当失业率上升时通货膨胀率必定不会上升(而是下降),通货膨胀率上升时失业率也必定不会上升(而是下降)。

20世纪70年代以后,菲利普斯曲线所反映的失业与通货膨胀之间的交替关系开始恶化。曲线的位置开始向上移动,这意味着要降低失业率,必须付出比以前更大的代价。另一方面,随着"滞胀"的出现,菲利普斯曲线也出现了失灵的情况,即曲线并不是一味向右下方倾斜,而是与横轴垂直,也就是说,无论通货膨胀率提高到什么程度,失业率将不再下降。

第四节 治理通货膨胀的对策

通货膨胀形成的原因是多方面的,而且往往难以确认。通货膨胀的实际影响也表现在多个方面。因而使得寻找和应用有效治理通货膨胀的对策较为困难。以下介绍的只是在理论研究和实践中涉及较多的一些。在实际应用中还需要根据通货膨胀的具体情况来分析。一般来说随着通货膨胀成因的复杂化,单一的政策手段难以奏效,较好的选择是"综合治理"。主要的对策有以下几方面。

一、经济政策

运用紧缩性经济政策治理通货膨胀是凯恩斯主义的主要思想。通过人为的经济衰退来治理通货膨胀,曾被许多西方经济学家和政府视为重要而有效的措施。其主要内容是财政政策和货币政策的配合使用。就是根据通货膨胀的实际情况、原因及实际影响等,利用紧的财政政策(或货币政策)中对社会总需求规模有控制作用的手段,来实现对通货膨胀的有效抑制。同时,还要配合以相应的货币政策(或财政政策)等。但其难点在于,形成通货膨胀的原因及两种主要政策的合理搭配不易把握。

二、收入分配政策

这是政府在通货膨胀期间为降低价格上涨速度而采取的限制性政策。其目标主要是,通过限制货币工资增长率,甚至是冻结工资等方法,来控制收入的过快增长,从而抑制物价的上涨。具体手段有:硬性的工资和物价增长率管制措施(规定);工资—价格指标的指导性管理;通过道义上的劝告或建立工资协商机制,并取得工人(工会)—企业的配合,以实现合理的工资—价格增长。收入分配政策较适用于成本推进及结构型通货膨胀。

三、对外经济管理

对外经济管理的目标主要是:利用外汇、对外经济贸易等政策。一方面,抑制国内的通货膨胀,减轻通货膨胀的压力;另一方面,防止或抑制外来通货膨胀的传散和影响。具体说就是通过采取适宜的汇率、关税等对外经济管理政策手段以改善国际贸易和国际收支出状况,可在一定程度上起到抑制通货膨胀的作用。在国际经济关系日益密切的情形下,对外经济管理被认为是治理通货膨胀的重要手段。

四、供给管理

这是供给学派根据其供给会自行创造需求的理论所提出的治理通货膨胀的政策主张。它认为,可以而且只能通过刺激供给来促进经济增长,从而解决失业和通货膨胀的问题。主要手段有:通过减税,以增加劳动的供给和企业的利润,从而提高劳动生产率、储蓄率和投资水平;减少和限制政府对经济的干预,降低社会生产成本,促进私人投资,以推动经济增长。

五、其他对策

其他方面治理通货膨胀的对策主要还有货币主义和理性预测学派的政策主张。它们的共同点是主要取消政府对经济的干预政策。货币主义认为,可以实行以控制货币供给为目标的货币政策,按劳动生产率增长和人口增长的实际水平,确定相应的货币供应增长。以控制物价的上升。理性预期学派主张,由政府制定稳定的长期政策,公示政府反通货膨胀的措施和决心,以取得社会的信任和配合,则人们自然会做出与政府的政策目标相一致的反应,物价也就自然稳定了。

第五节　通　货　紧　缩

一、通货紧缩的含义及特征

世界经济在经历了几十年的通货膨胀压力之后,又开始面临着通货紧缩的威胁。从 1997 年亚洲金融危机爆发,通货紧缩已在世界上许多国家成为现实,成为我们所必须面对的新问题,也成为当前宏观经济调控中迫切需要解决的重大课题。

通货紧缩是与通货膨胀相对立的一个概念,它是指由于货币供应量相对于经济增长和劳动生产率等要素减少而引致的有效需求严重不足,一般物价水平持续下跌、货币供给量持续下降和经济衰退现象。通货紧缩作为一种全球现象,它有以下几个特征:

第一,全球性生产能力过剩。例如,2001 年几乎所有主要商品都存在生产能力过剩,并达到前所未有的水平,全球贸易增长严重下滑,由 2000 年的 12% 下跌到 2001 年的 2%(世界贸易组织,2001)。

第二,国际市场价格大幅下降。据世界银行统计,世界市场非能源产品价格增长指数 1997 年为 2.2%，1998 年下降到 −15.7%；能源产品价格由 −6.9% 下降到 −28.5%。

第三，一些国家和地区的经济增长放慢或面临衰退压力。欧盟经济增长放慢，日本经济 10 年低迷，美国经济在 2001 年陷入衰退，这三大经济体占全球 GDP 的 70% 以上，三者在 2001 年同时下滑，是第二次世界大战以来首次发生的现象。发达国家的经济衰退，使绝大多数发展中国家经济受到严重影响，失业率上升，贫富差距拉大，社会动荡，个别国家甚至发生了政治危机。

二、通货紧缩的形成原因

1. 生产能力的长期过剩。生产能力出现过剩，便会产生商品供过于求的现象，并出现物价的持续下跌。此外，较低的融资成本和上扬的资产价格，使资本形成的成本趋于下降，导致过量的资本设备投资，也会加剧生产能力的进一步过剩，形成通货紧缩压力。

2. 投资和消费预期变化。当预期实际利率进一步下降时，消费者预期未来消费趋于便宜，投资者预期未来投资更具效率，因此，消费和投资会出现大幅下降，消费和投资的有效需求不足会导致物价的持续下跌，产生通货紧缩。

3. 紧缩性政策的长期施行。第二次世界大战后，西方国家奉行凯恩斯的需求管理政策，在 20 世纪 50、60 年代通过赤字财政、扩大需求政策促进了经济增长和就业增加，但也使政府的赤字债务增加，通货膨胀率不断上升，终于在 70 年代导致了欧美各国"滞胀"的普遍发生。

4. 倡导经济自由主义。20 世纪 80、90 年代以来，欧美各国倡导经济自由主义，在微观上刺激企业投资，如减税政策等，在宏观上奉行以稳定为导向的经济政策，中央银行多以保持价格稳定和反通胀为目标，财政上以预算平衡为目标。这些紧缩性的宏观政策使通货膨胀得到遏制，但却导致了经济增长放慢和失业增加。

著名经济学家克鲁格曼认为，过于积极的反通胀政策可能适得其反，代价将非常巨大，全球面临通货紧缩困扰，因而"要坚定地搞通货膨胀预期"。英国经济学家奥默罗德指出，欧洲中央银行的行长们应该消除对通货膨胀的担心，遵循弗里德曼的建议，多印钞票。在西方曾出现过以债务为特征的通货紧缩，货币升值，利率上升，结果债务人预期债务加重而纷纷偿还债务，货币需求进一步降低。由此产生一个恶性循环：需求不足、物价下降、通货萎缩、经济衰退、个人收入减少，导致需求更加不足和物价水平进一步下降等。

三、通货紧缩的具体表现

1. 市场萎缩，发展前景不明，投资风险加大，企业贷款积极性不高，投资需求全面下降。

2. 产品销售不畅，企业利润降低甚至亏损，人们收入下降，社会失业人数增多，消费需求进一步萎缩。

3. 银行收入下降，不良资产增加，有些银行被迫关闭，货币需求不足导致货币供给不足，全社会通货紧缩更加严重。

4. 由于全球性生产能力过剩，因而经济全球化使任何一个地区的生产过剩都会传播和影响到其他地区，造成全球性的价格下降，争夺商品、服务销售市场的竞争日趋激烈，不同形式的贸易保护主义重新抬头，贸易纠纷和争端不断发生。

可见，通货紧缩的危害不亚于通货膨胀。如果说通货膨胀是各国追求高速成长过程中的"经济过热症"，那么，通货紧缩则是各国生产过剩的"经济冷却症"。通货膨胀需要实施紧缩政策，偏重于从总量上控制需求过度。通货紧缩则需要经济结构调整，在技术创新前提下寻找新的需求增长点。

四、通货紧缩的治理

在通货紧缩的条件下，一般物价水平低于合理水平，实际上是处于通货膨胀的"另一端"，它与通货膨胀一样，违背了经济平稳发展的要求，并可能最终导致经济衰退。因此，要达到治理通货紧缩的政策目标，就要综合利用各种政策措施，促使一般物价水平回到原有的均衡水平。在具体政策组合中，采取再膨胀政策，制定有效措施，增加财政支出，扩大货币供应量，增加汇率制度的灵活性。配合微观经济政策，调整经济结构、刺激居民消费等。

1. 实行再膨胀政策

通货紧缩将危害一国的经济增长，因此，有必要采用再膨胀政策，使物价回升到合理水平。其政策含义就是：采取积极的财政政策、货币政策以及灵活的汇率政策。

采取积极的财政政策，扩大财政支出，可以发挥政府支出在社会总支出中的作用，弥补个人消费需求不足造成的需求缓减，从而使财政政策起到"稳定器"的作用。但是在采用扩张性的财政政策时应注意几条原则：

(1) 扩大投资要与扩大消费密切结合。

(2) 尽可能地提高投资的效率和效益。

财政支出能否带动企业或私人部门投资决定了财政政策的效应及其对经济增长贡献率的大小，因此要对财政支出结构做出合理安排。如 1998 年，我国增发 1 000 亿元国债，专项用于基础设施投资，这对 1998 年经济增长达到 7.8% 起到重要的作用。

2. 加大经济结构调整的力度。灵活运用经济政策调整资源向有倾斜的产业流动(如高新技术产业、生物工程等领域),同时,运用现代技术改造传统产业,鼓励民间投资和对外投资,积极利用外资。

3. 改善社会的收入分配状况。在物价下跌的趋势难以扭转的条件下,改善社会的收入分配状况,建立社会保障体制以遏制消费需求的继续萎缩。

4. 增加汇率制度的灵活性。增强汇率制度的灵活性,缓减本国货币被动升值的压力,促使国内物价回升,降低实际利率预期,有利于摆脱通货紧缩困境。

5. 创造公平竞争的外部环境。应当采取得力措施,创造公平竞争的外部环境,避免生产的盲目发展和生产的恶性竞争。

【复习思考题】

一、判断题

1. 无论什么人,只要没有找到工作就属于失业。 （　）

2. 衡量一个国家经济中失业情况的最基本指标是失业率。 （　）

3. 充分就业与任何失业的存在都是矛盾的,因此,只要经济中有一个失业者存在,就不能说实现了充分就业。 （　）

4. 在一个国家里,自然失业率是一个固定不变数。 （　）

5. 只要存在失业工人,就不可能有工作空位。 （　）

6. 新加入劳动力队伍,正在寻找工作而造成的失业属于摩擦性失业。 （　）

7. 周期性失业就是总需求不足所引起的失业。 （　）

8. 根据奥肯定理,在经济中实现充分就业后,失业率每增加1%,则实际国民收入就会减少2.5%。 （　）

9. 通货膨胀是指物价水平普遍而持续地上升。 （　）

10. 无论是根据消费物价指数,还是根据批发物价指数,国民生产总值折算数,所计算出来的通货膨胀率是完全一致的。 （　）

二、选择题

1. 假设一国人口为2 000万,就业人数为900万,失业人数100万。这个经济的失业率为（　　）。

A. 11%　　　　　B. 10%　　　　　C. 8%　　　　　D. 5%

2. 当经济中只存在（　　）时,该经济被认为实现了充分就业。

A. 摩擦性失业和季节性失业　　　B. 摩擦性失业和结构性失业

C. 结构性失业和季节性失业　　　D. 需求不足型失业

3. 由于经济萧条而形成的失业属于（　　）。

A. 摩擦性失业   B. 结构性失业

C. 周期性失业   D. 永久性失业

4. 失业率是(   )。

A. 失业人数占劳动力总数的百分比

B. 失业人数占整个国家的人数的百分比

C. 失业人数占就业人数的百分比

D. 没有工作的人数占整个国家人数的百分比

5. 自然失业率是指(   )。

A. 周期性失业率

B. 摩擦性失业率

C. 结构性失业率

D. 摩擦性失业和结构性失业造成的失业率

6. 充分就业意味着(   )。

A. 人人都有工作,没有失业者   B. 消灭了自然失业时的就业状态

C. 消灭了周期性失业时的就业状态   D. 消灭了摩擦性失业时的就业状态

7. 引起摩擦性失业的原因是(   )。

A. 工资能升不能降的刚性   B. 总需求不足

C. 技术进步   D. 经济中劳动力的正常流动

8. 结构性失业是(   )。

A. 有人不满意现有工作,离职去寻找更理想的工作所造成的失业

B. 由于经济的周期性波动而引起的失业

C. 结构性失业是由于经济结构的变动所引起的失业

D. 经济中由于劳动力的正常流动而引起的失业

9. 周期性失业是(   )。

A. 由工资刚性所引起的失业

B. 由于总需求不足而引起的短期失业

C. 由于某些行业生产的季节性变动所引起的失业

D. 由于劳动力流动不能适应劳动力需求的变动所引起的失业。

10. 隐蔽性失业是指(   )。

A. 表面上有工作,实际上对生产没有做出贡献的人

B. 被企业解雇而找不到工作的人

C. 被企业解雇而失去有关部门登记注册的人

D. 由于技术进步所引起的失业

11. 奥肯定理是说明(   )。

A. 失业率与通货膨胀率关系的经验统计规律

B. 通货膨胀与国民收入之间关系的规律

C. 失业率与实际国民收入增长率之间关系的经济统计规律

D. 人口增长率与失业率之间关系的统计规律

12. 在以下情况下,可称为通货膨胀是(　　)。

A. 物价总水平的上升持续一个星期后又下降了

B. 物价总水平的上升而且持续一年

C. 一种物品或几种物品的价格水平上升且持续了一年

D. 物价总水平下降而且持续了一年

13. 年通货膨胀率在10%以内的通货膨胀称为(　　)。

A. 温和的通货膨胀　　　　　　　　　B. 奔腾的通货膨胀

C. 超级的通货膨胀　　　　　　　　　D. 恶性的通货膨胀

14. 一般的说,通货膨胀会使(　　)。

A. 债权人和债务人都受损　　　　　　B. 债权人受益,债务人受损

C. 债权人和债务人都受益　　　　　　D. 债权人受损,债务人受益

15. 具有垄断能力的部门为谋求过高利润所导致的通货膨胀,属于(　　)。

A. 成本推动的通货膨胀　　　　　　　B. 结构性通货膨胀

C. 需求拉上的通货膨胀　　　　　　　D. 以上都不对

16. 抑制需求拉上的通货膨胀,应该(　　)。

A. 降低工资　　　　　　　　　　　　B. 减税

C. 减少基础货币投放　　　　　　　　D. 解除垄断组织

17. 收入政策主要是用来解决(　　)。

A. 需求拉上的通货膨胀　　　　　　　B. 成本推进的通货膨胀

C. 结构性的通货膨胀　　　　　　　　D. 以上都不对

18. 如果2000年底的物价指数是125,2001年底的物价指数是139,那么,
2001年通货膨胀率是(　　)。

A. 4.2%　　　　B. 5.9%　　　　C. 6.25%　　　　D. 11.2%

19. 一般用来衡量通货膨胀的物价指数是(　　)。

A. 消费者物价指数　　　　　　　　　B. 生产物价指数

C. GDP平均指数　　　　　　　　　　D. 以上均正确

20. 工资上涨引起的通货膨胀也称为(　　)通货膨胀。

A. 需求拉上　　　B. 成本推进　　　C. 结构性　　　　D. 隐性

21. 加速的通货膨胀的特点是(　　)。

A. 通货膨胀低且较稳定

B. 通货膨胀率较高(一般两位数)且加剧

C. 通货膨胀率非常高(一般为三位数),且完全失去控制

D. 经济中存在通货膨胀的压力,但由于政府压力实施严格价格管制与配给制,通货膨胀没有发生。

22. 菲利浦斯曲线表示(　　)。

A. 失业与就业之间关系的曲线

B. 工资与就业之间关系的曲线

C. 工资与利润之间关系的曲线

D. 失业与通货膨胀之间交替关系的曲线

23. 根据菲利浦斯曲线,降低通货膨胀率的办法是(　　)。

A. 提高失业率　　　　　　　　　B. 降低失业率

C. 增加工资　　　　　　　　　　D. 增加货币供给量

三、名词解释

1. 通货膨胀　2. 需求拉动通货膨胀　3. 成本推动通货膨胀　4. 混合通货膨胀　5. 结构性通货膨胀　6. 菲利普斯曲线　7. 通货紧缩　8. 失业　9. 周期性失业　10. 结构性失业　11. 摩擦性失业　12. 季节性失业　13. 奥肯定理

四、问答题

1. 失业的三种类型,你认为哪一种失业是客观存在的?

2. 通货膨胀的成因有哪些?

3. 简述通货膨胀对经济的影响。

4. 简述失业的经济影响。

五、计算题

1. 假定某国某时期有1.9亿工作年龄的人口,其中有1.2亿人有工作,1千万人在寻找工作,4千5百万人不要工作,试求:

(1) 劳动力数。

(2) 劳动力参与率。

(3) 官方统计的失业率。

2. 从某国历年国民经济统计资料看,该国的价格水平1950年为54,1960年为69,1970年为92,1980年为178,试问50年代、60年代、70年代的通货膨胀率各为多少?

【案例分析】

深圳就业形势严峻

截至 2004 年第一季度,深圳市有关部门已审核接受的大学毕业生 9 200 名,这个数字还不到今年计划接受毕业生总数——2.4 万人——的一半。据有关部门透露,深圳今年共有 6 112 名市内院校毕业生迈出校园,但到目前为止,实现就业的深圳毕业生仅为 1 000 名左右。

和全国其他地方一样,深圳 2004 年也迎来了高校扩招后的第一个毕业生就业高峰。据统计,深圳 2004 年共有 9 081 名毕业生迈出校园,其中深圳院校毕业生 6 112 名,本市生源的市外校毕业生还有 2 969 名。除了扩招因素以外,受非典等因素影响,许多企业生产经营受挫,从而造成人才需求不够旺盛,这也使今年高校毕业生不得不面临严峻就业压力的原因之一。

为了拓展就业渠道,深圳机关事业单位和企业,采取了种种措施,进一步挖掘潜力,想方设法增加就业岗位等。

不仅如此,为减轻学生就业负担,深圳市人事部门还提出为毕业生建立起就业的"绿色通道",简化程序。从目前的实施情况看,已减少学生报批材料 20% 左右;取消就业的指标限制,对符合接受条件的实行核准制;报批、核准实行网上受理,办理结果网上查询等。另外,人事部门还采取了延长毕业生接受材料的报批时间,缩短审核时限等措施。

联系当前实际,分析高校毕业生就业形势严峻的原因,高校毕业生应如何定位?

(资料来源:中国高职高专教育网 2004.4.2)

【单元实训】

运用所学原理对 2006 年大学生就业情况展开市场调研,并预测 2007 年大学生就业趋势。

第十二章 经济周期理论

自1825年英国爆发了世界上第一次生产过剩的经济危机以来,资本主义经济中繁荣与萧条的交替出现已成为引人注目的经济现象。对这种周期性出现的经济现象及其原因的研究构成了宏观经济学的重要组成部分——经济周期理论,同时这种周期性的经济现象也已成为宏观经济学研究的主要问题之一。本章将对具有代表性的几种经济周期理论予以简要介绍。

◆ **案例导入 12-1**

我国新一轮经济周期的特征

20世纪50年代初以来的50多年中,我国经济增长已呈现出10轮周期,目前正处于第10轮周期中。这10轮周期可以以1981年为界区分为改革前时期和改革以来时期,改革前历次经济周期的基本特征是波动幅度大,多次"大起大落",从未出现过平稳特征,当然多次出现高速度,但往往持续一两年,高速度就迅速下跌。80年代以来的改革后时期,经济周期的波动幅度由剧烈转向平缓,周期也呈现出一些新特征,但是整个时期并未出现平稳和快速增长的特征。

2000年我国经济增长走出1999年的低谷,逐步复苏和回升,由此开始了新的一轮经济周期。这一轮经济周期从2000年开始至今,已近7年,2000—2005年的GDP增长率分别为8%、7.5%、8.3%、9.5%、9.5%、9.9%,2006年上半年的GDP增长率高达10.9%。从这组数据来看,这一轮经济周期呈现出两个明显特征:平稳和快速增长。平稳体现为波动幅度小,这期间GDP增长率的最高点与最低点之间落差仅为2.4个百分点。快速增长体现为GDP增长率相当高,2000—2005年间平均增长率达8.8%。就增长质量而言,快速增长优于高速增长。平稳和快速增长这两个特征在以前的各轮经济周期中很难出现。

新一轮经济周期还有一个特征,就是扩张的持续性强,2000年以来,除去2001年经济的回落,已有5年多处于扩张阶段,扩张的持续程度是以前各轮经济周期所没有的。

因此,我国新一轮经济周期呈现明显的三个特征:平稳、快速增长、持续性强。

第一节　经济周期概述

一、经济周期的含义

迄今为止,没有任何一种经济能够始终维持繁荣,每种经济都是在复苏与衰退的交替过程中进行和不断发展的。这种经济从繁荣走向衰退、再从衰退中复苏而反复出现的现象多少带有些规律性。因此,我们把这种经济运行过程中所呈现出的这种规律性扩张和收缩交替进行的波动现象,叫做经济周期(business cycle)。

萨缪尔森对经济周期作了生动形象的概括:"经济情况从来不是静止不动的。紧接着繁荣的可能是恐慌或崩溃。经济扩展可让位于衰退。国民收入、就业和实际收入下降,通货膨胀、利润下降以及人们失去工作。最后下降到了最低点,于是复苏开始了。复苏可以慢,也可以快。它可能是不彻底的,或者它可能如此强有力以至于导致一场新的繁荣。新的繁荣可能代表着需求旺盛,工作机会多和生活水平上升的一段长期持续的高涨时期。或者,它也可能代表着价格和投机的迅速上升和膨胀性的急剧上升,接踵而至的却是另一场萧条。"

二、经济周期的阶段

一次完整的经济周期一般要连续经历繁荣、衰退、萧条、复苏四个阶段。如图12-1 所示。

图中,横轴 T 代表时间,纵轴 Y 代表国民收入;A 为顶峰,A-B 衰退,B-C 为萧条,C 为谷底,C-D 为复苏,D-E 为繁荣,E 为顶峰。

繁荣阶段。繁荣阶段是经济扩张和持续增长达到高峰的阶段。其特征是生产增长迅速,公众的投资热情高涨,并且信用扩张,价格水平呈上升趋势,就业增加,人们对未来充满信心。繁荣的最高点为顶峰,这时就业与产量水平达到最高。

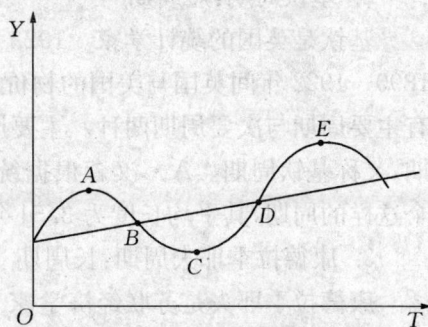

图 12-1　经济周期各阶段

衰退阶段。衰退是指经济由繁荣的高峰向下跌落,是经济由繁荣转为萧条的过渡阶段。其特征是金融市场上股票的价格开始下行,产品市场的价格水平也呈下降趋势,产品开始积压,公众激昂的情绪开始降温。需要指出的是,这时的经济仍处在正常水平。

萧条阶段。萧条是经济不景气的低谷阶段,是衰退的继续和结果。其特征是生产急剧萎缩,公众持币观望等待,信用紧缩,市场价格水平下滑,失业现象普遍,人们对未来没有信心。萧条的最低点为谷底,这时就业水平和产量跌至最低。

复苏阶段。复苏是指经济由极度的不景气转入回升。其特征是金融市场上股票的价格开始回升,产品市场的价格水平也逐步抬头,存货减少,公众的情绪慢慢升温。需要指出的是,这时的经济仍未达到正常水平。需要经过一定的时间和较为充分的恢复,才能达到一定的程度,转入下一个高涨阶段。

三、经济周期的分类

经济学家根据历史统计资料,探讨长期中经济周期性波动的规律,测定经济周期的长短。由于各经济学家依据的资料和标准不同,也就得到了不同类型的经济周期。这里介绍几种主要的周期类型。

1. 朱格拉周期

朱格拉(C. Juglar)是 19 世纪法国的经济学家。他在 1860 年出版的《论法国、英国和美国的商业危机及其发生周期》一书中,首先提出经济事件具有周期性的思想。他认为,危机或恐慌并不是独立的偶然性事件,而是经济周期性波动的三个连续阶段(繁荣、危机、清算)中的一个阶段。这三个阶段反复出现形成周期现象。他对较长时间的工业经济周期进行了研究,并根据生产、就业人数、物价等指标,确定了经济中平均每一个周期为 9～10 年。这就是中周期,又称为朱格拉周期。

2. 基钦周期:短周期

基钦是英国的统计学家。1923 年他在《经济因素中的周期与趋势》中研究了 1890—1922 年间英国与美国的物价、银行结算、利率等指标,认为经济周期实际上有主要周期与次要周期两种。主要周期即中周期,次要周期为 3—4 年一次的短周期,又称基钦周期。A·汉森根据统计资料计算出美国 1807—1937 年间共有 27 个这样的周期,其平均长度为 3.51 年。

3. 康德拉季耶夫周期:长周期

康德拉季耶夫是苏联经济学家。1925 年他在《经济生活中的长期波动》中研究了美国、英国、法国和其他一些国家长期的时间序列资料,认为资本主义社会有一种为期 50—60 年,平均长度为 54 年左右的长期波动,这就是长周期,又称康德拉季耶夫周期。

康德拉季耶夫根据美国、英国、法国 100 年内批发物价指数、利率、工资率、对外贸易量、煤铁产量与消耗量等的变动,认为从 18 世纪末期以后,经历了三个长周期。第一个长周期从 1789 年到 1848 年,第二个长周期从 1849 年到 1896 年,第三个周期从 1896 年到 1920 年以后。这种长周期又称康德拉季耶夫周期。

4. 库兹涅茨周期:建筑业周期

库兹涅茨是俄籍美国经济学家,1930 年他在《生产和价格的长期运动》中提出了经济中存在一种与房屋建筑业相关的经济周期,这种周期长度在 15—25 年之间,平均长度为 20 年左右。这也是一种长周期,被称为库兹涅茨周期,或建筑业周期。

库兹涅茨主要研究了美国、英国、德国、法国、比利时等国从 19 世纪初叶或中叶到 20 世纪初叶,60 种工、农业主要产品的产量和 35 种工、农业主要产品的价格变动的长期时间数列资料。他剔除了期间短周期与中周期的变动,着重分析了有关数列资料中反映出的长期消长过程,提出在主要工业国家存在着长度从 15 年到 25 年不等,平均长度为 20 年的长周期。这种周期与人口增长而引起的建筑业增长与衰退相关,是由建筑业的周期性变动引起的,而且,在工业国家中产量增长呈现出渐减的趋势。库兹涅茨提出的长周期受到经济学界的重视。

第二节　经济周期理论

经济学家并不满足于对经济周期现象的描述和对经济统计资料的整理,他们从不同的角度出发力图寻找经济周期波动的原因,建立起一套经济周期理论,下面我们介绍几种比较有代表性的理论。

一、纯货币周期理论

纯货币周期理论是一种用货币因素来解释经济周期的理论。该理论由英国经济学家 R. 霍特里提出,属于内生经济周期理论。该理论认为,经济周期是一种纯货币现象,经济中周期性的波动完全是由于银行体系交替地扩大和紧缩信用所造成的。在发达的资本主义社会,流通工具主要是银行信用,商人运用的资本主要来自银行信用,当银行体系降低利率、扩大信用时,商人就会向银行增加借款,从而增加向生产者的订货。这样就引起生产的扩张和收入的增加,而收入的增加又引起对商品需求的增加和物价上升,经济活动继续扩大,经济进入繁荣阶段。但是,银行扩大信用的能力并不是无限的。当银行体系被迫停止信用扩张,转而紧缩信用时,商人得不到贷款,就减少订货,由此出现生产过剩的危机,经济进入萧条阶段。在萧条时期,资金逐渐回到银行,银行可以通过某些途径来扩大信用,促进经济复苏。根据这一理论,其他非货币因素也会引起局部的萧条,但只有货币因素才能引起普遍的萧条。许多经济学家认为,货币在现代经济中是非常重要的,货币量的变动(即信用的扩大与缩小)对经济周期也有相当大的影响,但把引起经济周期的惟一原因归结为货币并不符合实际情况。

二、投资过度周期理论

投资过度周期理论是一种用生产资料的投资过多来解释经济周期的理论。该理论认为，无论是什么原因引起了投资的增加，这种增加都会引起经济繁荣。这种繁荣首先表现在对投资品（即生产资料）需求的增加以及投资品价格的上升上。这就更加刺激了对资本品的投资。资本品的生产过度发展引起了消费品生产的减少，从而形成经济结构的失衡。而资本品生产过多必将引起资本品过剩，于是出现生产过剩危机，经济进入萧条。

持有这种观点的经济学家对最初引起投资增加的原因有不同的解释。奥地利经济学家 F. 哈耶克和 L. 米塞斯等人认为是货币量的增加引起投资增加。他们用货币因素来说明经济结构的失调，以及由此所引起的经济波动，被称为货币投资过度理论。这种理论属于内生经济周期理论。瑞典经济学家 C. 卡塞尔、威克塞尔和德国经济学家 A. 斯皮托夫等人认为是新发明、新发现、新市场开辟等因素引起了投资增加。他们用非经济因素（技术、领土、人口等）来说明经济结构的失调，以及由此所引起的经济波动，被称为非货币投资过度理论。这种理论属于外生经济周期理论。

三、创新周期理论

创新周期理论是一种用技术创新来解释经济周期的理论。由熊彼特提出，属于外生经济周期理论。创新是指对生产要素的重新组合，例如，采用新生产技术、新的企业组织形式，开辟新产品、新市场等。该理论首先用创新来解释繁荣和衰退。这就是，创新提高了生产效率，为创新者带来了盈利，引起其他企业仿效，形成创新浪潮。创新浪潮使银行信用扩大、对资本品的需求增加，引起经济繁荣。随着创新的普及，盈利机会的消失，银行信用紧缩，对资本品的需求减少，这就引起经济衰退。直至另一次创新出现，经济再次繁荣。但经济周期实际上包括繁荣、衰退、萧条、复苏四个阶段。这种理论用创新引起的"第二次浪潮"来解释这一点。这就是说，在第一次浪潮中，创新引起了对资本品需求的扩大和银行信用的扩张。这就促进了生产资本品的部门扩张，进而又促进了生产消费品的部门扩张。这种扩张引起物价普遍上升，投资机会增加，也出现了投机活动。这就是第二次浪潮。它是第一次浪潮的反应。然而，这两次浪潮有重大的区别，即第二次浪潮中许多投资机会与本部门的创新无关。这样，在第二次浪潮中包含了失误和过度投资行为。这就在衰退之后出现了另一个失衡的阶段——萧条。萧条发生后，第二次浪潮的反应逐渐消除，经济转向复苏，要使经济从复苏进入繁荣还有待于创新的出现。熊彼特根据这种理论解释了长周期、中周期与短周期。他认为，重大的技术创新（如蒸汽机、炼钢、汽车制造等)对经济有长期的影响,这些创新所引起的繁荣时间长,繁荣之后的衰退也长,从而所引起的经济周期就长,形成了长周期。中等创新所引起的经济繁荣及随之而来的衰退则形成中周期。那些属于不很重要的小创新则只能引起短周期。熊彼特的创新周期理论有自己的特色,至今仍受重视。

四、消费不足周期理论

消费不足周期理论是一种历史悠久的理论,主要用于解释经济周期中危机阶段的出现以及生产过剩的原因,并没有形成为解释经济周期整个过程的理论。这种理论的早期代表人物是英国经济学家马尔萨斯和法国经济学家西斯蒙第,近期代表人物是英国经济学家 J. 霍布森。

该理论认为,经济中出现萧条与危机是因为社会对消费品的需求赶不上消费品的增长,而消费品需求不足又引起对资本品需求不足,进而使整个经济出现生产过剩性危机。消费不足的根源则主要是由于国民收入分配不均等所造成的穷人购买力不足和富人储蓄过度。这种理论属于内生经济周期理论。在现代经济学中,属于左翼的激进政治经济学派和新马克思主义者中仍有人运用并发展了这种理论。

五、心理周期理论

心理周期理论强调心理预期对经济周期各个阶段形成的决定作用,主要代表人物是英国经济学家庇古和凯恩斯。

该理论认为,预期对人们的经济行为有决定性的影响,乐观与悲观预期的交替引起了经济周期中繁荣与萧条的交替。当任何一种原因刺激了投资活动,引起高涨后,人们对未来的预期的乐观程度一般总超过合理的经济考虑下应有的程度。这就导致过多的投资,形成经济过度繁荣。而当这种过度乐观的情绪所造成的错误被觉察以后,又会变成不合理的过分悲观的预期。由此过度减少投资,引起经济萧条。凯恩斯认为,萧条的产生是由于资本边际效率的突然崩溃,而造成这种崩溃的正是人们对未来的悲观预期。因为,这种理论强调了引起人们预期过分悲观或乐观的原因仍然是经济因素,所以,应该属于内生经济周期理论。

预期在经济中的确是十分重要的,现代的理性预期学派也从预期的角度来解释经济周期。但这两者所使用的预期概念并不一样。凯恩斯所强调的是预期的无理性,而理性预期学派强调了预期的合理性。所以,这两种经济周期理论并不一样。

六、太阳黑子周期理论

太阳黑子周期理论用太阳黑子来解释经济周期,由英国经济学家杰文斯父子所提出并加以论证。

该理论认为,太阳黑子的活动对农业生产影响很大,而农业生产的状况又会影响工业及整个经济。太阳黑子的周期性决定了经济的周期性。具体来说,太阳黑子活动频繁就使农业生产减产,农业的减产影响到工业、商业、工资、购买力、投资等方面,从而引起整个经济萧条。相反,太阳黑子活动的减少则使农业丰收,整个经济繁荣。他们用太阳黑子活动周期与经济周期基本吻合的资料来证明这种理论。这种理论把经济周期的根本原因归结为太阳黑子的活动,是典型的外生经济周期理论。

现代经济学家认为,太阳黑子对农业的影响是非常有限的,而农业生产对整个经济的影响更是非常有限的,因此,这种理论难以成立。

以上这些理论从不同的角度分析了经济周期的原因,解释了经济周期中的某些现象,但还没有哪一种理论能作出令人满意的解释。

第三节 乘数加速理论

现代经济周期理论是宏观经济学的一个组成部分。它是用国民收入决定理论来解释经济周期。现代经济周期理论也非常丰富。本节我们重点介绍其中最重要的经济周期理论,即乘数—加速原理相互作用的经济周期理论。

一、加速原理和加速数

加速原理是说明国民收入或消费量变动与投资变动之间关系的理论。

从经济发展的现实看,投资变动与国民收入变动之间的影响是相互的,乘数理论反映了投资变动对国民收入变动的影响,而加速原理则说明国民收入变动是如何影响投资变动的,这两个理论共同说明了投资变动与国民收入变动之间的关系。国民收入的增加引起消费的增加,但要增加消费品的数量,资本品的数量必须相应增加,因此,国民收入的增加必将引起投资的增加。一般用加速数来表示国民收入或消费变动对投资变动影响的程度。

加速数是一个与资本产出比率 J 相近的经济变量,资本产出比率可用下列公式表示:

$$J = K/Y$$

式中,K 代表固定资本,表示资本存量,Y 代表产出水平,多用国民生产总值表示。

上述公式表明,J 是指生产一单位产品所需要的资本量,它说明的是资本量与它所生产的产出量之间的静态比例关系。

加速数是指每增加一单位产出所需增加的资本量,如以 w 表示加速数,ΔK 为资本增量,I 表示新增投资,ΔY 为收入增量,则有公式:

$$w = \Delta K / \Delta Y = I / \Delta Y \tag{1}$$

式(1)说明的是资本量与它所生产的产出之间的动态比例关系。加速数表明的是每多生产一单位产出所需增加的资本量,即所需投资额的大小。在技术不变的条件下,或者说不存在技术进步时,加速数等于资本产出比率,即 $J = w$。

由式(1),可推出加速原理的基本公式:[①]

$$Ii = w \cdot \Delta Y \tag{2}$$

式中,Ii 即为受国民收入变动影响的引致投资,它表明在加速数一定的条件下,引致投资随国民收入发生同方向变化。

二、投资乘数和加速原理相结合

国民收入的变化会通过加速数对投资产生加速作用,而投资的变化又会通过投资乘数使国民收入成倍变化,加速数和投资乘数的这种交织作用便导致了国民收入周而复始的上下波动。对这一问题的研究是美国经济学家 A. 汉森和 P. 萨缪尔森完成的,因此,投资乘数和加速原理相结合的理论又叫做汉森—萨缪尔森模型。

首先,根据消费函数的分析可知,消费支出 C 是自发性消费 C_0 和引致性消费 bY 的总和,如果考虑到国民收入转化为消费支出的时滞,那么,第 t 期的消费函数可表述为:

$$C_t = C_0 + bY_{(t-1)} \tag{3}$$

其次,根据投资函数的分析可知,投资支出 I 是自发性投资 I_0 和引致性投资 I_i 的总和,那么,第 t 期的投资函数可表述为:

$$\begin{aligned} I_t &= I_0 + I_i \\ &= I_0 + w \cdot \Delta Y = I_0 + w[C_t - C_{(t-1)}] \end{aligned}$$

最后,根据两部门经济中均衡国民收入条件的分析,可得以下模型:

$$\begin{aligned} Y_t &= C_t + I_t \\ &= C_0 + bY_{(t-1)} + I_0 + w[C_t - C_{(t-1)}] \end{aligned} \tag{4}$$

---

① $Ii = w \cdot \Delta Y$ 也可写成 $Ii = w \cdot \Delta C = w \cdot [C_t - C_{(t-1)}]$,这是由于消费量与产量之间存在较稳定的依存关系,即 $\Delta C = C \cdot \Delta Y$,所以,当加速数作了一定调整之后,$w \cdot \Delta Y$ 与 $w \cdot \Delta C$ 是等同的。

式(4)表明,每一期的国民收入决定于自发消费、自发投资、边际消费倾向和加速数,这样,一旦这几个参数确定下来,便可推算出每一期的国民收入。

若我们假定边际消费倾向 $b = 0.6$,加速数 $w = 1.5$,自发性消费 $C_0 = 10$ 亿元,自发性投资 $I_0 = 40$ 亿元,第一期的引致消费为 60 亿元,利用模型式(4),可以得到表 12-1。从表中可以看到,经过几期的发展,经济在第四期达到了繁荣,之后转入衰退,在第九期达到谷底,从第十期开始,经济又开始复苏,进入下一个周期。

表 12-1 投资乘数和加速原理相结合举例

单位:亿元

时期	自发消费	引致消费	自发投资	引致投资	国民收入	国民收入变化趋势
1	10	60	40	—	110	
2	10	66	40	9	125	复苏
3	10	75	40	13.5	138.5	繁荣
4	10	83.5	40	12.1	145.2	
5	10	87.5	40	6.1	143.2	
6	10	85.9	40	−1.8	134.1	衰退
7	10	80.5	40	−8.2	122.3	
8	10	73.4	40	−10.7	112.7	
9	10	67.6	40	−8.6	109.0	萧条
10	10	65.4	40	−3.3	112.1	复苏

之所以出现这种情况,是因为当经济进入复苏阶段后,投资需求增加,产生乘数作用,使国民收入成倍增长,而增加了的国民收入又通过加速数引起投资的加速增加,乘数与加速数的相互作用使一国经济迅速膨胀;但是如果想让投资不断增加,就必须保持国民收入持续高速增长,可是由于乘数作用条件的限制,这种高速增长不可能永远保持下去,这样,放慢了的经济增长速度导致加速数的反向作用表现出来而使投资急剧减少,经济由繁荣转向衰退。

当经济开始衰退之后,由于总投资的下降总有一个限度,而且随着经济的衰退和萧条,经济中的闲置资源开始出现,加速数的作用受到制约,投资乘数的作用却越来越大,重置投资的乘数作用使收入逐渐回升,经济由萧条开始进入复苏阶段,这就是乘数与加速机制相结合所带来的经济周期。

可见,由于投资乘数和加速原理的相互作用,使经济呈现出周期性的上下波动。萨缪尔森等人认为,在以上的分析中,C_0、I_0、b 和 w 都是保持不变的,如果政府有意识地采取各种政策调节或干预以上参数,那么,减轻甚至消除经济的周期波动,达到经济的稳定发展是可以做得到的。

【复习思考题】

一、判断题

1. 经济周期是可以预期的,因为它的发生常常是很有规律的。 （　　）

2. 经济周期是经济活动总水平的长期的、波浪式的运动。 （　　）

3. 经济周期是可以完全根除的。 （　　）

4. 经济周期的中心是国民收入的波动。 （　　）

5. 经济周期是经济中不可避免的波动。 （　　）

6. 繁荣的最高点是顶峰。 （　　）

7. 经济学家划分经济周期的标准是危机的严重程度。 （　　）

8. 基钦周期是一种长周期。 （　　）

9. 经济增长从谷底水平扩张到正常水平称为繁荣阶段。 （　　）

10. 经济增长从谷顶水平收缩到正常水平称为萧条阶段。 （　　）

11. 繁荣阶段的主要特征是投资减少、产品积压。 （　　）

12. 在库兹涅茨周期中与之紧密相关的行业是建筑业。 （　　）

二、选择题

1. 经济周期的中心是（　　）。

A. 价格的波动　　B. 利率的波动　　C. 收入的波动　　D. 消费的波动

2. 经济周期的四个阶段依次是（　　）。

A. 繁荣、萧条、衰退、复苏　　　　B. 繁荣、衰退、萧条、复苏

C. 繁荣、复苏、衰退、萧条　　　　D. 衰退、复苏、萧条、繁荣

3. 经济周期中的两个主要阶段是（　　）。

A. 繁荣与复苏　　B. 繁荣与萧条　　C. 繁荣与衰退　　D. 衰退与复苏

4. 中周期的每一个周期为（　　）。

A. 5 年—6 年　　B. 8 年—10 年　　C. 25 年左右　　D. 50 年左右

5. 乘数原理和加速原理的联系在于（　　）。

A. 前者说明投资的变化对国民收入的影响,后者说明国民收入的变化,又对投资产生影响

B. 两者都说明投资是怎样产生的

C. 前者解释了经济如何走向繁荣,后者说明经济怎样陷入萧条

D. 前者解释了经济如何走向萧条,后者说明经济怎样走向繁荣

6. 经济波动的周期的四个阶段一次为(　　)。

A. 扩张、峰顶、衰退、谷底　　　　　　B. 峰顶、衰退、谷底、扩张

C. 谷底、扩张、峰顶、衰退　　　　　　D. 以上各项均不对

7. 朱格拉周期是一种(　　)。

A. 短周期　　　　　B. 中周期　　　　C. 长周期　　　　D. 不能确定

8. 基钦周期是一种(　　)。

A. 短周期　　　　　B. 中周期　　　　C. 长周期　　　　D. 不能确定

9. 康德拉季耶夫周期是一种(　　)。

A. 短周期　　　　　B. 中周期　　　　C. 长周期　　　　D. 不能确定

10. 经济周期中的萧条阶段的特征是(　　)。

A. 国民收入与经济活动低于正常水平

B. 国民收入与经济活动等于正常水平

C. 国民收入与经济活动高于正常水平

D. 生产迅速增加,投资增加,信用扩张

11. 研究经济周期的关键是研究(　　)。

A. 国民收入波动的规律和根源　　　　B. 物价水平波动的规律与根源

C. 利率水平波动的规律和根源　　　　D. 工资水平波动的规律与根源

12. 50—60年一次的周期为(　　)。

A. 朱格拉周期　　　　　　　　　　　B. 基钦周期

C. 康德拉季耶夫周期　　　　　　　　D. 库兹涅茨周期

13. 库兹涅茨周期(　　)。

A. 是一种短周期　　B. 是一种中周期　　C. 是一种长周期　　D. 不能确定

三、名词解释

1. 经济周期　2. 朱格拉周期　3. 基钦周期　4. 康德拉季耶夫周期　5. 乘数加速原理

四、问答题

1. 什么是经济周期? 它可分为哪几个阶段及各阶段的特征?

2. 怎样用乘数论和加速原理说明经济周期波动?

第十三章　经济增长理论

经济周期理论与经济增长理论密切相关,前者着重研究短期经济波动,后者则着重研究经济长期发展趋势。经济增长的内容一般由三方面组成:经济增长模型;对经济增长因素的分析;经济是否应持续增长的理论。本章所介绍的是在凯恩斯主义理论基础上发展起来的现代经济增长理论。

第一节　经济增长的涵义及特征

◆ **案例导入 13-1**

克鲁格曼的预言

1994 年,美国经济学家克鲁格曼在《外交》杂志上撰文,指出东南亚国家的高速经济增长是没有牢固基础的"纸老虎",迟早要崩溃。历史不幸被克鲁格曼言中,1997 年东南亚金融危机的爆发引起这个地区的严重经济衰退。

克鲁格曼之所以认为东南亚国家的经济增长是"纸老虎",是因为这些国家的经济增长是由劳动与资本的大量增加带动的,缺乏技术进步。而技术进步在经济增长中的中心地位,早已为当今世界各国的经济学家所公认。克鲁格曼认为,东南亚经济增长中技术进步的作用不明显,没有起到应有的中心作用。这些国家和地区缺乏科技创新能力,仅仅依靠投入实现增长,到一定程度就会引起劳动和资本的边际生产率递减,增长必然放慢,甚至衰退。克鲁格曼甚至认为,即使像日本这样的经济大国,由于其主要技术仍然是引进的,缺乏原创性,即使没有各种复杂因素引发的金融危机,其经济的增长也迟早要出问题。

尽管经济学家对东南亚金融危机的发生众说纷纭,但有一点已为所有的人所接受:没有技术进步就没有持久而稳定的经济增长。上世纪 90 年代美国经济连续近十年的稳定增长则从正面证明了这一点。虽然经济学家对个人电脑、互联网对增长的作用还难以作出准确的定量分析,但这些技术进步对美国经济繁荣的贡献是无人否认的。

克鲁格曼的观点固然冷酷,但它能使我们更加清醒地认识到,21 世纪将是技术进步更加迅猛的时代,发展中国家只有确立技术进步在经济增长中的中心地位,才能实现经济长期的快速增长。

一、经济增长的涵义

经济增长(Economic Growth)是指国民生产总值(GNP)的增加,或一国所生产的物品和劳务总量的增加。如果考虑到人口和价格发生变动的情况,经济增长就是指人均实际国民生产总值的增加。就更全面的涵义来说,经济增长既表示一定时期内一个国家生产居民所需要的物品和劳务的潜在生产能力的增长率的提高,又表示一个国家一定时期物品和劳务的实际增长率的提高,同时还表示这种生产能力的决定因素的扩大和改进。

美国经济学家西蒙·库兹涅茨下定义说:"一国的经济增长可以定义为给居民提供种类日益繁多的经济产品的能力长期上升,这种不断增长的能力是建立在先进技术以及所需要的制度和思想意识之相应的基础上的。"

该定义包括三部分:

第一,经济增长集中表现在经济实力的增长上,而这种经济实力的增长就是商品和劳务总量的增加,即国民收入的增加。如果考虑到人口的增加和价格的变动,也可以说是人均实际国民收入的增加。所以,经济增长最简单的定义就是国民收入的增加。这里要注意的是,经济增长仅仅是国民收入的增加,而不是其他。例如,经济增长并不等于社会福利的增进或个人幸福的增加,因为国民收入增加当然是社会福利或个人幸福增进的基础,但在某些情况下,经济增长并不一定能增加社会福利或个人幸福。把经济增长严格限于国民收入增加,才有可能从不同的角度加以研究。

第二,技术进步是实现经济增长的必要条件。这也就是说,只有依靠技术进步,经济增长才是可能的。在影响经济增长的各种因素之中,技术进步是第一位的。一部经济增长的历史就是一部技术进步的历史。

第三,经济增长的充分条件是制度与意识的相应调整。这也就是说,只有社会制度与意识形态适合于经济增长的需要,技术进步才能发挥作用,经济增长才是可能的。社会制度与意识形态的某种变革是经济增长的前提。例如,在历史上私有产权的确立实际上是经济增长的起点。只有在这种前提下,技术、资本等具体因素才能发挥作用。制度因素往往被人们所忽视,所以,提出这个充分条件是非常必要的。

应该说,这个定义是对各国经济增长历史经验的高度概括,体现了经济增长的实质。因此,这一定义已被经济学家广泛接受,并作为研究经济增长问题的出发点。

二、经济增长理论的内容

一般认为,经济增长理论主要包括以下内容:

1. 经济增长模型

经济增长模型是通过对经济增长过程中储蓄、投资、要素投入量、技术进步等因素之间数量关系的分析,探讨经济长期稳定发展的途径。具有代表性的经济增长模型有哈罗德—多马经济增长模型、新古典经济增长模型和新剑桥经济增长模型。这些模型既有逻辑上和历史上的内在联系,又有明显区别,各有分析侧重点。

2. 经济增长因素分析

在建立经济增长模型的同时,一些经济学家也开始用定量的方法对影响经济增长的各种因素的作用进行分析,试图找出促进经济增长的有效方法。

3. 关于经济增长的争论

随着经济快速增长,经济学家们对增长中出现的问题进行了广泛的讨论,包括经济是否应该继续增长和经济增长的最优速度应为多少等问题。

三、经济增长理论的发展

经济增长理论是一个古老而又富有生命力的课题,自亚当·斯密以来的经济学家们几乎都把经济增长作为研究的中心问题之一。19世纪末建立的新古典学派对经济增长抱有乐观态度,因此他们把分析的重点转向资源配置问题,在此期间,只有熊彼特提出的创新理论研究了经济的长期增长问题,指出创新是推动经济前进的力量,不断进行技术创新是经济增长的过程。20世纪30年代的世界经济大危机迫使经济学家们重新重视对宏观经济问题的分析,因此,现代经济增长理论在第二次世界大战后迅速发展起来,其发展过程大致经历了以下三个阶段:

1. 50—60年代。经济学家们普遍接受高速增长的模式,因为高速增长不仅是一国实现充分就业的保证,也是保持其国际地位的先决条件。建立在凯恩斯主义理论基础上的增长理论,把研究的中心放在生产能力的长期增长上,着重研究影响经济增长的各因素之间的相互关系及它们在经济增长中的作用,探寻经济长期稳定增长的途径和相应的政策,在这方面的代表人物有R.哈罗德、E.多马、R.索洛、J.罗宾逊、N.卡尔多、J.肯德里克和E.丹尼森等人,他们或是从理论模型上,或是从经验分析上,对经济增长的源泉作了实证分析,为制定经济增长的各项政策提供依据。

2. 60年代末—70年代。针对经济快速增长所带来的一系列问题,一些经济学家、社会学家和科学家提出了增长的极限问题,他们认为由于人口膨胀、资源耗竭、粮食短缺、生态失衡等原因,长期的经济增长必定带来世界经济的崩溃,因而提出了"零经济增长"的观点。这一论点触发了一场关于经济增长利弊得失的争论，对经济增长问题又进行了规范化的研究。经过这场旷日持久的大辩论，大多数经济学家统一了认识：经济增长中的问题只能用经济增长加以解决，因此，否定经济增长是不可取的，但对经济增长所出现的问题，应该给予足够的重视。由此，经济学家们的分析重心仍然放在对增长原因的研究上。

3. 80年代后期。美国经济学家 P. 罗默提出了由他首创的"新增长理论"，立即受到了广泛的重视。罗默的新增长理论是一种对长期经济增长进行预测的理论。50年代所提出的传统经济增长理论中，生产被假设为仅由资本和劳动组成，技术进步的作用并未体现在资本和劳动中，只是作为外生变量对经济增长起促进作用，而罗默认为，每一次技术发挥作用都必须借助于一定的实体，如资本和劳动，因此技术必定成为组成生产的第三大因素，从而作为内生变量对经济增长起促进作用。

根据新增长理论的观点，在信息时代将会有更多的人力物力用于科技研究和发现而不是用于生产，科技与生产的关系正在变化，发明率和增长率也将发生长期变化。此外，根据新增长理论，经济政策的重点也应从解决经济周期性膨胀和衰退方面转向制订促进新技术的政策。新增长理论将对管理思想和管理技术产生重大影响。

第二节　经济增长模型

经济增长模型是反映一国国民收入增长过程的经济模型。是在描述经济增长实际的基础上，抽象出来模仿和解释经济增长规律的理论框架。在经济学的发展过程中，经济学家曾建立了为数众多的经济增长模型，下面我们介绍三个最有影响的经济增长模型，它们分别是：哈罗德—多马经济增长模型、新古典经济增长模型以及新剑桥经济增长模型。

一、哈罗德—多马经济增长模型

在现代经济增长理论中，最早流行的是英国经济学家 R. 哈罗德和美国经济学家 E. 多马分别于1948年和1957年提出来的经济增长模型，由于他们的结论基本相似，故称哈罗德—多马模型。

（一）哈罗德模型的基本公式

哈罗德—多马模型的分析是在以下严格的假设条件基础上进行的，这些假设主要是：全社会只有一种产品，它既可以是投资品，也可以是消费品；生产中只使用两种生产要素：劳动与资本，这两种生产要素为固定技术系数，即它们在生产中的

224

比率是固定的,不能互相替代;规模收益不变,即生产规模扩大时不存在收益递增或递减;不考虑技术进步,即生产技术水平是既定的。

在这样的假设条件下,哈罗德和多马分别用一个基本公式体现了以上所分析的基本思想。下面我们仅以哈罗德模型为主来介绍这一模型。

哈罗德模型的基本公式是:[①]

$$G = S/C$$

式中,G 代表国民收入增长率,即经济增长率。S 代表储蓄率,即储蓄量在国民收入中所占的比例。C 代表资本—产量比率,即生产一单位产量所需要的资本量。根据这一模型的假设,资本与劳动的配合比率是不变的,从而资本—产量比率也就是不变的。这样,经济增长率实际就取决于储蓄率。例如,假定资本—产量比率 C 为 3,如果储蓄率 S 为 15%,经济增长率 C 则为 5%。在资本—产量比率不变的条件下,储蓄率高,则经济增长率高(在上例中,储蓄率增加到 18%,则经济增长率为 6%);储蓄率低,则经济增长率低(在上例中,储蓄率减少到 12%,则经济增长率为 4%)。可见这一模型强调的是资本增加对经济增长的作用,分析的是资本增加与经济增长之间的关系。

(二)经济长期稳定增长的条件

哈罗德模型还用实际增长率、有保证的增长率与自然增长率这三个概念分析了经济长期稳定增长的条件与波动的原因。

实际增长率(G)是实际上所发生的增长率,它由实际储蓄率(S)和实际资本—产量比率(C)决定,即 $G = S/C$。

有保证的增长率(Gw),又称合意增长率,是长期中理想的增长率,它由合意的储蓄率(Sd)和合意的资本—产量比率(Cr)决定,即 $Gw = Sd/Cr$。

自然增长率(Gn)是长期中人口增长和技术进步所允许达到的最大增长率,它由最适宜的储蓄率(S_0)和合意的资本—产量比率(Cr)决定,即 $Gn = S_0/Cr$。

哈罗德模型认为,长期中实现经济稳定增长的条件是实际增长率、有保证的增长率与自然增长率相一致,即 $G = Gw = Gn$。

如果这三种增长率不一致,则会引起经济的波动。

具体来说,实际增长率与有保证的增长率的背离,会引起经济中的短期波动。当实际增长率大于有保证的增长率($G > Gw$)时,会引起累积性的扩张,因为这时实际的资本—产量比率小于合意的资本—产量比率($G < Gr$),资本家会增加投资,使这两者一致,从而就刺激了经济的扩张。相反,当实际增长率小于有保证的

---

① 多马模型是 $G = S \cdot a$,其中 a 是资本生产率,即一单位资本的产出量,$a = 1/C$,所以,这一模型与哈罗德模型基本相同。

225

增长率($G<Gw$)时,会引起累积性的收缩,因为这时实际的资本—产量比率大于合意的资本—产量比率($G>Gr$),资本家会减少投资,使这两者一致,从而引起了经济收缩。

在长期中,有保证的增长率与自然增长率的背离也会引起经济波动。当有保证的增长率大于自然增长率($Gw>Gn$)时,由于有保证的增长率超过了人口增长和技术进步所允许的程度,将会出现长期停滞。反之,当有保证的增长率小于自然增长率($Gw<Gn$)时,由于有保证的增长率不会达到人口增长和技术进步所允许的程度,将会出现长期繁荣。

通过以上分析可以看出,经济长期稳定增长的条件,应该使这三种增长率达到一致。经济一旦偏离这个条件,又不能靠其内在机制恢复稳定增长,将使经济越来越背离均衡状态。在实际经济运行中,这三个增长率的同时相等又几乎是难以实现的,因此哈罗德提出的经济稳定增长的途径是十分狭窄的,常被形象地称为"刀锋式"的经济增长。

二、新古典经济增长模型

依据凯恩斯经济理论建立起来的哈罗德—多马增长模型虽然对经济稳定增长的条件作了开拓性的分析,但他们所得到的"刀锋式"增长遇见的结论却不符合第二次世界大战后西方国家的实际情况。为解决哈罗德—多马模型中经济增长的不稳定因素,美国经济学家 R. 索洛、J. 托宾等人运用新古典学派的边际生产力、生产函数等基本概念,提出了一系列类似的经济增长模型,统称为新古典增长模型。

(一)新古典模型的基本公式

新古典模型也假设,只生产一种产品,使用两种生产要素(资本与劳动),以及规模收益不变。这一模型与哈罗德模型的差别首先在于假定生产中资本与劳动的配合比率有多种,是可以改变的,其次是考虑到技术进步的情况。

新古典模型的公式是:

$$G = a(\Delta K/K) + b(\Delta L/L) + \Delta A/A$$

式中,G 代表国民收入增长率,$\Delta K/K$ 代表资本增长率,$\Delta L/L$ 代表劳动增长率,$\Delta A/A$ 代表技术进步率。a 代表经济增长中资本所做的贡献比例,b 代表经济增长中劳动所做的贡献比例,a 与 b 之比即资本—劳动比率。

根据柯布—道格拉斯生产函数,国民收入的增长,取决于资本、劳动以及技术进步因素,故得到上述模型。另外,模型中的 $\Delta K/K$,在投资大体与储蓄相等时,可看成是储蓄率。

这一模型的含义是:

第一，国民收入的增长率，取决于资本的增长率、劳动投入的增长率以及技术进步的速率。而且，国民收入的增长率与生产中资本—劳动的比例有关。这样，要使经济长期稳定增长，除了改变储蓄率来实现增长外，还可以通过改变资本—劳动的配合比例，从而改变了与此相联系的资本—产量比例来实现。

第二，资本—劳动比率的变动是通过市场机制自发调节来完成的。如果资本量大于劳动量，则资本的相对价格下降，劳动的相对价格上升，从而就在生产中更多地利用资本，更少地利用劳动，通过资本密集型技术来实现经济增长。反之，如果资本量小于劳动量，则资本的相对价格上升，劳动的相对价格下降，从而就在生产中更多地利用劳动，更少地利用资本，通过劳动密集型技术来实现经济增长。这样，通过价格的自发调节使资本与劳动都得到充分利用，经济得以稳定增长。

第三，技术进步也是决定经济增长的重要因素。技术进步的作用，可以从资本生产率和劳动生产率两个方面体现出来。如果忽略了技术因素，技术老化，水平倒退，即 $\Delta A/A$ 为负数，则资本与劳动对产值增加的作用减弱，$-\Delta A/A$ 会抵减原有权数 a 和 b 的正作用。

（二）经济长期稳定增长的条件

新古典模型从资本—产量比率的角度探讨了经济长期稳定增长的条件。

这一模型认为，在长期中实现均衡的条件是储蓄全部转化为投资，即对凯恩斯储蓄等于投资这一短期均衡条件的长期化。这种情况下，如果储蓄倾向不变，劳动增长率不变，则长期稳定增长的条件就是经济增长率（$\Delta Y/Y$）与资本存量增长率（$\Delta K/K$）必须相等，即：

$$\Delta Y/Y = \Delta K/K$$

如果 $\Delta Y/Y > \Delta K/K$，这就意味着收入的增长快于资本存量的增长，从而资本生产率提高，这就会刺激厂商用资本代替劳动。使用的资本量的增加一方面使资本边际生产率下降，另一方面也使资本价格提高，从而最终会减少资本使用量，最后达到

$$\Delta Y/Y = \Delta K/K$$

可见，通过市场机制的自动调节，会使经济在长期中保持 $\Delta Y/Y = \Delta K/K$，从而实现经济的稳定增长。

三、新剑桥经济增长模型

在新古典增长模型对哈罗德—多马模型进行修正和完善的同时，以 J. 罗宾逊和 N. 卡尔多为代表的英国新剑桥学派也试图修正哈罗德—多马模型中的不稳定性，但他们反对新古典增长模型的观点，认为新古典模型中关于资本和劳动可以完

全替代的假设是不符合客观实际的,因此,经济的长期稳定增长就不可能由资本—产出比的灵活调节而达到。为此,他们提出了自己的经济增长模型,将分析的重点放在储蓄率的变动上,强调了经济增长与收入分配的关系,我们将这一模型称为新剑桥经济增长模型。

新剑桥经济增长模型的假设前提是:总收入只分成利润收入和工资收入两部分,因此社会成员也就只有利润收入者和工资收入者;在不同收入者中,储蓄倾向即储蓄率不同,利润收入者的储蓄倾向大于工资收入者的储蓄倾向,储蓄倾向是相对稳定的。

(一)新剑桥模型的基本公式

设国民收入为 Y,利润收入 P,工资收入为 W,则有:

$$Y = P + W \tag{1}$$

并可推出

$$P/Y + W/Y = 1 \tag{2}$$

式(2)表明利润收入在国民收入中所占份额与工资收入在国民收入中所占份额之和等于 1。

若设利润收入者的储蓄倾向为 Sp,工资收入者的储蓄倾向为 Sw,由假设可知: $Sp > Sw$,那么,就可推出全社会的储蓄率 s:

$$s = S/Y = (Sp \cdot P + Sw \cdot W)/Y = Sp \cdot P/Y + Sw \cdot W/Y \tag{3}$$

将式(3)代入哈罗德—多马模型,则有:

$$G = S/C = (Sp \cdot P/Y + Sw \cdot W/Y)/C \tag{4}$$

式(4)即为新剑桥模型的基本公式。由公式可以看出,由于客观技术条件制约,资本产出比率 C 是相对稳定的,要想达到经济长期稳定增长,储蓄率 s 具有可变动性。在利润所得者和工资所得者的储蓄倾向既定的条件下,只能通过改变国民收入分配中利润和工资的份额 P/Y 和 W/Y,才能达到改变储蓄总量从而调整储蓄率 s 的目的。

在资本—产量比率不变的情况下,增长率取决于储蓄率,储蓄率越高则增长率越高,而要提高储蓄率,就要改变国民收入的分配,使利润在国民收入中占更大的比例。因此,经济增长是以加剧收入分配的不平等为前提的。经济增长的结果,也必然加剧收入分配的不平等。这是新剑桥模型的重要结论。

(二)经济长期稳定增长的条件

新剑桥模型,从社会储蓄率的角度探讨了经济长期稳定增长的条件。要使经济按一定的增长率增长下去就必须保持一个一定的储蓄率,社会储蓄率取决于利润收入者与工资收入者的储蓄倾向,以及他们的收入在国民收入中所占的比率。前者是不变的,因此,要保持一定的储蓄率就必须使国民收入中工资与利润保持一定水平。这个过程也是通过价格调节来实现的。如果利润在国民收入中的比率加大,则储蓄率提高,投资增加,结果最终工资增加,储蓄率下降。这是增长过快的结果。反之,如果利润在国民收入中的比率减少,则储蓄率下降,投资减少,结果最终工资下降,储蓄率上升。这是增长过慢的结果。经济要稳定增长,利润和工资在国民收入中要保持一定比率,但这一比率并不是不变的,而是随着经济增长,在国民收入分配中,利润的比率在提高,工资的比率在下降。

新古典模型和新剑桥模型实际上都是从 $G = S/C$ 这个公式来分析经济长期增长的条件的。新古典模型分析 C 的变动,新剑桥模型分析 S 的变动。

第三节　经济增长因素分析

经济增长是一个复杂的经济和社会现象。影响经济增长的因素很多,正确地认识和估计这些因素对经济增长的贡献,对于理解和认识现实的经济增长和制订促进经济增长的政策都是至关重要的。

一、丹尼森对经济增长因素的分析

在经济增长因素分析中首先遇到的问题是经济增长因素的分类。丹尼森把经济增长因素分为两大类:生产要素投入量和生产要素生产率。关于生产要素投入量,丹尼森把经济增长看成是劳动、资本和土地投入的结果,其中土地可以看成是不变的,其他两个则是可变的。关于要素生产率,丹尼森把它看成是产量与投入量之比,即单位投入量的产出量。要素生产率主要取决于资源配置状况、规模的节约情况和知识进展。

丹尼森把影响经济增长的因素归结为七项:(1)就业者人数和他们的年龄性别构成;(2)工作时数;(3)就业人员的受教育程度;(4)资本存量的规模;(5)资源配置状况;(6)规模经济(以市场扩大来衡量);(7)知识进展。其中,前 4 项属于要素投入量,后三项属于每一单位投入量的生产率。丹尼森根据 1929—1969 年的数据资料计算了各种要素对经济增长所做出的贡献,发现生产率(即单位投入量的产出量)提高对经济增长的贡献为一半左右,这与其他经济学家的研究成果相同。

丹尼森还对美国、西欧和日本等国各种增长因素在经济增长中所做出的贡献进行了比较,以西欧和美国 1950—1962 年的情况来说明,要素投入量与要素生产率这两大类因素在经济增长中所起的作用是不同的。总的来说,西欧总增长率的 40％ 由投入量提供,而 60％ 由要素生产率提供,在美国这个比例正好倒过来。这说明战后西欧各国生产率提高得较快。再从劳动投入量来看,西欧劳动人口多,劳动力数量对经济增长所做出的贡献比较大;而美国劳动力受教育程度高,劳动力的教育水平对经济增长所作出的贡献较大。从资本来看,美国投资增加对经济增长所作出的贡献大于西欧各国。日本经济学家金森久雄还把丹尼森模型运用于日本,认为日本要素投入量与要素生产率对经济增长所作的贡献都大于美国与西欧。而在日本经济增长中作出最大贡献的是资本投入量与生产率的提高,劳动力迅速由农业转向工业、引进外国技术和规模经济对经济增长也起了重要作用。丹尼森也作出了类似的结论。

二、库兹涅茨对经济增长因素的分析

库兹涅茨对经济增长因素的分析是运用统计分析方法,通过对国民产值及其组成部分的长期估量、分析与研究进行各国经济增长的比较,从各国经济增长的差异中探索影响经济增长的因素。库兹涅茨在一系列关于经济增长的著作中提出的经济增长的因素主要是知识存量的增加、劳动生产率的提高和结构方面的变化。

第一,知识存量的增长。

库兹涅茨认为,随着社会的发展和进步,人类社会迅速增加了技术知识和社会知识的存量,当这种存量被利用的时候,它就成为现代经济高比率的总量增长和迅速的结构变化的源泉。但知识本身不是直接生产力,由知识转化为现实的生产力要经过科学发现、发明、革新、改良等一系列中间环节。在知识的转化过程中需要有一系列中介因素,这些中介因素是,对物质资本和劳动力的训练进行大量的投资;企业家要有能力克服一系列从未遇到的障碍;知识的使用者要对技术是否适宜运用作出准确的判断等。在这些中介因素作用下,经过一系列知识的转化过程,知识最终会变为现实的生产力。

第二,劳动生产率的提高。

库兹涅茨认为,现代经济增长的特征是人均产值的高增长率。为了弄清什么是导致人均产值的高增长率的主要因素,库兹涅茨对劳动投入和资本投入对经济增长的贡献进行了长期分析。他得出的结论是,以人均产值高增长率为特征的现代经济增长的主要原因是劳动生产率的提高。

第三,结构变化。

库兹涅茨认为,发达的资本主义国家在它们增长的历史过程中,经济结构转变迅速。从部门来看,先是从农业活动转向非农业活动,后又从工业活动转移到服务性行业。从生产单位的平均规模来看,是从家庭企业或独资企业发展到全国性,甚至跨国性的大公司。从劳动力在农业和非农业生产部门的分配来看,在美国,1870年全部劳动力的53.5%在农业部门,到了1960年则降低到7%以下。在比利时,农业劳动力从 1846 年占全部劳动力的 51％减少到 1961 年的 7.5％。以前要把农业劳动力降低 50 个百分点，需要经过许多世纪，现在在一个世纪中，农业劳动力占全部劳动力的百分比减少了 30 个到 40 个百分点则是由于迅速的结构变化。库兹涅茨强调，发达国家经济增长时期的总体增长率和生产结构的转变速度都比它们在现代化以前高得多。

库兹涅茨把知识力量因素和生产因素与结构因素相联系起来，以强调结构因素对经济增长的影响。不难看出，库兹涅茨对经济增长因素的分析与丹尼森分析的一个不同之处是他重视结构因素对经济增长的贡献。库兹涅茨认为，欠发达国家经济结构变动缓慢，结构因素对经济增长的影响比较小，主要表现在，欠发达国家传统结构束缚着被聚集在传统的农业部门中的 60％以上的劳动力，而传统的生产技术和生产组织方式阻碍着经济增长；同时，制造业结构不能满足现代经济增长对它提出的要求，需求结构变化缓慢，消费水平低，不能形成对经济增长的强有力刺激。

第四节　经济增长极限理论

第二次世界大战以后，西方国家运用凯恩斯主义刺激经济增长，取得了一定的成效。但人为的刺激增长也带来了严重的后果。除经济生活长期"滞胀"外，在生态平衡、环境保护、能源消耗方面也产生了不良后果，尤其是 20 世纪 70 年代以来爆发的经济危机更是沉重地打击了以凯恩斯主义为核心理论的经济增长理论。与此同时一些经济学家、生态学家和社会学家对经济增长的阴暗面提出了质疑，产生了一些反经济增长的理论，其中增长价值怀疑论和经济增长极限论最为出名。

一、增长价值怀疑论

美国经济学家米香从价值判断的角度对经济增长提出了反对，一般被称为增长怀疑论。米香认为，经济增长并不一定是生活水平的提高，人们为经济增长所付出的社会与文化的代价太高了，以至于不能使人们接近于更美好的生活，因而经济增长是不合算的。其原因有三方面：第一，经济增长所带来的仅仅是物质享受的增加，但是物质享受不是快乐的惟一源泉，人类除物质享受外，还需要闲暇、文化和美丽的环境；第二，持续的经济增长使人们失去了许多美好的享受，如大气污染、交通事故、城市化建设，将使人们丧失清新的空气、田园式的享受；第三，经济增长往往只会增加人们收入的绝对量，但其社会地位并没有提高，并没有给人们带来真正意义上的幸福。

总之,米香认为,技术的进步,经济的增长仅仅是物质产品的增加而不是幸福的增加,人们因经济增长可能会失去更多的幸福。所以,即使经济增长是可能的,但也是不足取的。应该停止经济增长,恢复到中世纪那种田园式的生活。

二、经济增长极限论

经济增长极限理论又称零经济增长论。产生于20世纪60年代末和70年代初。1968年,二十多位西方著名的自然科学家在罗马成立了"罗马俱乐部",专事研究人类的处境与经济增长前景等问题。他们坚持认为:假如世界上自然的、经济的和社会的关系保持不变,那么由于粮食短缺、资源耗竭和污染严重,世界人口与生产能力将发生突然的无法控制的崩溃。1972年,该俱乐部的代表、美国经济及社会学家梅多斯(D. H. Meadows)出版了《增长的极限》一书,该书较为系统地阐述了经济增长极限理论。这种理论的最基本观点是:追求持续的高速增长会带来一系列恶果——资源被耗尽,环境被污染,人口膨胀,粮食不足——人类会因过分的私欲而毁掉自己的文明。为了避免这种局面,罗马俱乐部认为人类只有两种选择,或者消极地听天由命,任凭自然力量的摆布;或者积极地采取对策,立即限制人口和工业投资的增长,以实现零增长的全球性均衡。

然而,梅多斯的这部著作也遭到了众多经济学家的抨击。他们认为,该书所指出的问题固然很尖锐,但是其结论未免太过于危言耸听。人们追求好日子并没有错,世界末日也不会那么快就来到;即使某些资源被耗尽,但人们一定能够找到或研制出其替代品;污染已经逐步得到控制;世界粮食供应的增加从未低于人口增长。种种迹象表明,增长的极限似乎并不存在。乐观的人们相信,即使不实现零经济增长,人类也不会遇到增长的极限。

尽管如此,经济增长怀疑论和经济增长极限理论确实给了我们一个启示:物质资料的丰富并不等于福利的增加,经济增长不是没有代价的,经济增长引起的福利的增加往往被其高昂的成本所抵消。因此,未来的日子里,我们应该全面地认识经济增长,不盲目地追求速度,节约使用资源,合理使用资源,保护我们赖以生存的惟一地球,节制人口增长,尽可能减少污染,发展科学技术,开拓新的能源来源,探索可持续发展之路。从这个角度看,增长怀疑论和增长极限理论是有相当的积极意义的。

第五节 经济发展

20世纪80年代前,经济学家把经济增长与经济发展分为两个问题。经济增长研究发达国家长期的实际国民生产总值的增加问题,经济发展研究发展中国家如何走向发达的问题。前者称为增长理论或增长经济学,后者称为发展理论或发展经济学。80 年代以后,经济增长与发展问题逐渐融合。然而,经济增长(economic growth)与经济发展(economic development)这两个概念仍然是有区别的。

一、经济增长与经济发展的内涵不同

经济增长仅仅指一国或地区在一定时期(一季度、一年、三年、五年、十年等)包括产品和劳务在内的产出的增长,只涉及总产量与人均产量的增长。而经济发展不仅包括产出的增长,而且还意味着在产出基础上而实现的经济、社会、政治和文化结构的变化,伴随着经济结构、社会结构、政治体制以及文化与法律的变革。因而衡量经济发展水平的指标除了人均 GDP 外,还包括平均寿命、婴幼儿死亡率、成人识字率、收入与财产分布等指标。可见,经济增长的内涵较狭隘,是一个偏重于数量的概念,而经济发展的内涵较宽广,是一个既包含数量又包含质量的概念。

二、经济增长与经济发展的时间长短不同

经济增长着眼于短期,主要考察短期内的国民收入增长状况,通常以一年为一个时期。而经济发展是指一国由不发达状态向发达状态的转变,这一转变在短期内难以完成,因而经济发展更着眼于长期。

三、经济增长是手段,经济发展是目的

经济增长是经济发展的基础,经济发展是经济增长的结果。一般而言,没有经济增长也就不可能有经济发展,但反过来经济增长并不能确保经济的发展。也就是说,可能存在没有发展的增长。如果由于制度上的原因,一个国家产出增长的结果是富者更富,贫者愈贫;或产出有快速的增长,但产出中有相当大一部分于国计民生无补,只是国民经济的虚耗;再或者为了片面追求快速的产出增长,不顾及公众的福利,不考虑社会所付出的代价等等,我们说这些经济有增长而无发展。可以有无发展的经济增长,但很难想像没有增长的发展,既然谈得上发展,就或多或少有点增长。当然也有特例,如古巴的经济发展。在 1960—1965 年及 1970—1975 年两个时段,古巴经济的实际增长率分别为 -0.6% 和 1%,但自 1959 年起,古巴的收入不均程度逐渐缩小,教育比过去普及,特别是医疗卫生条件有普遍的改善,绝大多数公众的健康水平有很大程度的提高。需要指出的是,经济发展不可能长期在负增长或微弱增长的基础上进行,事实上,从 80 年代起,古巴的经济增长已逐步加速。所以我们说,经济增长仍是经济发展的起点与归宿。

【复习思考题】

一、判断题

1. 经济增长的最简单定义就是国民生产总值的增加和社会福利的增加及个人福利的增加。　　　　　　　　　　　　　　　　　　　　　　　（　）

2. 经济增长的必要条件是要有与之相适应的社会制度和意识形态。（　）

3. 经济增长和经济发展所研究的是同样的问题。　　　　　　　　（　）

4. 只要技术进步,经济就可以实现持续增长。　　　　　　　　　（　）

5. 哈罗德模型和多马模型是基本相似的。　　　　　　　　　　　（　）

6. 哈罗德—多马模型认为资本—产量比率是可变的。　　　　　　（　）

7. 在哈罗德模型中,实际增长率、有保证的增长率和自然增长率总是一致的。
　　　　　　　　　　　　　　　　　　　　　　　　　　　　　（　）

8. 在哈罗德模型中认为,如果有保证的增长率大于实际增长率,经济会出现高涨。　　　　　　　　　　　　　　　　　　　　　　　　　　　（　）

9. 新古典模型认为,资本的增加是经济增长的关键因素。　　　　（　）

10. 新剑桥模型认为,经济增长是以加剧收入分配的不平等为前提的。（　）

二、选择题

1. 经济增长的标志是(　　)。

A. 失业率下降　　　　　　　　　B. 先进技术的广泛应用

C. 社会生产能力的不断提高　　　D. 城市化速度加快

2. 经济增长最简单的定义是(　　)。

A. 技术进步　　　　　　　　　　B. 国民生产总值的增加

C. 制度与意识的相应调整　　　　D. 每个人的福利(幸福)都增加了

3. 为提高经济增长率,可采取的措施是(　　)。

A. 加强政府的宏观调控

B. 就业人口的增加

C. 减少工作时间

D. 推广基础科学及应用科学的研究成果

4. 根据哈罗德的定义,有保证的增长率 Gw,与实际增长率 G 之间可能有的关系是(　　)。

A. $Gw < G$　　　　　　　　　　B. $Gw > G$

C. $Gw = G$　　　　　　　　　　D. 以上各项均可能

234

5. 根据哈罗德的分析,如果有保证的增长率 G_w 大于自然增长率 G_n,经济将
(　　)。

A. 持续高涨　　　B. 长期萧条　　　C. 均衡增长　　　D. 不能确定

6. 如果实现了哈罗德的自然增长率,将使(　　)。

A. 社会资源得到充分利用　　　　B. 实现均衡增长

C. 实现充分就业下的均衡增长　　D. 经济持续高涨

7. 当合意的资本—产出比率大于实际的资本—产出比率时,厂商的反应是
(　　)。

A. 增加投资　　　　　　　　B. 减少投资

C. 保持原投资水平　　　　　D. 不能确定

8. 在经济增长中起最重要作用的是(　　)。

A. 资本　　　　　B. 劳动　　　　　C. 制度　　　　　D. 技术进步

9. 设资本量为 100 万,所生产的产量为 50 万,资本—产量比率为(　　)。

A. 0.5　　　　　B. 2　　　　　C. 0.67　　　　　D. 1.49

10. 根据哈罗德模型,当资本—产量比率为 4,储蓄率为 20% 时经济增长率为
(　　)。

A. 50%　　　　　B. 80%　　　　　C. 20%　　　　　D. 5%

11. 根据哈罗德模型,当有保证的增长率大于实际增长率时,经济将出现
(　　)。

A. 均衡增长　　　B. 累积性的收缩　　C. 累积性的扩张　　D. 不能确定

12. 当实际的资本—产量比率大于合意的资本—产量比率时,厂商的反应是
(　　)。

A. 增加投资　　　　　　　　B. 减少投资

C. 保持原有投资水平　　　　D. 增雇工人

13. 认为资本—产量比率可以改变的经济增长模型是(　　)。

A. 哈罗德—多马经济增长模型　　B. 新剑桥经济增长模型

C. 新古典经济增长模型　　　　　D. 库兹涅茨经济增长模型

14. 哈罗德模型认为,长期实现经济稳定增长的条件是(　　)。

A. 有保证的增长率与自然增长率相等

B. 实际增长率与有保证的增长率相等

C. 实际增长率,有保证的增长率与自然增长率相一致

D. 实际增长率大于自然增长率

15. 新古典模型对哈罗德—多马模型的重要修正是(　　)。

A. 它假定经济只生产一种产品

B. 它假定规模收益不变

C. 它假定生产资本与劳动比率是可变的

D. 假定生产中只使用资本与劳动两种生产要素

三、名词解释

1. 经济增长　2. 经济发展　3. 有保证的增长率　4. 哈罗德—多马模型
5. 新剑桥经济增长模型

四、问答题

1. 简述经济增长的含义。

2. 经济增长和经济发展有何区别？

3. 简述哈罗德—多马经济增长模型。

五、计算题

1. 如果一国的产出增长率 G 从 7% 提高到 9%，在资本—产出比率 V 等于 4 的前提下，根据哈罗德增长模型，储蓄率应相应有何变化？

2. 如果要使一国的产出年增长率 G 从 7% 提高到 9%，在储蓄率为 28% 的条件下，根据新古典模型，资本—产出比率应有何相应变化？

【案例讨论】

2005 年中国经济增长情况

中国科学院最新完成的一份预测报告称，2006 年到 2010 年间，中国 GDP 年均增长率将保持 8% 左右，到 2010 年后，中国实际 GDP 将由现在的世界排行第四升至世界第三位。

这份预测报告称，中国未来二十年经济还将保持快速增长，GDP 年均增长率除最近五年保持 8% 左右外，2010 年到 2015 年将在 7%—8%，2016 年到 2020 年将在 6%—7%。

2005 年 GDP 现价总量为 183 085 亿元，按可比价格计算，比上年增长 10.2%。其中，第一产业增加值为 23 070 亿元，增长速度为 5.2%；第二产业增加值为 87 047 亿元，增长速度为 11.7%；第三产业增加值为 72 968 亿元，增长速度为 10%。按初步核实数计算的三次产业结构，第一产业占 12.6%，第二产业占 47.5%，第三产业占 39.9%。

从以上数字来看，中国经济增长速度是否过快？怎样才能缩短与发达国家的经济差距?

【写作训练】

　　试任意选择下列若干题目,进行小论文写作训练。注意:结合本章内容和经济实际,讲究文章布局结构,做到有理有据,逻辑严密,字数可掌握在 1 000 字左右。

　　1. 略论经济增长与物价稳定的关系。

　　2. "假日经济"的宏观经济学意义。

第十四章 宏观经济政策

经济学不能仅停留在单纯理论研究的层面上，研究理论是为了更好地指导实践，因此，在前几章对经济理论进行了相关的分析之后，本章主要探讨以宏观经济理论为基础的宏观经济政策。宏观经济政策很多，本章主要讨论财政政策和货币政策，以及作为其补充的供给管理政策。

第一节 宏观经济政策的基本目标

◆ 案例导入 14-1

2001 年我国主要的政策效果

1998 年以来，我国实行了一系列的财政、货币、价格、收入、消费、出口政策和改革措施来抑制紧缩，刺激经济增长，取得了显著成效。我国实行积极的财政政策 4 年以来，累计发行特别建设国债已超过 5 000 亿元人民币，2000 年底的财政收支差额为负 2 481.27 亿元。以发行国债增加投资为主的财政政策，对拉动内需、促进经济增长、缓解各方面的矛盾起到了十分重要的作用。

在实施积极的财政政策的同时，中央政府实施了稳健的货币政策。主要内容有：在保持人民币币值基本稳定的情况下，连续下调了人民币利率和两次下调了法定存款准备金率，取消国有商业银行的贷款规模限制，扩大公开市场操作，推行个人消费信贷。2001 年又进行利率市场化改革，下调外币存款利率；加大对农村信用社的再贷款和改进对中小企业的金融服务。为刺激消费增长，国家还采取了提高城镇职工工资水平、降低农民负担、征收利息税等涉及收入增长的政策，和住房制度改革、改善农村基础实施状况、延长节假日时间等政策措施。这些对于启动国内需求产生了积极的作用。

中央政府在采取一系列政策扩大内需的同时，还采取措施扩大外需，包括提高出口退税率、增加出口退税指标等措施，而且自 2001 年 7 月 1 日起又将纱、布的出口退税率由 15％提高到 17％，选择重点企业，实行足额退税。在亚洲金融危机时期和近期世界经济不景气情况下，我国的出口面临着严峻的局面。这些政策提高了我国出口产品的竞争力，对扩大外需产生了积极的影响。

在世界经济陷入萧条之时，正是由于以上宏观经济政策的实施，才促进了我国经济的持续不断地发展。

经济政策是指国家或政府为了增进社会经济福利而制定的解决经济问题的指导原则和措施。它是政府为了达到一定的经济目的在经济事务中有意识的干预。因此任何一项经济政策的制定都是根据一定的经济目标而进行。按照西方经济学的解释，宏观经济政策的目标有充分就业、价格稳定、经济持续增长和国际收支平衡。宏观经济政策就是为了达到这些目标而制定的手段和措施。

一、充分就业

充分就业是宏观经济政策的第一个目标。它一般是指一切生产要素（包含劳动）都有机会以自己愿意的报酬参加生产的状态。但由于测量各种经济资源的就业程度非常困难，因此西方经济学家通常以失业情况作为衡量充分就业与否的尺度。由于失业会给社会及失业者本人和家庭带来损失，因此，降低失业率，实现充分就业，就常常成为西方宏观经济政策的首要的或重要的目标。然而，什么是充分就业呢？凯恩斯认为，如果"非自愿失业"业已消除，失业仅限于摩擦性失业和自愿失业的话，就是实现了充分就业。另外一些经济学家则认为，如果空缺职位总额恰好等于寻找工作的人数，就是充分就业。而货币主义针对凯恩斯"非自愿失业"，提出了"自然失业率"的概念。自然失业率是指在没有货币因素干扰的情况下，让劳动市场和商品市场自发供求力量作用时，总需求和总供给处于均衡状态的失业率。虽然对于充分就业存在不同的看法，但他们都认为充分就业不是百分之百就业，充分就业并不排除像摩擦性失业这样的失业情况存在。在目前，大多数西方经济学家认为存在 4%—6% 的失业率是正常的，此时社会经济处于充分就业状态。

二、价格稳定

价格稳定是宏观经济政策的第二个目标。价格稳定是指价格总水平的稳定，它是一个宏观经济概念。由于各种商品价格变化的繁杂和统计的困难，西方学者一般借用价格指数来表示一般价格水平的变化。价格指数是表示若干种商品价格水平的指数，可以用一个简单的百分数时间数列来表示不同时期一般价格水平的变化方向和变化程度。价格指数有消费物价指数（CPI）、生产者价格指数（PPI）和国民生产总值折算指数（IPD）三种。价格稳定成为宏观经济政策的目标，是由于通货膨胀对经济有不良影响。为了控制通货膨胀对经济的冲击，西方国家把价格稳定作为宏观经济政策的另一目标。值得注意的是，价格稳定不是指每种商品的价格固定不变,而是指价格指数的相对稳定,即不出现通货膨胀。实践表明,西方国家的通货膨胀已经无法完全消除,因此大部分西方国家已把一般的轻微的通货膨胀的存在,看作是基本正常的经济现象。

三、经济增长

宏观经济政策的第三个目标是经济持续均衡增长。经济增长是指在一个特定时期内经济社会所生产的人均产量和人均收入的持续增长。通常用一定时期内实际国民生产总值年均增长率来衡量。第二次世界大战后西方国家的经济增长经历了一个从高速增长到低速增长的过程。经济增长和失业常常是相互关联的。如何维持较高的增长率以实现充分就业,是西方国家宏观经济政策追求的目标之一。

四、国际收支平衡

随着国际间经济交往的密切,如何平衡国际收支也成为一国宏观经济政策重要目标之一。国际收支对现代开放性经济国家是至关重要的。西方经济学家认为,一国的国际收支状况不仅反映了这个国家的对外经济交往情况,还反映出该国经济的稳定程度。当一国国际收支处于失衡状态时,就必然会对国内经济形成冲击,从而影响该国国内就业水平、价格水平及经济增长。日本、英国等国家的国内经济发展都曾因国际收支失衡而受到影响。

上述四种经济政策目标是经过第二次世界大战后几十年的发展演变逐渐形成的。它们之间既存在相容性,也存在着一定的矛盾。例如,充分就业和物价稳定之间存在着矛盾。因为要实现充分就业,就必须运用扩张性财政政策和货币政策,而这些政策又会由于财政赤字的增加和货币供应量的增加而引起通货膨胀。充分就业与经济增长也有矛盾的一面。经济增长一方面会提供更多的就业机会,有利于充分就业;另一方面经济增长中的技术进步又会引起资本对劳动的替代,相对地缩小了对劳动的需求,使文化技术水平低的工人失业。

宏观经济政策目标的矛盾,就要求政策制定者首先要确定重点政策目标。政策制定者在确定宏观经济政策目标时,既要受自己对各项政策目标重要程度的理解,考虑国内外各种政治因素,又要受社会可接受程度的制约。从第二次世界大战以后美国的实际情况来看,不同时期也有不同的政策目标偏重,例如在 20 世纪 50 年代政策目标是兼顾充分就业与物价稳定,在 60 年代政策目标是充分就业与经济增长,在 70 年代后则强调物价稳定和四个目标的兼顾。从我国的实际情况看,1993—1996 年,宏观调控目标主要为降低通货膨胀率,实现过热经济的软着陆。在 1997 年以后,我国经济的主要调控目标转变为提高经济增长率和降低失业率。

总之,在经济政策目标既有联系又存在冲突的情况下,更需要政府正确运用各种政策手段,使之相互协调和配合。从长期来看,根据四个目标的相容性,同时实现高增长率、低失业率、低通货膨胀率和国际收支平衡是一种最优的选择。

第二节　财　政　政　策

财政政策是国家干预经济的主要政策之一。西方学者一般把财政政策定义为:为促进就业水平提高,减轻经济波动,防止通货膨胀,实现稳定增长而对政府支出、税收和借债水平所进行的选择,或对政府收入和支出水平所作出的决策。

一、财政政策的主要内容

财政政策的主要内容包括财政支出政策与收入政策。财政支出主要包括政府公共工程支出、政府购买以及转移支付,其中主要是政府购买和转移支付。政府收入主要包括税收和公债两个部分。

（一）财政支出

财政支出是指整个国家中各级政府支出的总和,它由许多具体的支出项目构成,主要分为政府购买和政府转移支付两类。政府购买是指政府对商品和劳务的购买。如购买军需品、机关公用品、政府雇员报酬、公共项目工程所需的支出等都属于政府购买。政府购买是一种实质性支出,有着商品和劳务的实际交易,因而直接形成社会需求和购买力,是国民收入的一个组成部分。政府转移支付则不同,它是指政府在社会福利保险、贫困救济和补助等方面的支出。这是一种货币性支出,政府在付出这些货币时并无相应的商品和劳务的交换发生,因而是一种不以取得本年生产出来的商品和劳务作为报偿的支出。因此,转移支付不能算作国民收入的组成部分。它所做的仅仅是通过政府将收入在不同社会成员之间进行转移和重新分配,全社会的总收入并没有变动。据此,政府对农业的补贴也被看作是政府转移支付。

（二）财政收入

税收是政府财政收入中的最主要部分。它是国家为了实现其职能按照法律预先规定的标准,强制地、无偿地取得财政收入的一种手段。税收具有强制性、无偿性和固定性三个基本特征。国家财政收入的 90％ 以上来源于税收,因而,它是实现财政政策的有力手段之一。税收依据不同标准可以进行不同的分类。根据课税对象,税收可以分为三类:财产税、所得税和流转税。根据收入中被扣除的比例,税收可以分为累退税、累进税和比例税。累退税是税率随征税客体总量增加而递减的一种税。比例税是税率不随征税客体总量变动而变动的一种税,即按固定比率从收入中征税,多适用于流转税和财产税。累进税是税率随征税客体总量增加而增加的一种税。西方国家的所得税多属于累进税。这三种税通过税率的高低及其变动来反映赋税负担轻重和税收总量的关系。因此税率的大小及其变动方向对经济活动如个人收入和消费直接会产生很大影响。

公债是政府财政收入的又一组成部分。它是政府对公众的债务,或公众对政府的债权。它不同于税收,是政府运用信用形式筹集财政资金的特殊形式,包括中央政府的债务和地方政府的债务。中央政府的债务称国债。政府借债一般有短期债,中期债和长期债三种形式。政府公债的发行,一方面能增加财政收入,影响财政收支,属于财政政策,另一方面又能对包括货币市场和资本市场在内的金融市场的扩张和紧缩,起着重要的调节作用。

二、财政政策工具

财政政策工具是财政当局为实现既定的政策目标所选择的操作手段。西方政府为实现既定的经济政策目标,调整支出和收入的财政政策工具主要是:变动政府购买支出、改变政府转移支付、变动税收和公债。

1. 政府购买支出

政府购买支出是决定国民收入大小的主要因素之一,其规模直接关系到社会总需求的增减。购买支出对整个社会总支出水平具有十分重要的调节作用。在总支出水平不定时,政府可以提高购买支出水平,如举办公共工程,增加社会整体需求水平,以此同衰退进行斗争。反之,当总支出水平过高时,政府可以采取减少购买支出的政策,降低社会总体需求,以此来抑制通货膨胀。因此,变动政府购买支出水平是财政政策的有力手段。

2. 政府转移支付

政府转移支付也是一项重要的财政政策工具。在前面乘数分析中我们已经知道,它同样能够通过转移支付乘数作用于国民收入,但乘数效应要小于政府购买支出乘数效应。一般来讲,在总支出不足时,失业会增加,这时政府应增加社会福利费用,提高转移支付水平,从而增加人们的可支配收入和消费支出水平,社会有效需求因而增加;在总支出水平过高时,通货膨胀率上升,政府应减少社会福利支出,降低转移支付水平,从而降低人们的可支配收入和社会总需求水平。除了失业救济、养老金等福利费用外,其他转移支付项目如农产品价格补贴也应随经济风向而改变。

3. 税收

税收作为政府收入手段,既是国家财政收入的主要来源,也是国家实施财政政策的一个重要手段。与政府购买支出、转移支付一样,税收同样具有乘数效应,即税收的变动对国民收入的变动具有倍增作用。由于税收乘数有两种:一种是税率的变动对总收入的影响,另一种是税收绝对量的变动对总收入的影响。因此,税收作为政策工具,它可以通过改变税率来实现,也可以通过变动税收总量来实现,如一次性减税来达到刺激社会总需求增加的目的。对税率而言,由于所得税是税收的主要来源,因此,改变税率主要是变动所得税的税率。一般来说,降低税率,减少税收都会引致社会总需求增加和国民产出的增长。反之则反是。因此在需求不足时,可采取减税措施来抑制经济衰退;在需求过旺时可采取增税措施来抑制通货膨胀。

4. 公债

公债也是一种有效的财政政策工具。公债的发行,既可以筹集财政资金,弥补财政赤字,又可以通过公债发行与在资金市场的流通来影响货币的供求,从而调节社会的总体需求水平,对经济产生扩张或抑制性效应。因此,公债也是实现财政政策目标的工具之一。

三、内在稳定器

内在稳定器,亦称自动稳定器,是指经济系统本身存在的一种会减少各种干扰对国民收入冲击的机制,能够在经济繁荣时期自动抑制膨胀,在经济衰退时期自动减轻萧条,无须政府采取任何行动。财政政策的这种内在稳定经济的功能主要通过下述三项制度得到发挥:

第一,政府税收的自动变动。这里主要指的是个人所得税和公司所得税。个人所得税和公司所得税是累进的,当经济衰退时,国民产出水平下降,个人收入和公司利润减少了,个人所得税的征收额和公司所得税的征收额,会在政府降低税率前自动减少一部分。从而可起到抑制衰退的作用。反之,当经济繁荣时,失业率下降,人们收入自动增加,税收会随个人收入和公司利润的增加而自动增加,可支配收入也就会自动地增加一些,进而使消费和总需求自动地增加一些。从而起到抑制通货膨胀的作用。由此,西方学者认为,税收这种因经济变动而自动发生变化的内在机动性和伸缩性是一种有助于减轻经济波动的自动稳定因素。

第二,政府支出的自动变化。这里主要是指政府的转移支付,它包括政府的失业救济和其他社会福利支出。当经济出现衰退与萧条时,失业增加,符合救济条件的人数增多,失业救济和其他社会福利开支就会相应增加,这样就可以抑制人们收入特别是可支配收入的下降,进而抑制消费需求的下降;当经济繁荣时,失业人数减少,失业救济和其他福利费支出也会自然减少,从而抑制可支配收入和消费的增长。

第三,农产品价格维持方案的实行。经济萧条时,国民收入下降,农产品价格下降,政府依照农产品价格维持方案,政府对农产品实行价格补贴,收购农产品,向农场主支付货币,使他们的收入增加;在经济繁荣时,国民收入水平上升,农产品价格上升,这时政府减少对农产品的收购并抛售农产品,限制农产品价格上升,起了抑制个人收入增加作用,从而也就减少了总需求的增加量。

总之,政府税收、转移支付的自动变化和农产品价格维持制度对宏观经济活动都能起到稳定作用。它们都是财政制度的内在稳定器和对经济波动的第一道防线。但需要注意的是,内在稳定器虽然对经济波动能起到一些稳定的作用,但其作用是十分有限的,它只能减轻萧条或通货膨胀的程度,并不能改变萧条或通货膨胀的趋势,只能对财政政策起自动配合的作用,并不能代替财政政策,政府仍然需要有意识地运用财政政策来调节经济,这就是斟酌使用的财政政策。

四、斟酌使用的财政政策

西方经济学者认为,为确保经济稳定,政府要审时度势,主动采取一些财政措施,即变动支出水平或税收以稳定总需求水平,使之接近物价稳定的充分就业水平。这就是斟酌使用的或权衡性的财政政策。斟酌使用的财政政策包括扩张性(膨胀性)财政政策和紧缩性(收缩性)财政政策。

在经济萧条时期,总需求小于总供给,存在失业,即存在"通货紧缩缺口",政府就要通过扩张性的财政政策来刺激总需求,以实现充分就业。主要包括增加政府支出与减税。增加政府公共支出有利于刺激私人投资,增加转移支出有利于增加个人消费,这样会刺激总需求。减少个人所得税可以增加个人的可支配收入,从而增加消费;减少公司所得税会使公司收入增加,从而增加投资,这样也会刺激总需求。

在经济繁荣时期,总需求大于总供给,经济中存在通货膨胀,即存在"通货膨胀缺口",政府则要通过紧缩性财政政策来压抑总需求,以实现物价稳定。主要包括减少政府支出与增税。减少政府支出有利于抑制投资,减少个人消费,增加税收也会使个人或公司的收入减少,从而减少消费或减少投资,这样就会压抑总需求。

上述财政政策被称为"逆经济风向行事"的财政政策,这种政策反对年度的预算平衡。当经济存在"通货紧缩缺口"时,由于国民收入水平下降,税收也将相应地减少。这时如果政府坚持年度预算平衡,必然要相应减少支出,其结果只能使国民收入进一步下降,使经济更加萧条,失业情况更加严重,因此在此种情况下,政府不应该坚持年度的预算平衡,而应"逆经济风向而动",增加支出或降低税收,方能消除"通货紧缩缺口"。这时由于支出大于收入,从而出现财政赤字。凯恩斯认为财政政策应该为实现充分就业服务,因此必须放弃财政收支平衡的信条,实行赤字财政政策。这样赤字财政就成为财政政策的一项重要内容,该政策的实施主要是通过发行公债来进行的。同样,当经济出现"通货膨胀缺口"时,国民收入水平增大,在税率不变时,政府收入也将增加。这时如果政府坚持年度的预算平衡,势必增加支出,这会使通货膨胀缺口进一步扩大,这时政府应"逆经济风向而动"减少支出或增税,这时由于政府支出小于收入而形成的财政盈余,可以供以后反萧条时增加政府支出的需要。

在 20 世纪 50 年代,美国等西方国家就是采取了这种"逆经济风向而动"的财政政策,其目的在于实现既无失业又无通货膨胀的经济稳定。60 年代以后,为了实现充分就业与经济增长,财政政策则以扩张性的财政政策为基调,强调通过增加政府支出与减税来刺激经济。特别是在 1962 年肯尼迪政府时期,曾进行了全面的减税。个人所得税减少 20%,最高税率从 91% 降至 65%,公司所得税率从 52% 降到 47%,还采取了加速折旧、投资减税优惠等变相的减税政策。这些对经济起到了有力的刺激作用,造成 60 年代美国经济的繁荣。

第三节　货　币　政　策

货币政策是中央银行通过管理货币供应量以及通过货币供应量来调节利率进而影响投资和整个经济,以实现一定经济目标的行为。货币政策涉及货币、银行、利率等有关知识,我们首先应了解这些方面的基本理论。

一、货币供应量和货币创造

(一) 货币供给量

现代经济学家们一般都把货币定义为:被人们普遍接受的作为交换媒介的东西。

货币供应量是一国在一定时点上的货币总量。一个国家货币供应量如何计算,取决于该国把哪些东西定义为货币。在现代社会中,存在各种各样的货币形式,包括以下几种:

1. 现金,包括纸币、硬币。

2. 活期存款,即可以随时提现的存款。

3. 定期存款,即在一定时间以后才能提取的存款,但可通过预先通知银行,即可转化成活期存款或现金。

4. 近似货币,即具有一定货币价值并易于转换为现金的资产,如股票、债券等。

5. 货币替代物,即可在一定条件下执行货币交换职能的东西,如信用卡。

上述货币被区分为狭义的货币供应量和广义的货币供应量。狭义的货币供应量用 M_1 表示: $M_1 = (1) + (2)$;广义的货币供应量用 M_2 表示: $M_2 = M_1 + (3)$;

还有更为广义的货币供应量用 M_3 表示：$M_3 = M_2 + (4) + (5)$。

上述 M_1、M_2、M_3 就是西方国家所规定的货币供应量。但一般认为，M_1 是最重要的货币供应量。即货币供给量等于现金(C)和非银行公众在商业银行各种活期存款(D)之和。所以有：

$$M_1 = C + D \qquad (1)$$

公众可以现金的形式、也可以活期存款的形式来持有货币。用 Cu 代表现金—活期存款比率，则有：

$$Cu = C/D \qquad (2)$$

（二）基础货币

基础货币，又称高能货币(high powered money)，是现金与商业银行以现金形式持有的准备金(R)之和。用公式来表示，就是：

$$H = C + R \qquad (3)$$

式中，H 代表基础货币。

（三）法定准备率

商业银行在吸收活期存款后，为了防止因现金周转不灵而导致银行信誉受损或倒闭，通常将其中的一部分作为准备金，以现金形式保持在手中。准备金与活期存款之间的比率称为储备—活期存款比率，用 Re 来代表。因而有：

$$Re = R/D \qquad (4)$$

中央银行为了保持本国金融体系的稳定，防止因商业银行周转不灵而导致金融危机，也要求商业银行将所吸收存款的一定比例作为准备金而保持在手中。这一比例称为法定准备金率(legal reserve ratio)。商业银行的储备—活期存款比率主要是由法定准备率决定的。

（四）货币乘数

货币乘数(money multiplier)又称货币创造乘数(money creation multiplier)。它是指当基础货币变动一单位时，货币供给量的变动规模。货币乘数可以用 M_1/H 来代表。根据公式(1)至公式(4)，则有：

$$
\begin{aligned}
M_1/H &= (C+D)/(C+R) \\
&= (Cu \cdot D + D)/(Cu \cdot D + Re \cdot D) \\
&= (Cu + 1)/(Cu + Re) \qquad (5)
\end{aligned}
$$

由于 Cu 和 Re 都小于1，所以，货币乘数是大于1的。

式(5)表明，经济活动中货币供给的存量是由中央银行、商业银行和非银行公众共同决定的。中央银行决定基础货币数量和法定准备金率，公众决定现金—活期存款比率,商业银行则以法定准备金率为下限,确定自己的储备—活期存款比率。

在发达国家,活期存款可以以支票形式进入流通,因而居民户没有必要在手中持有多少现金。因而可以假定现金—活期存款比率近似等于0。在这种情况下,货币乘数为商业银行的储备—活期存款比率(这一比率大体相当于法定准备率)的倒数。

(五)商业银行创造货币的机制

在货币政策调节经济的过程中,商业银行体系创造货币的机制有着重要的作用。银行创造货币的机制与法定准备金制度、商业银行的活期存款制度以及银行的贷款转化为客户的活期存款制度等均有着直接的关系。

商业银行的活期存款本身就是一种货币。客户在得到商业银行的贷款后,一般并不取出现金,而是把所得到的贷款作为活期存款存入与自己有业务往来的商业银行,而这种活期存款就可以用支票在市场上流通。所以,银行贷款的增加,就意味着活期存款的增加,从而也意味着货币供应量的增加。这样,商业银行的存款与贷款活动就会创造货币,在中央银行货币发行量并未增加的情况下,而使流通中的货币量增加。而商业银行创造货币的能力大小,取决于法定准备金率的高低。下面,我们以一个实例来说明银行创造货币机制的问题。

假定:

1. 基础货币增加 10 000 元。

2. 公众希望持有的现金数量为 0,即 $Cu = 0$。

3. 商业银行的储备—活期存款比率 Re 为 10%。

中央银行增发的 10 000 元基础货币为企业 A 所持有。A 企业将其全部存入银行 A。银行 A 扣除 10% 的准备金后,把其余 9 000 元贷给企业。由于支票等同于现金,企业 B 将 9 000 元存入与自己有联系的银行 B,银行 B 扣除 10% 的准备金后,又把其余 8 100 元贷给企业 C······由此得出,增发的 10 000 元基础货币带来的以活期存款形式增加的货币供给量总额 D 为:

$$M_1 = D = H + H(1-Re) + H(1-Re)^2 + H(1-Re)^3 + \cdots + H(1-Re)^n$$
$$= H[1/(1-(1-Re))]$$
$$= H/Re = 10\,000/0.1 = 100\,000(元)$$

商业银行准备金的增加额为:

$$R = Re \cdot D = 0.1 \cdot 100\,000 = 10\,000(元)$$

商业银行贷款增加额为:

$$D - R = 100\,000 - 10\,000 = 90\,000(元)$$

据此,假定存款额为既定,则法定准备金率越低,银行存款和放款所增加的倍数便越大;假定法定准备金率不变,则银行吸收的存款越多,银行所"创造"的货币总额也越大。

货币乘数 $M_1/H = 100\,000/10\,000 = 10$,即增发 10 000 元基础货币创造出 100 000 元的货币供给量。

与投资乘数一样,货币创造乘数也从两方面起作用:它既可以使银行存款与贷款多倍地扩大,也能够使银行存款与贷款多倍地收缩。因而中央银行调整法定准备金率对于货币供应量产生重大的影响。

二、中央银行的货币政策工具

中央银行的主要作用,是控制整个经济中的名义货币供给量。在许多市场经济中,中央银行并不直接控制 M_1,也不直接控制信贷规模(即 $D-R$ 或 M_1-R),而是通过货币政策工具来进行。中央银行的三大货币政策工具是:公开市场业务、法定准备金率和贴现率。

1. 公开市场业务

公开市场业务(Open Market Operations)是目前许多国家控制货币数量和利息率的重要措施。萧条时期,政府需采用扩张性措施刺激经济活动,中央银行将向公开市场买进政府债券。中央银行买进政府债券,这等于向市场投放一笔现款,并被存入商业银行;新增存款总额依最初新增现钞额而成倍地增加,于是货币供给量增加;货币供给量增加,利息率水平下降,从而促进企业投资增加,导致生产和收入的增长。通货膨胀时期,政府将卖出政府债券。个人或企业可开出支票向中央银行购买债券,但支票的付款银行必须向中央银行支付现钞,故中央银行卖出债券会导致银行体系的存款额多倍紧缩,导致货币供给量减少;与此同时,债券价格下跌,利息率提高,从而消费支出和投资支出减少,导致生产和收入的缩减。

2. 调整法定准备金率

中央银行变动准备金率则可以通过对准备金的影响来调节货币供应量。在萧条时期,政府可以降低法定准备金率。假定商业银行的准备率正好达到法定要求,这时,中央银行降低准备金率就会使商业银行产生超额准备金,这部分超额准备金可以作为贷款放出,从而能够在活期存款额不变的条件下,通过银行创造货币的机制扩大放款额,引起货币供给量的增加;货币供给量增加会使利息率降低,促进企业投资,从而增加总需求。通货膨胀时期,中央银行提高法定准备金率,就会使商业银行原有的准备金低于法定要求,迫使商业银行减少放款或收回一些贷款,通过银行创造货币的机制,减少货币供给量;货币供给量的减少会提高利息率,导致总需求的减少。

3. 中央银行调整贴现率

中央银行还可以通过调整其贴现率的措施来调整货币供给和利息率。这里所说的贴现率是指中央银行对商业银行的贷款利息率,当商业银行由于某种原因急需现金时,可用客户的期票向中央银行借款,所付的利息率称"再贴现率"(Rediscounting Ratio),也可用商业银行持有的政府债券向中央银行借款,所付的利息率称为"贴现率"(Discount Rate)。

萧条时期,中央银行为增加货币供给,降低贴现率,促进商业银行向中央银行多贴现或再贴现。这样,商业银行的超额准备金增加,商业银行便可将这些超额准备金贷出去,通过货币乘数的作用使整个社会的货币供给量成倍增加。同时,由于商业银行的超额准备金的增加,现金多,故一般地也会相应地降低自身的贴现率,从而引起私人公众向商业银行贷款的增加,通过货币乘数的作用,使整个社会货币供给量增加。其结果是,降低利率,促进投资,增加总需求。反之,繁荣时,提高贴现率,限制或减少商业银行的贴现或再贴现。这样,商业银行的超额准备金减少,可贷现金也随之减少,通过货币乘数作用,货币供给量将成倍地减少。同时,由于中央银行的再贴现率的提高,商业银行为保证其有限的准备金安全,也会相应地提高对公众的贴现率,于是,公众减少向商业银行的贴现,从而减少公众在银行的存款,商业银行的超额准备金也会因此而更为减少。其结果,利率上升,投资减少,总需求下降。

以上就是中央银行的货币政策工具和应用。比较而言,它们在实际使用方面的重要性不同:公开市场操作是最常用的工具;变动贴现率比第一种使用的频率少;而改变法定准备金率,虽见效快,但效果最猛烈,因而不常使用。

三、其他的货币政策手段

西方国家的中央银行除了采用上述三项基本的政策手段外,还采用一些辅助性的货币政策手段来实行对宏观经济的调控。它们包括:

1. 道义上的劝告

道义上的劝告是指中央银行对商业银行发出口头或书面的谈话、声明等,以劝说商业银行自动放宽或紧缩信用。这一手段不是一种强制性的行政手段,不具有行政的强制性质,但在美国由于商业银行仰仗联邦储备银行的贴现特权,因而在20世纪30年代和50年代,美国的联邦储备银行便能够通过这种手段对其成员银行施加压力,使成员银行不得不在一定程度上约束自己。在60年代,当联邦储备银行提出控制对外国银行贷款的方案时,商业银行也不得不限制其对外国银行的贷款。

2. 选择性信贷控制

选择性信贷控制是控制特定项目的信贷需求。运用这一手段对整个社会的货币和信贷供给可以没有影响,但对特定项目的货币和信贷供给会有很大影响。运用该手段的具体措施主要是规定最低现金支付数额的最大偿还期限。降低现金支付数额和缩短偿还期限,则可以收缩信贷。目前,美国虽然很少实行选择性信贷控制,但在证券信贷方面却有关于保证金的规定(1968 年 6 月开始实行)。为限制证券投机,美国国会根据 1934 年的《证券交易法》授权联邦储备银行可以按照情况来改变以证券为抵押的购买证券的最高贷款比率,亦即购买证券时必须支付的最低现金比率。这就是所谓的垫头要求。例如,在购买证券时,客户可以向证券经纪商借款 20%,即垫头比率为 80%,亦即客户自己必须支付 80% 的现金。证券价格上涨时,可以提高垫头比率;证券价格下跌时,可以降低垫头比率。这种垫头要求便是对证券信贷的控制。

3. 分期付款信贷控制和抵押信贷控制

它们分别是指中央银行对金融机构发放分期付款信贷条件的控制和发放抵押信贷条件的控制。目前,西方国家的分期付款信贷相当普遍。过去只有低收入阶层较多地使用分期付款信贷,现在则几乎所有的收入阶层都程度不同地使用这种信贷了。分期付款信贷最初也只是消费者购买汽车、彩电等耐用消费品时使用,但现在企业在购买机器设备时也使用分期付款信贷了。抵押信贷主要是住宅购买者以住宅为抵押品所获得信贷。分期付款信贷的期限较短,而抵押信贷的期限则较长。获得这些信贷的购买者必须在规定期限内还本付息。中央银行控制分期付款信贷和抵押信贷的具体措施主要是:规定第一次付款的数额和偿还期限。如果规定的条件较宽松,便相当于扩张了信贷;而规定的条件较严格,便相当于收紧了信贷。

第四节　宏观政策的局限性和协调

一、财政政策和货币政策的局限性

(一)财政政策的局限性

财政政策在实际运用中会发生各种矛盾,从而限制财政政策对市场经济的调节作用。这种局限性表现在以下几个方面:

1. 税收政策方面

(1)为防止通货膨胀而增加税收,以压缩社会总需求、抑制物价上涨。但是,如果对企业利润增加课税,企业为了保持原有利润,会抬高商品价格;如果对商品增加课税,税收就要加在商品价格上。因此,通过税收负担的转嫁过程,增税必然会引起物价上涨,从而限制了税收政策用以抑制物价上涨的作用。如果对个人所得增加税收,将直接降低个人可支配收入以及个人消费水平。这会与因对企业征税而引起的物价上涨结合起来,遭到国民的反对,实施起来有一定难度。

(2)为防止经济衰退而减少税收,以扩大社会总需求,减缓经济滑坡,这只是良好愿望而已。其实,在萧条时期减税,人们并不一定将因少纳税而多留下来的钱用于购买商品,而可能用于储蓄。因此,减税并不见得能够带来消费或投资的增加。

2. 财政支出政策方面

(1)政府要减少对商品的购买,将直接影响大企业的收益,因此会遭到他们的强烈反对。

(2)政府要削减转移支付,将直接减少人们的收入,甚至影响基本生活,因此会遭到公众的反对。

(3)在萧条时期,政府转移支付的增加,虽然提供了增加消费与投资、扩大总需求的可能性,但如果人们将这笔收入用于储蓄而非商品购买时,这种可能性就不能成为现实。

(4)在通货膨胀时期,政府削减支出,但由于其中部分财政支出具有刚性,使得财政支出难以大幅度压缩。

3. 实际经济生活中表现

财政政策的调控作用还受到时滞的限制,在实际经济生活中具体表现在:

(1)识别时滞,即在经济发生变化与认识这种变化之间存在着时间的迟误。

(2)行动时滞,即认识到经济的变化与制定执行政策措施之间存在的迟误。

(3)反应时滞,即在政策措施开始执行与这些措施产生实际效果之间存在时间的迟误。

各种时滞的存在,使财政措施往往因时过境迁而不能发挥出预期作用,特别是乘数的不确定性,更加剧了人们对反经济周期财政措施效果进行预期的难度。

(二)货币政策的局限性

中央银行通过货币政策,控制货币供应量,从而相应地影响市场利率水平,实现宏观调控目标。但是,在一些具体情况下,则暴露出货币政策本身的局限性,具体表现在以下几个方面:

1. 在经济衰退时期,尽管中央银行采取扩张性措施,如降低存款准备金率和再贴现率等,以促使商业银行扩大放款。但是,商业银行往往为了安全起见不肯冒此风险。

2. 在经济衰退时期,即使中央银行采取措施,降低利率,建立了低利率的扩张性货币政策,以刺激投资,但此时厂商认为市场前景黯淡,预期利润率低,从而不愿为增加投资而向银行借款。

3. 在通货膨胀时期,尽管中央银行采取措施提高利率,但企业会认为此时有利可图,从而置较高利率于不顾,一味增加借款。

4. 由于保险公司等非银行金融机构吸收了大量的储蓄存款,经常寻找投资和放款的有利时机,从而部分地抵消了紧缩性货币政策的作用;商业银行、企业掌握大量短期有价证券,只要他们需要,就随时出售以换取现金。因此,中央银行可能在通货膨胀时期难以完全控制投资总额,在一定程度上妨碍了货币政策预期目标的实现。

5. 货币政策的效果可能被货币流通速度的变化所抵消。在经济繁荣时期,人们对前景预期乐观而增加支出,在物价上涨时,人们宁愿持有货物也不愿意持有货币,于是货币流通速度加快,产生扩大货币供应量的效果;在经济衰退时期,实行扩张性货币政策,扩大货币供给量,但由于人们压缩开支,使货币流通速度放慢,产生减少货币供应量的效果。

6. 货币政策从决定到执行比财政政策要迅速得多,但在预期和执行时机问题上,却遇到了与财政政策一样的困扰。因此,在控制货币供应量的过程中表现得反复无常,甚至成为引发经济波动的潜在因素。

二、财政政策与货币政策的协调

财政政策与货币政策的区别不仅表现在各自的局限性上,而且更主要地体现在各自的特点以及对国民收入产生的不同影响上。因此,在进行宏观经济调控时,必须相机抉择。所谓相机抉择(The Discretionary Approaches)是指政府在运用宏观经济政策来调节经济时,可以根据当前的经济情况和各项调节措施的特点,机动地决定和选择当前究竟应采取哪一种或哪几项政策措施。因为,宏观财政政策和宏观货币政策各有自己的特点,表现在:

1. 各项政策措施作用的猛烈程度不同。一般认为,政府支出的增减、法定准备金率的调整作用都较猛烈,而税收与公开市场业务的作用都较缓和。

2. 各项措施的政策效应的快慢不同。如财政政策直接调节总需求,而货币政策间接影响总需求,故货币政策起作用要慢于财政政策。

3. 各项措施发生影响的范围不同。如公开市场业务影响的范围小些,而政府支出的变动影响范围大些。

4. 各项措施在实行过程中所受的阻力大小也不同。如货币政策一般比财政政策在实行过程中遇到的阻力要小,在财政政策中的增税与减少政府支出所受的阻力更大些。

财政政策和货币政策本身的局限性,以及各种政策手段的特点,决定了在进行宏观调控时,单独使用其中之一,都不能有效实现预期政策目标,因此,必须将二者有机地协调起来,搭配运用。

第一,如果总需求不足,可以把扩张性的财政政策与扩张性的货币政策相配合,在增加政府支出和减少税收的同时,增加货币供给,降低利息率。这样,可以更有效地刺激总需求的增加。

第二,如果出现了通货膨胀,可以把紧缩性的财政政策与紧缩性的货币政策同时采用,在减少政府支出和增加税收的同时,减少货币供给,提高利息率。这样,可以更有效地减少总需求。

第三,如果人们为了刺激总需求而又不至于引起通货膨胀,可以把扩张性的财政政策与紧缩性的货币政策结合起来,利用财政政策扩大总需求,利用货币政策抑制通货膨胀;也可以把扩张性的货币政策同紧缩性的财政政策结合起来,以便既可以降低利息率而增加投资,又可以减少政府支出以稳定物价。

总之,不同的政策搭配方式各有利弊,应当针对经济运行的具体情况,审时度势,灵活、适当地进行相机抉择。

此外,财政政策与货币政策的搭配在运用一段时间以后,应选用另一种搭配取而代之,形成相互交替运用的政策格局,这也是财政政策与货币政策协调运用的重要形式。这是因为,一方面,经济形势是不断发生变化的,固守一种配合方式,有可能因不适应变化的形势而不能达到预期目的;另一方面,即使经济形势是稳定的,也不能一成不变地长期使用某一种政策,否则,往往是正效应递减,负效应递增,不仅不利于预期目标的实现,而且可能产生相反的作用。例如,紧缩性财政政策虽然能够抑制经济过热,但实施过久,则会使人们放松发展经济的紧迫感,而且会降低社会总供给水平,加剧经济衰退,陷入滞胀而难以自拔。财政政策与货币政策松紧的交替配合,是保持各种调控措施有效性的重要前提。

以上分析没有考虑其他一些重要变量,例如进出口对经济的影响、投资的利率弹性,等等。如果考虑了这些因素,财政政策与货币政策的配合使用将会更加复杂。

第五节　供 给 政 策

◆ **案例导入 14-2**

里根经济学及其后果

当罗纳德·里根总统 1981 年 1 月宣誓就职时,美国经济已出现复苏迹象,但通货膨胀率似乎总徘徊在 19% 左右。新总统宣称用一整套称作"供给经济学"的供给管理政策以改变现状。

开始时,情况的确发生了戏剧性的变化,但不是里根总统所期望的方式。当通胀率在 1982 年显著地降至 4%,达到 10 年中的最低点时,经济发生严重衰退,成为大萧条后最糟糕的一年。当 1981—1982 年的衰退达到谷底时,失业率接近 11%,金融市场混乱,"萧条"再度进入美国词汇。美国政府的巨额预算赤字可能比上一年任何人想象的都要大。

1982—1983 年冬天开始的经济复苏是美国历史上最强有力、持续时间最长的一次。失业率稳定地下降了 6 年,最终停在低于 5.5% 的水平上。同时,通胀缓和。所有这些为乔治•布什取代里根,继续里根的政策提供了一个完美的经济舞台。

布什总统很不幸,好时光没有继续下去。在他上任后不久,通胀有所加速,经济增长开始不稳定。1990—1991 年,美国经济突然滑入另一个衰退,据说这是海湾战争前石油价格急剧上升引起的。

尽管 1990—1991 年的衰退相对缓和,但是到了 1992 年总统大选年的时候经济还没有恢复。事实上,乔治•布什在职期间,是美国经济在第二次世界大战后增长最无力的 4 年。这一事实没有逃过候选人比尔•克林顿的眼睛,他抨击 1989—1992 年无生气的美国经济表现。许多观察家相信薄弱的经济是乔治•布什连任失败最主要的原因。

供给管理政策是由供给学派创立和发展起来的。其主要代表人物有美国的经济学家孟德尔、万尼斯基等。他们断言美国面临的失业和通货膨胀并存的困境是由于供给不足造成的,因此只有刺激供给,才能促进经济增长,从而解决失业和通货膨胀问题。他们分析了供给对通货膨胀的影响,以及劳动市场结构对失业的影响。根据这种分析,他们提出了供给政策。供给政策主要包括:收入政策、指数化政策、人力政策和经济增长政策。

一、收入政策

收入政策是政府从控制总供给方面抑制通货膨胀的主要手段。它主要是通过控制工资与物价来抑制的,并且控制的重点是工资,被称为收入政策。根据前述成本推动的通货膨胀理论,通货膨胀是由于成本增加,特别是由于工资成本的增加而引起的。因此,要抑制通货膨胀就必须控制工资增长率,而要有效地控制工资增长率,还要同时控制价格水平。所以收入政策一般有三种形式:

1. 工资—物价冻结。政府采用法律手段禁止在一定时期内提高工资与物价。这种措施一般是在特殊时期(如战争时期)采用的。在某些通货膨胀严重时期,也可以采用这一强制性措施。它属于一种极端性的收入政策。这种措施虽然在短期内可以有效地控制通货膨胀,但它破坏了市场机制的正常作用,在长期中不仅不能制止通货膨胀,反而还会引起资源配置失调,给经济带来更多的困难。所以,一般不宜采用这种措施。

2. 工资与物价指导线。政府为了制止通货膨胀,根据劳动生产率的增长率和其他因素,规定出工资与物价上涨的限度,其中主要是规定工资增长率,所以又称"工资指导线"。工会和企业要根据这一规定确定工资增长率,企业也要根据这一规定确定物价上涨率。如果工会或企业违反规定,使工资增长率和物价上涨率超过了这一指导线,政府就要以税收或法律形式进行惩罚。这种作法比较灵活,在20世纪70年代以后被西方国家广泛采用。

3. 税收刺激计划。以税收为手段来控制工资的增长。具体作法是:政府规定货币工资增长率,即工资指导线,以税收为手段来付诸实施,如果企业的工资增长率超过这一指导线,就课以重税,如果企业的工资增长率低于这一规定,就给以减税。但这种计划在实施中会遇到企业与工会的反对。美国卡特政府在1978年曾提出过这一政策,但被议会否决,而未付诸实施。

收入政策是第二次世界大战后在欧美一些国家首先出现的。荷兰和瑞典起初实行过收入政策。英国在20世纪60年代也曾仿效荷兰和瑞典运用过该政策。加拿大和意大利等也一度采用过类似的政策。

二、指数化政策

由于通货膨胀会引起收入分配的变动,使一些人受害另一些人受益,从而对经济产生不利影响。为此,他们提出了种种指数化的政策方案就是为了消除这种不利影响,以对付通货膨胀。其具体作法是:定期地根据通货膨胀率来调整各种收入的名义价值,以使其实际价值保持不变。主要的指数化措施有:

1. 工资指数化。它是按通货膨胀率指数来调整名义工资,以保持实际工资水平不变。在经济发生通货膨胀时,如果工人的名义工资未变,实际工资就下降了。这就会引起有利于资本家而不利于工人的收入再分配。为了保持工人的实际工资不变,在工资合同中就要确定有关条款,规定在一定时期内按消费物价指数来调整名义工资,这项规定称为"自动调整条款"。此外,也可以通过其他措施按通货膨胀率来调整工资增长率。工资指数化可以使实际工资不下降,从而维护社会的安定。

2. 税收指数化。它是按通货膨胀率指数来调整税收起征点与税率等级。当经济中发生通货膨胀时,实际收入不变而名义收入增加了。这样,纳税的起征点实际降低了。在累进税制下,纳税者名义收入的提高使原来的实际收入进入了更高的税制等级,从而使交纳的实际税金增加。如果不实行税收指数化,就会使收入分配发生不利于公众而有利于政府的变化,成为政府加剧通货膨胀的动力。只有根据通货膨胀率来调整税收，即提高起征点并调整税率等级，才能避免不利的影响，使政府采取有力的措施来制止通货膨胀。

此外，现代西方经济学家还主张利息率也应根据通货膨胀率来进行调整。

三、人力政策

人力政策又称就业政策，是一种旨在改善劳动力市场结构，以减少失业的政策。人力政策的内容主要有：

1. 人力资本投资。由政府或有关机构对劳动者进行投资，以提高劳动者的文化技术水平、劳动技能和本身素质，使之适应劳动市场的需求。从长期来看，人力资本投资的主要内容是增加教育投资，普及教育。从短期来看，是对工人进行在职培训，或者对由于技术不适应而失业的工人进行培训，增强他们的就业能力。

2. 完善劳动力市场。失业产生的一个重要的原因是劳动力市场结构的不完善。例如劳动力供求信息不畅通，就业介绍机构的缺乏，政府某些政策造成的就业障碍（如关于最低工资的规定等），这些都造成了劳动力市场结构的不完善。因而，政府就应当增加和不断完善各类职业介绍机构，提供较好的信息、职业一览表等等，并运用计算机网络技术使各劳动力市场能互相联通，为劳动力的供求双方提供迅速、准确、完全的信息，使工人能够尽快地找到适合自己劳动技能的职业，也使企业能尽快得到他们所需要的人才。这是通过劳动力市场供求双方的中介机构的建立与完善尽可能降低自然失业率的一个重要途径。

3. 协助劳动力的流动。劳动力在地区、行业和部门之间不能迅速流动，这也被认为是失业的一个重要原因。因而，所有协助劳动力自由迅速流动的措施都会有利于劳动力资源的合理配置以及劳动者人尽其才。对劳动力流动的改进措施包括政府为社会提供充分的信息，为劳动力的流动提供必要的物质帮助，组织劳动力有序流动以及制定各种有利于劳动力合理流动的优惠措施和政策等。

四、经济增长政策

从长期来看，影响总供给的最重要因素还是经济潜力或生产能力。因此提高经济潜力或生产能力的经济增长政策就是供给管理政策的重要内容。促进经济增长的政策是多方面的，主要有：

1. 增加劳动力的数量和质量。劳动力的增加对经济增长有重要的作用，劳动力包括数量与质量两方面。增加劳动力数量的方法有提高人口出生率，鼓励移民入境，等等；提高劳动力质量的方法则是以上所讲的增加人力资本投资。

2. 增加资本积累。资本的增加可以提高资本—劳动比率，即提高每个劳动力的资本装备率，发展资本密集型技术，利用工先进的设备，以提高劳动生产率。资本的积累主要来源于储蓄,从各国的经验看,大凡储蓄率高的国家,经济增长率也高。如德国、日本等经济发展迅速的国家,储蓄率都是比较高的。

3. 加快技术进步。在现代经济增长中技术进步起着越来越重要的作用。因此,促进技术进步成为各国经济政策的重点。

4. 实现国民经济的计划化与平衡增长。现代经济中各个部门之间是相互关联的,各部门之间协调的增长是经济本身的要求。因此各国都要制定本国经济增长的短期、中期与长期计划,并通过各种经济政策来实现计划的目标。在西方各国的计划中,法国和日本是比较成功的。

【复习思考题】

一、判断题

1. 充分就业和物价稳定是一致的,只要达到了其中一项,也就实现了另一项。
（　　）

2. 不同的政策工具可以达到相同的政策目标。（　　）

3. 凯恩斯主义所重视的政策工具是需求管理。（　　）

4. 需求管理包括财政政策和货币政策。（　　）

5. 扩张性的财政政策包括增加政府支出和增税。（　　）

6. 内在稳定器能够消除经济萧条和通货膨胀。（　　）

7. 内在稳定器有自发地稳定经济的作用,但其作用是十分有限的,并不能代替财政政策的运用。（　　）

8. 政府采用赤字财政政策发行公债时,主要是直接将公债卖给公众或厂商。
（　　）

9. 中央银行和商业银行都可与一般客户有借贷关系。（　　）

10. 商业银行体系所能创造出来的货币量与法定准备金率成反比,与最初存款成正比。（　　）

11. 中央银行购买有价证券将引起货币供给量的减少。（　　）

12. 提高贴现率和准备率都可以减少货币供给量。（　　）

13. 商业银行在法律上独立于中央银行,中央银行在道义上对商业银行进行的劝告根本不起作用。（　　）

14. 在萧条时期,中央银行要运用扩张性的货币政策,而在经济繁荣时期,则要运用紧缩性的货币政策。（　　）

15. 收入政策以控制工资增长率为中心,其目的在于制止成本推动的通货膨胀。（　　）

二、选择题

1. 宏观经济政策目标是（　　　）。

A. 充分就业　　　B. 物价稳定　　　C. 经济增长　　　D. 国际收支平衡

E. A、B、C、D

2. 凯恩斯主义所重视的政策工具是（　　　）。

A. 需求管理　　　B. 供给管理　　　C. 需求管理和供给管理同时并重

3. 在以下三种政策工具中，属于需求管理的是（　　　）。

A. 收入政策　　　B. 人力政策　　　C. 货币政策

4. 在以下三种政策工具中，属于供给管理的是（　　　）。

A. 财政政策　　　B. 货币政策　　　C. 指数化政策

5. 要对付需求不足的失业，应该采取（　　　）。

A. 财政政策或货币政策　　　　　　B. 人力政策

C. 收入政策

6. 当经济中存在失业时，应该采取的财政政策工具是（　　　）。

A. 增加政府支出　　　　　　　　　B. 提高个人所得税

C. 提高公司所得税

7. 属于紧缩性财政政策工具的是（　　　）。

A. 减少政府支出和增加税收　　　　B. 减少政府支出和减少税收

C. 增加政府支出和减少税收

8. 属于内在稳定器的财政政策工具是（　　　）。

A. 社会福利支出　　　　　　　　　B. 政府公共工程支出

C. 政府购买

9. 在西方国家，运用货币政策调节经济的是（　　　）。

A. 中央银行　　　B. 商业银行　　　C. 财政部

10. 政府的财政政策通过（　　　）对国民收入产生影响。

A. 私人投资支出　　B. 政府购买　　C. 个人消费支出

D. 出口　　　E. 进口

11. 扩张性财政政策对经济的影响是（　　　）。

A. 缓和了经济萧条，但增加了政府债务

B. 缓和了萧条，也减轻了政府债务

C. 加剧了通货膨胀，但减轻了政府债务

D. 加剧了通货膨胀，但增加了政府债务

E. 四种情况都有可能

12. 中央银行在公开市场上卖出政府债券的目的是（　　　）。

A. 收集一笔资金帮助政府弥补财政赤字

B. 减少商业银行在中央银行的存款

C. 减少流通中基础货币以紧缩货币供给

D. 通过买卖债券获取差价利益

E. 稳定债券市场

13. 当法定准备金率为20％,商业银行最初所吸收的存款为3 000货币单位时,银行所能创造的货币总量为(　　　)。

A. 20 000货币单位　　　　　　　B. 80 000货币单位

C. 15 000货币单位　　　　　　　D. 60 000货币单位

14. 公开市场业务是指(　　　)。

A. 商业银行的信贷活动

B. 中央银行增加或减少对商业银行的贷款

C. 中央银行在金融市场上买进或卖出有价证券

15. 中央银行提高贴现率会导致(　　　)。

A. 货币供给量的增加和利息率提高　　B. 货币供给量的减少和利息率提高

C. 货币供给量的增加和利息率降低

16. 收入政策的目的在于(　　　)。

A. 制止通货膨胀　B. 实现经济增长　C. 消灭失业

三、名词解释

1. 需求管理　2. 供给政策　3. 财政政策　4. 政府支出　5. 扩张性财政政策　6. 紧缩性财政政策　7. 内在稳定器　8. 货币政策　9. 货币创造乘数　10. 公开市场业务　11. 法定准备金率　12. 贴现率

四、问答题

1. 简述宏观经济政策的目标。

2. 简述宏观经济政策的工具。

3. 简述内在稳定器及其表现。

4. 简述收入政策及其形式。

5. 简述指数化政策。

6. 供给管理政策有哪些? 它们的主要内容是什么?

五、计算题

1. 假设经济中物价水平为1.5,实际国民生产总值2 400亿元,货币供给量为

600亿元。

(1) 货币流通速度是多少?

(2) 根据货币数量论,货币量增加到800亿元时会产生何种影响?

2.（1) 假定国民生产总值2万亿美元,货币流通速度为4,求货币供给量。

(2) 假定国民生产总值6 220亿美元,平均货币供给为1 550亿美元,求货币流通速度。

【案例讨论】

全球楼市"退烧药"适合中国吗?

5年来,房价上涨将美国人从互联网泡沫破裂中解救出来,房地产行业的持续繁荣景象,让消费者荷包多了几十亿美元。但现在,这种超级红火的局面可能结束。近几个月来,美国房地产颓势已日渐显露。

不单是美国,英国一家房地产研究机构日前发表的调查报告显示,在截至2006年6月的一年时间里,全球房地产价格上涨了8.5%,低于上一年度同期12.3%的升幅。其中美国和法国的房地产价格均上涨了9.4%,涨幅分别低于上一年度同期的14.1%和15.3%;意大利和英国的房地产价格升幅分别为5.2%和4.8%,也低于上一年度同期的11.2%和6.1%。另外,尽管日本政府已多次表示有望很快摆脱通货紧缩并采取了升息政策,但日本房地产价格同期下降了2.7%,全球楼市升幅已明显放缓。

把中国的房地产现状放在全球化背景下考虑。自2000年网络泡沫破灭后,全球始终处于一个低息的大环境,鼓励投资成为许多国家的政策导向。于是,2004年国外热钱涌向上海,2005年海外基金淘宝北京,而2006年热钱又有投向国内二线城市的迹象。

面对国内部分城市房地产市场高烧不退,自2003年4月121号文件拉响宏观经济调控的警报,我国政府已出台了一系列调控政策,在重量级招数"8·31大限""国八条""国六条"以及2006年的两次加息下,房地产行业成为热点中的热点。但从目前迹象来看,房价调整态势并不显见,政府、房地产商和购房者之间的博弈仍在进行中。

有观点认为,正是因为全球楼市降温,国内楼市才会吸引更多投资者;同时人民币升值预期,也在一定程度上推动国外热钱涌入中国市场。但从历史经验看,每次楼市大跌后,随之而来的都是经济下滑,此次全球性的楼市降温,中国真能独善其身吗?

当然,我们还不得不考虑一下中国这个市场的特殊性。虽然经济背景总体相似,但中国房地产业的成熟度还远不及欧美。欧美国家自第二次世界大战后住宅市场大发展已有半个多世纪,而中国房地产市场自 1998 年改制后开始全面启动,也才十几年的历史,远远谈不上成熟。这就需要政府运用"看得见的手"进行宏观调控。

就目前而言,中国 70% 的商品房是由 30% 的最高收入人群购买。这也解释了为什么当前"住宅市场价格如此坚挺"与"房价收入比如此之高"两者能够并存。随着国内住宅市场的成熟,目标客户群的重心应逐渐由高向低转移,这也是我国城市化进程中必将经历的一个阶段。中国房地产市场的发展前景,并非由政府与开发商的博弈来决定,而是通过政府这只"看得见的手"宏观调控和市场那只"看不见的手"相互协调,共同配合来推动的。

试问:(1) 全球楼市日渐呈现出的降温趋势,是否会影响到中国的房地产市场?国内房价也会随之下行吗?

(2) 政府如何发挥其"看得见的手"进行有效宏观调控,才能规范我国房地产业的健康发展?

参 考 文 献

1. 萨缪尔森、诺德豪斯：《经济学》(第12版)，北京：中国发展出版社1996年版。

2. 曼昆：《经济学原理》，北京：北京大学出版社2003年版。

3. 斯蒂格里茨：《经济学》，北京：中国人民大学出版社2001年版。

4. 厉以宁：《西方经济学》，北京：高等教育出版社2001年版。

5. 高鸿业：《西方经济学》(第2版)，北京：中国人民大学出版社2000年版。

6. 梁小民：《西方经济学教程》，北京：中国统计出版社1998年版。

7. 梁小民：《宏观经济学》，北京：中国社会科学出版社1996年版。

8. 梁小民：《高级宏观经济学》(上、下册).北京：北京大学出版社2000年版。

9. 刘振坤、张世晴：《现代西方经济学基础原理》，天津：南开大学出版社2000年版。

10. 冯涛、李树民：《宏观经济学》，陕西：陕西人民出版社2002年版。

11. 侯荣华、赵国良：《西方宏观经济学》，北京：中国计划出版社1999年版。

12. 咸春龙、周建华：《宏观经济学》，广东：广东高等教育出版社2002年版。

13. 张东辉：《现代西方经济学》，山东：山东大学出版社2002年版。

14. 崔满明、胡金荣：《现代西方经济学》，陕西：陕西人民出版社1998年版。

15. 刘厚俊：《现代西方经济学原理》，南京：南京大学出版社2003年版。

16. 侯荣华：《西方经济学》，北京：北京广播电视大学出版社2003年版。

17. 陶铁生：《经济学概论》，上海：上海三联书店2002年版。

18. 李炳义：《经济学基础》，上海：上海交通大学出版社2003年版。

19. 梁峰：《国际金融概论》，北京：经济科学出版社2004年版。

20. 张莲英：《国际金融学教程》，北京：经济管理出版社2003年版。

21. 梁小民：《宏观经济学纵横谈》，北京：三联书店2002年版。

22. 陆芳：《经济学原理》，北京：北京大学出版社2005年版。

23. 吴冰：《经济学基础教程》，北京：北京大学出版社2006年版。

24. 孙建锋：《经济学基础》，东北财经大学出版社2003年版。

25. 王汀汀等：《经济学基础知识》，中国人事出版社2004年版。

26. 郭万超：《轻松学经济》，对外经济贸易大学出版社2005年版。

27. 吴志清：《经济学基础》，机械工业出版社2004年版。

28. 安春梅、刘畅：《西方经济学基础教程》，吉林人民出版社2004年版。

图书在版编目(CIP)数据

经济学基础/安春梅主编.—上海:格致出版社:
上海人民出版社,2013
高职高专财经类核心课教材
ISBN 978 - 7 - 5432 - 2224 - 3

Ⅰ.①经… Ⅱ.①安… Ⅲ.①经济学-高等职业教育-
教材 Ⅳ.①F0

中国版本图书馆 CIP 数据核字(2013)第 084970 号

责任编辑　　钱　敏
封面设计　　路　静

高职高专财经类核心课教材

经济学基础

安春梅 主编　陈兵建　石福刚　刘宏周 副主编

出　版	世纪出版股份有限公司　格致出版社 世纪出版集团　上海人民出版社 (200001　上海福建中路 193 号　www.ewen.cc)	印　刷	上海商务联西印刷有限公司
		开　本	787×1092　1/16
		印　张	17
	编辑部热线　021-63914988 市场部热线　021-63914081 www.hibooks.cn	插　页	1
		字　数	314,000
		版　次	2013 年 5 月第 1 版
发　行	上海世纪出版股份有限公司发行中心	印　次	2015 年 3 月第 2 次印刷

ISBN 978 - 7 - 5432 - 2224-3/F · 618　　　　　　　　　　　　　　　　定价:32.00 元